U0487217

"简"述中国

朱建军 ◎ 总主编

文以载道
——简帛中的儒家经典

甘肃简牍博物馆 ◎ 编

买梦潇 ◎ 著

西南交通大学出版社
·成都·

图书在版编目（CIP）数据

文以载道：简帛中的儒家经典 / 甘肃简牍博物馆编；朱建军总主编；买梦潇著. -- 成都：西南交通大学出版社，2024.9. --（"简"述中国）. -- ISBN 978-7-5774-0106-5

Ⅰ. B222; K877.5; K877.9

中国国家版本馆 CIP 数据核字第 2024MY2370 号

"简"述中国　　朱建军　总主编

Wen yi Zaidao——Jianbo zhong de Rujia Jingdian
文以载道——简帛中的儒家经典

甘肃简牍博物馆　编
买梦潇　著

策 划 编 辑	黄庆斌　李　欣
责 任 编 辑	李　欣
助 理 编 辑	李奕青
封 面 设 计	曹天擎
出 版 发 行	西南交通大学出版社 （四川省成都市金牛区二环路北一段 111 号 西南交通大学创新大厦 21 楼）
邮 政 编 码	610031
营销部电话	028-87600564　028-87600533
网　　　址	http://www.xnjdcbs.com
印　　　刷	四川玖艺呈现印刷有限公司
成 品 尺 寸	165 mm×230 mm
印　　　张	18.5
字　　　数	248 千
版　　　次	2024 年 9 月第 1 版
印　　　次	2024 年 9 月第 1 次
定　　　价	95.00 元
书　　　号	ISBN 978-7-5774-0106-5

图书如有印装质量问题　本社负责退换
版权所有　盗版必究　举报电话 028-87600562

总　序
"简"述中国

简牍是纸张发明前中国古人最重要的文字书写载体。中国古人将竹木削成薄片，研墨笔书，如《尚书·多士》载"惟殷先人，有册有典"，可见早在商朝时期，古人除了以甲骨契刻文字，还将竹木简牍编联成册，记载国家政令典章。《墨子·兼爱》载"书于竹帛，镂于金石，琢于盘盂，传遗后世子孙者知之"，说的就是古人通过书写竹木简牍，刻琢金石盘盂，把他们那个时代的思想文化保存下来，留传后世。

在中国古代先后有两次比较重要的简牍发现，一是西汉时的孔壁中书，二是西晋时的汲冢竹书，人们将其称为"孔壁汲冢"。这两次出土以先秦时的典籍为主，这些古文典籍的发现对中国古代学术史产生过重大影响。据不完全统计，自 20 世纪初迄今，在百余年的时间里全国各地历年历次出土的简牍约 30 万枚，包括楚简、秦简、汉简、三国吴简、晋简等，其时代从先秦战国至汉晋。简牍记载的内容从大的方面而言，主要包括文书和典籍两大类。文书类包括各种体裁和形制的官私文书，属于实用文体；典籍类则包括各种思想文化的作品，属于艺文典籍。这一时期是中国古代思想文化、政治制度形成时期，同时也是社会经济、民族交融等发展的重要时期，因这些政令文书和艺文典籍文献主要记载于竹木简牍之上，故我们称这一时期为"简牍时代"。

甘肃是近世以来最早发现汉简的地区，自 1907 年英籍匈牙利人探险家斯坦因（A.Stein）第二次中亚探险期间在敦煌汉长城烽燧遗址掘获 700 多枚汉简（不包括 2000 多件残片）以来，至 1990—1992 年敦煌悬泉汉简的发现，历年历次在汉代敦煌、张掖和酒泉郡的长城烽燧遗址和悬泉置遗址出土了数万枚简牍，这其中汉简占绝大部分。甘肃简牍博物馆收藏有近4万枚秦汉魏晋简牍，本丛书中统称为"甘肃简牍"或"甘肃汉简"。

与南方墓葬出土的以先秦典籍为主的简牍不同，甘肃汉简内容丰富，以日常书写的方式，多角度体现了汉塞边关吏卒们的政令文书、屯戍生活、书信往来、天文历法、农事生产、交通保障等。这些不曾为史书记载的历史细节，真实地重现了汉代河西边塞的社会生活和民风民俗，丰富了古丝绸之路的物质文化和精神文化。

甘肃简牍博物馆是以简牍为主要藏品的专题博物馆，这要求馆里的每一位员工都要熟悉馆藏的近4万枚简牍，以便更好从事各自岗位上的工作。讲好简牍故事，让文物活起来，是我们义不容辞的责任和使命。数万枚甘肃简牍是不可多得的出土文献，它们的历史价值和文献价值自不待言，在学者们整理研究的基础上讲述简牍故事，弘扬简牍文化，是甘肃简牍博物馆在新时期的重要课题，也是甘肃简牍博物馆所应承担的使命和工作。讲好简牍故事，传播中国声音，"'简'述中国"丛书就是我们的一个尝试和努力。

甘肃简牍博物馆　朱建军

前 言

中国古代的典籍浩如烟海，但最为核心的除了二十四史，就是儒家经典"十三经"了，因此中国古代学术的核心也被称为经史之学。

在先秦至两汉时期并没有"十三经"的概念，那时的学者们还只有"五经"，即《易》《书》《诗》《礼》《春秋》，《乐》因在先秦时期就已经亡佚，因此不在通常的"五经"序列里面。"五经"中的《易》就是今传本的《周易》，《书》与今传本的《尚书》差别不大。但《诗》在西汉时期则有《齐诗》《鲁诗》《韩诗》《毛诗》四个版本，今天的传本是原本流传于民间的《毛诗》。西汉时期的《礼》特指《仪礼》，《周礼》还秘藏在皇帝的私人图书馆里。西汉时期的《春秋》并没有与"三传"相配合，而是独立的一本书。西汉时期春秋学是公羊学派和穀梁学派争胜的时期。此时的《左传》还只在民间流传。《论语》《孟子》《孝经》这三本书在汉代学者眼里是"五经"的支流，是用来学习"五经"的辅助性书籍，因此一般都称为"传"。《尔雅》还处于不断完善的状态。

"五经"的成书时间目前学界尚有争议，但可以肯定的是从其形成之初就有学者进行研究，两汉时期是"五经"研究的第一个高峰时期，学者们辨析字形、训诂字意，并以此探求经典的微言大义，创作了大量的注释性著作，并由此产生了经学研究的"汉学"范式。

20世纪之后，考古工作者不断在祖国的大地上发掘出震惊世界的考古发现，这些发现带领着近现代的学者们进入那些早已尘封的历史，真切感受古人的思想与生活。其中出土了大量的简牍帛书，时代从战国中期一直延续到汉晋时期。我们有幸从中见到了战国时期的《周易》《尚书》《诗经》和汉代人抄写的《仪礼》，得以观察每一种文本在不同时代的流变，大大增进了我们对"五经"的认知。

本书旨在带领普通读者们进入"五经"的最初形成时期，共计八章内容，从章节排布上体现出汉代人对经典重要性的理解。这里需要强调的是汉代人对经典有两种截然不同的排列方式：一种是汉代今文经学按照经典内容深浅程度进行的排列，即《诗》《书》《礼》《乐》《易》《春秋》；另一种是汉代古文经学家按照典籍形成的早晚顺序的排列，即《易》《书》《诗》《礼》《乐》《春秋》。我们在本书中选取了第二种排列方式，因为这一顺序被记载于中国古代第一部目录学书籍《汉书·艺文志》中，也是人们最为熟知的一种排序方式。

从资料的选取来讲，本书选择了大量战国时期的出土的竹简，这是因为战国时期的经典文本是目前所能看到最早的"五经"文本，也是目前学者们研究的重新资料来源。本书中还选择了一部分的帛书，基本都属于马王堆汉墓帛书的内容。该墓主下葬年代处于西汉早期，其中所发现的《周易》经传、《丧服图》等内容上承战国晚期，下启西汉武帝时期的儒学大盛，这一过渡时期的文本弥足珍贵。然从形式来看，其文字内容应当是转抄自当时的竹简，因此帛书与竹简仅仅是书写材料的不同，并不代表文本内容的差别，将马王堆帛书的部分内容收入本书也是适宜的。

本书中所选取的简牍帛书的释文和图版并不是全文，一般情况下仅选择篇章的第一支简，第一支简残缺者则选取第二支竹简。简文内容中有特殊符号的选取符号清晰可辨的一枚，如上海博物馆藏战国楚竹书《周易·师卦》就是该篇的第八支简。汉代的海昏侯墓简牍因尚未完全公布，因此对现在已经公布的简文内容列举较多，以便读者参详。较早出土的阜阳汉简与定县八角廊汉简由于保存状态较差，只能选择较为完整、文字内容较多的竹简。至于马王堆帛书，我们选取每一篇文献第一行所在的图版及文字内容。

上述的竹简和帛书，时代基本限于战国中晚期至西汉早期，简帛出土的环境以墓葬居多。但在甘肃、内蒙古等地也出土了一些汉代的"五经"类简牍，这些简牍出土于汉代设立的亭塞障燧之中，属于遗址环境出土。这些绝大多数是木质简牍，极少数为竹简。想知道这些简牍为何出土于西北地区的甘肃和内蒙古等地，就要了解汉武帝时期对匈奴的战争以及其后汉政府对河西地区乃至西域的经营。

自汉武帝元光二年（前133年）马邑之战开始，汉朝军队在河西地区发动了一系列针对匈奴的战争，直到汉武帝元狩四年（前119年）漠北之战后，长达14年的汉匈战争终于结束。在昭帝和宣帝的不断经营下，汉王朝基本牢牢控制了河西地区。汉王朝在匈奴遗留下的权力真空地域内设置郡县，并徙民进行垦殖活动。与此同时，在东起今兰州市西、西至敦煌西北、北达今内蒙古额济纳旗的广大范围内，汉王朝沿着重要的交通要道及农业区外缘分次分段修筑了亭塞障燧驻守边境线，建立起了完善的边境预警防御系统；还在河西地区设立了四郡，即武威、酒泉、张掖、敦煌，其下设县，管理当地的民政和军政；另外还在四郡内设立了数量不等的都尉府，下设候官，最下级为亭塞障燧，这是河西四郡的军事系统。汉王朝一般都是从内地征调民人到河西地区充当士卒，在这一广大的地区内服役。现在留存下来的烽燧遗址就是当年汉朝士卒驻守的堡垒，在这些遗址中出土了众多的简牍文书，为了解当时戍卒的日常生活、公文行政等提供了珍贵的史料。其中也出土了少量的"五经"典籍类简牍，这说明汉代戍边士卒也需要学习一些儒家经典类的著作，以提高自身的文化素质。

本书共分为八个章节，包括了九部儒家经典——《周易》《尚书》《诗经》《仪礼》《周礼》《礼记》《春秋》《孝经》《论语》，以及两本汉代流行的小学书籍《苍颉篇》与《急就篇》。在具体的行文上按照传世文献与出土文献相结合的方式，章节中涉及的出土文献按照文本出现时代的前后依次介绍，即按照战国简、秦简、汉简和帛书的顺序进行梳理。另外,在每一章的"阅牍延伸"部分也会对本章书籍的源流、内容等方面进行说明,以便读者对这些典籍的具体内容有更深入的了解。值得一提的是,部分简文因原本缺失,我们在引用时使用[ ]来补充说明,□用来表示一个缺字,若无法确定缺字数量则使用"……"来表示。

第一章《周易》的出土文献部分,主要讲述了上博简的《周易》、清华简《筮法》与《别卦》、马王堆帛书"易"类文献、安徽阜阳双古堆西汉简《周易》、王家台秦简《归藏》、海昏侯简的《易占》,以及马圈湾汉简与肩水金关汉简中的《周易》残简。此外,因《周易》是一本古代的卜筮用书,所以我们还对"卜筮的源流""商周时期的数字卦"《周易》本经体例"以及《周易》在先秦秦汉时期的流传等内容有一定的介绍。

第二章《尚书》的出土文献部分,主要讲述了"清华简书类文献"即《尹至》《尹诰》《程寤》《保训》《金縢》《封许之命》《命训》《摄命》《皇门》《祭公之顾命(祭公)》《说命(上中下)》《厚父》十四篇的内容,以及西北出土汉简中的《尚书》残简。需要说明的是"清华简书类文献"这一名称不仅包括了现存的《尚书》的篇目,还包含有一部分现存《逸周书》的内容,当然还有一些篇目如《保训》《摄命》等不见于任何传世文献的篇目。之所以将这些都囊括进本章,主要是因为在先秦时期《尚书》还在形成时期,其篇目的分合因种种原因还不固定,但从性质上讲它们与今本《尚书》篇目别无二致。西北汉简中的《尚书》是作为官方诏令文书中的引文出现的,全部属于今本《尚书·尧典》的内容。此外,我们也介绍了《尚书》名字的来源与内容、古文《尚书》的真伪、先秦秦汉时期的流传等内容。

第三章《诗经》的出土文献部分,主要讲述了安徽大学藏战国简《诗经》、清华简中的《耆夜》《周公之琴舞》《芮良夫毖》、上博简《孔子诗论》、阜阳汉简《诗经》、海昏侯简《诗经》以及肩水金关汉简《诗经》残文,此外还对《诗经》的形成、内容、"六义"、先秦及秦汉时期的流传做了介绍。

第四章《仪礼》《周礼》《礼记》主要是对儒家经典"三礼"的讲述，由于先秦、秦汉时期这三部经典还处于形成阶段，因此先秦时期的"三礼"基本属于单篇流传。这一状态直到两汉之交才逐渐结束。在出土的战国竹简中我们选取了可以与今本《礼记·缁衣》相对照的郭店简与上博简《缁衣》，以及可以与今本《大戴礼记》篇目相对读的《天子建州》《武王践阼》《内豊（礼）》这三篇。出土的汉代简帛中我们选取了马王堆帛书《丧服图》、武威汉简《仪礼》、海昏侯简"礼"文献、居延汉简《礼记》残文，上述的这些汉代文献中武威汉简《仪礼》与居延汉简《礼记》残文可以与今传的"三礼"典籍相对读，但是马王堆帛书《丧服图》与海昏侯简"礼"文献则无法完全对应，这也是"三礼"文献形成时期的表现。在本章中我们也将了解到"礼"的由来与"礼书"的编纂，以及《仪礼》《周礼》《礼记》三部典籍的内容与流传的相关知识。

第五章《春秋》的出土文献部分，主要讲述了海昏侯竹简和居延新简中的《春秋》残文，肩水金关汉简中的《左传》残文。此外，本章还介绍了《春秋》的来源与内容、《春秋》与《公羊传》《穀梁传》的关系及流传、《春秋》与《左传》的关系及流传等知识。

第六章《孝经》的出土文献部分，主要讲述了海昏侯简、地湾汉简、肩水金关汉简、玉门关汉简中的《孝经》内容。此外，本章还梳理了《孝经》的内容以及它在汉代的流传过程。

第七章《论语》的出土文献部分，主要讲述了海昏侯墓竹简、河北定县八角廊汉简、朝鲜平壤贞柏洞汉简、肩水金关汉简、居延汉简、悬泉汉简中的《论语》内容。另外，本章还介绍了《论语》的来源与流传等内容。

第八章的《苍颉篇》与《急就篇》是汉代流行的两部"小学"书籍，这里的"小学"并不是我们现代汉语中的"小学"含义。在古代，"小学"一词原本是指认字与练字的学问，后来专指文字、音韵、训诂这三种学问，主要是研究汉字形体、汉语语音、汉字词义。需要说明的是，汉代"小学"书籍并不完全等同于后世《三字经》《千字文》这些小孩子学习的蒙学读物，它们的作用一方面是让人认字练字，另外一方面还兼具着规范字体、字用的功能。本章的出土文献部分主要介绍了水泉子汉简、北大简、悬泉汉简、马圈湾汉简中的《苍颉篇》与居延汉简中的《急就篇》，此外还介绍了这两本书的源流与内容。

  本书最后以附表的形式辑录了汉代西北边塞地区出土的典籍简。

  上述出土于西北地区的简牍除了20世纪30年代发掘的居延汉简现藏我国台湾地区，其余绝大部分的简牍都收藏在甘肃简牍博物馆。具体的简牍批次有居延新简、肩水金关汉简、敦煌马圈湾汉简、玉门关汉简、地湾汉简、敦煌悬泉汉简。这些汉简出土于我国西北地区的甘肃和内蒙古，其数量庞大，且直接面向汉帝国最下层的民众，更能反映当时的基层社会情况。这些简牍文献中的少量儒家"五经"类的典籍简均为残断简，并没有成篇的文献，但在这吉光片羽中我们可以直观地感受到西北地区民众对中华文化核心知识的探求，其中一部分文献引用经典中的语句，但又对经典有着不同的解释和发挥，从而产生新的解释性文本。还有一些简牍，比如说肩水金关汉简中发现的"齐论语"，让我们第一次见到了久已失传的《论语》文本。此外，汉代中央统治者发出的诏令中经常引用经典的内容，这些诏书中的文句依赖于简牍的记载流传至今。当然，甘肃简牍博物馆所藏的这些"五经"类的典籍简还可以让我们遥想曾经身处边关的戍卒们对知识的渴求，他们在遥远的烽燧中守护着汉代的边疆，但他们的心灵或许就寄托在这些典籍之中，在诵读和抄写的过程中与古代的先贤有了沟通，从而对"仁""孝""忠""礼"等宏大的思想概念有了具体的体会。

作　者

2024年3月

目　录

第一章 《周易》

003　上博简《周易》与卜筮的源流
011　清华简《筮法》《别卦》与商周时期"数字卦"
020　马王堆帛书"易"类文献与《周易》本经体例
040　安徽阜阳双古堆西汉简《周易》与《易传》的内容
045　王家台秦简《归藏》与秦以前《周易》的流传
050　海昏侯简《易占》与秦汉时期《周易》的流传
056　马圈湾汉简与肩水金关汉简中的《周易》

第二章 《尚书》

063　清华简"书类文献"与《尚书》释义
072　清华简"书类文献"与《尚书》的内容
085　清华简"书类文献"与古文《尚书》的真伪
093　居延汉简中的《尚书》与先秦秦汉时期《尚书》的流传

第三章 《诗经》

107　安徽大学藏战国竹简《诗经》
113　清华简"诗类文献"解读
123　《孔子诗论》与《诗经》的"六义"与"正变"
126　阜阳汉简《诗经》与《诗经》在春秋时期的流传
129　海昏侯简《诗经》与《诗经》在儒家后学中的流传
133　肩水金关汉简《诗经》与秦汉时期《诗经》的流传

第四章 《仪礼》《周礼》《礼记》

- 141　战国竹简中的"礼"类文献与礼的由来
- 152　马王堆帛书《丧服图》与礼书的编纂
- 157　武威汉简《仪礼》与今传本《仪礼》
- 169　海昏侯简"礼"文献与今传本《周礼》
- 177　居延汉简《礼记》残文与今传本《礼记》

第五章 《春秋》

- 183　海昏侯竹简《春秋》与今传本《春秋》
- 189　居延新简中的《春秋》与《春秋》的撰著
- 199　肩水金关汉简的《左传》与今传本《左传》

第六章 《孝经》

- 205　海昏侯简《孝经》与今本《孝经》
- 208　甘肃汉简中的《孝经》与其在汉代的流传

第七章 《论语》

- 219　汉代墓葬出土《论语》简与《论语》的内容
- 225　肩水金关汉简《论语》与《论语》的流传
- 235　居延汉简与悬泉汉简中的《论语》

第八章 《苍颉篇》与《急就篇》

- 241　文字的起源与"六书"
- 250　北大简《苍颉篇》与《史籀篇》
- 255　甘肃汉简中的《苍颉篇》与它的源流和内容
- 260　居延汉简中的《急就篇》与其源流及内容

263　**参考文献**

270　**附表：汉晋时期西北边塞地区出土典籍简综览**

276　**图片来源**

282　**后　记**

第一章 《周易》

20世纪70年代以后，简牍帛书大量出土，不光有秦汉时期的，也有战国时期的。目前所发现的《周易》及其相关的出土文献，从战国晚期跨越到西汉中期，其中既有《周易》经文的部分内容，也有未见于传世文献的"传"，甚至在清华大学藏的战国竹简中有当时所使用的《筮法》。凡此种种，无疑为我们研究《周易》文本的形成、流传、筮占原则等提供了重要的文献依据。

甘肃简牍博物馆所藏的马圈湾汉简与肩水金关汉简中发现有两枚与《周易》相关的简文，其中马圈湾汉简中画有卦画及文字解读，但其文字内容并不属于《周易》，疑其内容来自借助《周易》进行占卜的数术书籍。肩水金关的《周易》简是引用《周易》乾卦的爻辞来说明《孝经》的内容。

上博简《周易》与卜筮的源流

文物简介

上海博物馆藏战国楚竹书《周易》是目前发现最早、文字保存最多的《周易》文本，共存58枚简、1800多字，涉及34个卦的内容。简本原无书题，题名是整理者根据竹书内容所定。简长约44厘米。从形式上看，楚竹书《周易》的内容，分为"卦画""文字""符号"三个部分。"卦画"中用"—"表示阳爻，用"∧"表示阴爻，将六爻构成的一个卦画，有意识地分成上三爻（上卦）和下三爻（下卦）来书写。"文字"部分由卦名、卦辞、爻名、爻辞组成。其中最引人注目的是前所未见的"易学符号"，亦即红黑色符号，既有单独使用红色、黑色的■符，也有组合使用■与⊏符，且有不同颜色的组合，目前学界对红黑符号的规律及意义仍未有定论。[1] 该简现藏上海博物馆。

简牍释文

帀（师）■：卣（贞），丈人吉，亡（无）咎。初六：帀（师）出以聿（律），不臧（臧）凶。九二：才（在）帀（师）审（中）吉，亡（无）咎，王晶（三）赐命。六晶（三）：帀（师）或塦（舆）殿（尸），凶。六四：帀（师）㐅（左）次，亡（无）咎。六五：畋（田）又（有）念（禽），利埶（执）言，亡（无）咎。长子衔（率）帀（师），弟子塦（舆）殿（尸）。卣（贞）凶。上六：大君子又（有）命，启邦丞（承）豪（家），尖=（小

---

[1] 骈宇骞：《简帛文献纲要》，北京：中华书局，2015年，第214页。

人）勿用。☐【8】①

阅牍延伸

一、上博简的《周易》

上博简楚竹书《周易》的内容只有《周易》的经文，即六十四卦的卦画、卦名、卦辞、爻辞部分，不见《易》传的部分。竹简本因本身并不是全本，因此无法完全确定卦序，但是据学者孙沛阳复原研究，楚简本与今本卦序当相同，与马王堆帛书的卦序不同。②其中的卦画、卦名、卦爻辞的内容，与今传本及其他出土文献的《周易》相比较，虽有一些字句上的异同、脱误、颠倒，但总体上是属于同一种类（同一系统）的经文范围之内。

另外，仅就卦画、卦名而言，包括王家台秦墓竹简《归藏》在内，目前出土的四种《周易》（马王堆帛书本、阜阳本、王家台本、楚竹书本），均为今本《周易》所继承，属于同一系统。竹书《周易》的发现有着重要的意义。据整理者介绍，上博藏简的发现，对解决易学研究中所谓的"九六"之争等问题有着重要的意义，即证明《易》学中的"九六"概念先秦时期已经出现了。上博藏楚竹书《周易》与马王堆帛书《周易》经传、阜阳汉简《周易》乃至王家台秦简《归藏》之间的比较研究，将使我们对卦、爻辞等问题有更深入的理解。

---

① 马承源：《上海博物馆藏战国楚竹书（三）》，上海：上海古籍出版社，2003年，第19页。
② 孙沛阳：《上海博物馆藏战国楚竹书〈周易〉的复原与卦序研究》//北京大学中国考古研究中心：《古代文明》，上海：上海古籍出版社，2013年，第132-147页。

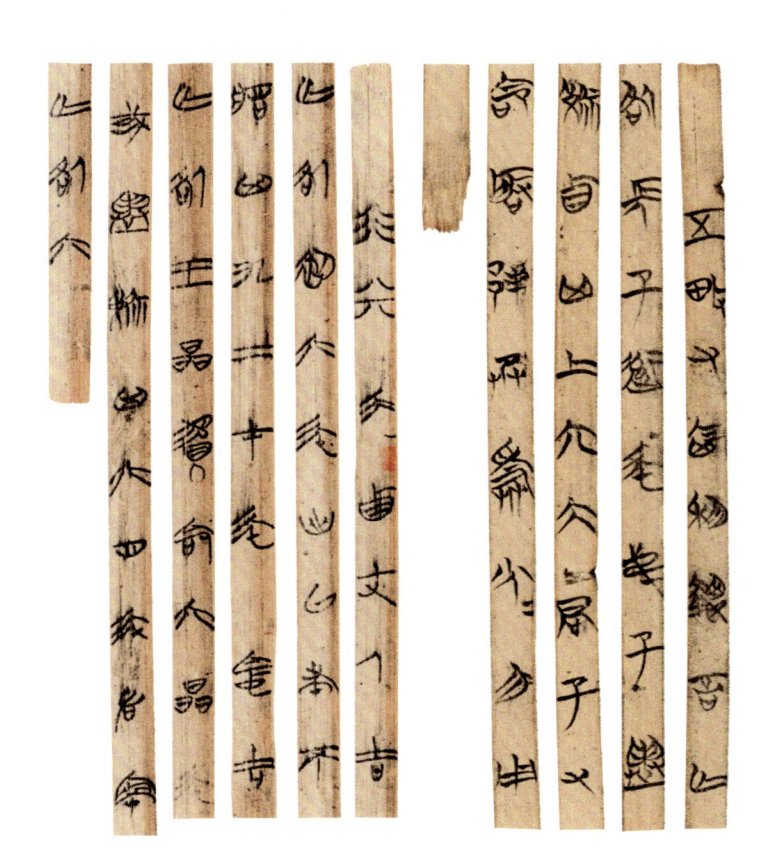

图 1-1　上博简《周易·师卦》

二、卜筮的源流

距今约五千年的龙山文化时期，中国早期文明形成，伴随而来的是人类对自然界认知的进一步拓展，从而产生了早期的城市，在城市文明的滋养中，艺术、文字、占卜等众多的精神文化得以系统化展开。《国语·楚语》记载有楚昭王与观射父关于"绝地天通"的一段对话，似乎透露出那个遥远时代里关于宗教系统化的信息。

昭王问于观射父，曰："《周书》所谓重、黎实使天地不通者，何也？若无然，民将能登天乎？"对曰："非此之谓也。古者民神不杂。民之精爽不携贰者，而又能齐肃衷正，其智能上下比义，其圣能光远宣朗，其明能光照之，其聪能听彻之，如是则明神降之，在男曰觋，在女曰巫。"……颛顼受之，乃命南正重司天以属神，命火正黎司地以属民，使复旧常，无相侵渎，是谓绝地天通。①

　　在这段对话中楚昭王疑惑于《周书》记载的重和黎二位天神导致天地不能相交通，继而问到如果不是因为重和黎二位天神，上古的人类是否可以交通天地，从而达到登天的目的。其后的"对曰"就是观射父针对这一问题引经据典的回答，首先他肯定了上古时期人类是可以交通天地的，这一类人中男人称作觋，女人称为巫，并详细描述了他们是如何交通天地，以及由此产生的掌管天地民神物的五官。接下来观射父还讲到了少皞氏衰落之后，九黎打破了之前井然有序的沟通天人的方式，导致了人人皆可为巫史的"民神杂糅"局面，造成了一系列的混乱。这一乱糟糟的局面到了颛顼时才得以改观，他"命南正重司天以属神，命火正黎司地以属民，使复旧常，无相侵渎，是谓绝地天通"。

　　这一段文字的重要性在于它历史性地记载了上古时期先民对鬼神之事认知的规范化历程，其中"绝地天通"的措施在神话学上意味着中国先民智识发展不断理性化、规范化。我们在这里讨论的占卜之术也是上古时期先民在不断认知自然界的过程中，企图通过卜筮的手段来预知并控制未知事物，从而降低生活中所遇到的风险。这一行为在早期人类历史上是非常常见的，例如美索不达米亚和古希腊文明以查看动物肝脏形状来进行占卜，环太平洋地区的早期先民以灼烧动物骨骼并观察骨骼上的裂纹方向来预测吉凶，这一方式中我们最熟悉的是商代先民烧灼龟甲和动物骨头来呈现卜兆，预测吉凶，并记刻卜辞的甲骨文。

---

① [三国吴]韦昭注，徐元诰集解，王树民、沈长云点校：《国语集解》，北京：中华书局，2019年，第541页。

中国古代预测吉凶最主要的手段是"卜筮"。分开来讲,"卜"为占卜,是使用龟甲兽骨通过灼烧产生裂纹来预测吉凶;"筮"为"筮占",是使用蓍草通过计数的手段来预测吉凶。古老的卜筮文化不仅开掘了易学先河,其他如星占、历算、筮法、医理、医方等数术方技,亦无一不源于卜筮。即便是蕴含着儒家思想精髓的天命观、天人合一的宇宙观,都可以在卜筮文化中找到源头。

目前所知最早的占卜记录就是商代后期的甲骨。甲骨占卜盛行于商代,西周时期逐渐衰落,汉代开始龟卜之法多有遗失,这种占卜方式逐渐失传。其主要占卜方式是在修治好的龟甲或牛的肩胛骨背面施加钻凿,并通过灼烧在骨面产生"卜"形裂纹,从而占卜吉凶。"筮占"则是西周以来所盛行的方式。它是使用四十九根蓍草或者竹木枝条,随机分为两份,并采用"挂一""揲之以四""归奇于扐",最终"十有八变"才能成为一卦。也就是取用50根蓍草,其中1根弃置

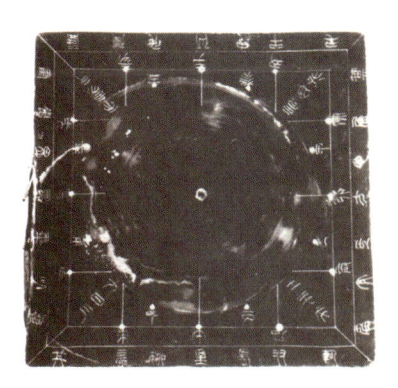

图1-2 阜阳双古堆汉墓出土式盘

不用（挂一），用剩下的49根随机分成左右两束，再从左边那束取出1根放到一边，然后分别用4除左右两边的蓍草数（揲之以四），余数分别是1、2、3、4，左右两边的余数蓍草连同前面从左边取出的1根都弃置（归奇于扐），剩下的蓍草再合在一起（40根或44根），这是第一变；如此方式循环六次得六个独立的爻，然后以七八九六之爻记录下来，积六画为一个卦，所得到的卦画查询《周易》等卜筮用书之后就可以占测吉凶。

上述两种方式是中国古代最为重要的占断吉凶方式，除此之外在战国至六朝时期还流行着"式占"的方式，"式"是一种模拟天圆地方宇宙观的器具，主要由两部分组成，方形的为"地盘"，圆形可旋转的为"天盘"。二者表面都有与占测吉凶相关的文字内容，置"天盘"于"地盘"之上，通过"天盘"的旋转指向与"地盘"相应的文字内容，二者相互参证就可以占测吉凶，这一类占卜也是有可供查询的书籍。《史记·日者列传》的"褚先生曰"中就说到："臣为郎时，与太卜待诏为郎者同署，言曰：'孝武帝时，聚会占家问之，某日可取妇乎？五行家曰可，堪舆家曰不可，建除家曰不吉，丛辰家曰大凶，历家曰小凶，天人家曰小吉，太一家曰大吉。辩讼不决，以状闻。'制曰：'避诸死忌，以五行为主。人取于五行者也。'"[①] 这一则小故事说的是汉武帝想要选择一个良辰吉日娶妻，然后召集了七家不同"式占"流派的专家挑选合适的日子，但是每一家算出来的日子都不相同，引发了争论，最后还是皇帝出面以"五行家"为主，这场争论才得以结束。由此看来，西汉时期"式占"已经盛行，并产生了很多不同的流派。"式占"后来逐渐演变为堪舆学中的罗盘，从占断吉凶祸福的工具变成了后世"看风水"的用具。

至唐代以后，传统的占卜方式已逐渐式微，占卜方式逐渐变得简单且容易操作，例如"火珠林""签诗""金钱占""梅花数""推背

---

① [汉]司马迁撰，[宋]裴骃集解，[唐]司马贞索隐，[唐]张守节正义：《史记（点校本二十四史修订本）》，北京：中华书局，2016年，第3222页。

图说""烧饼歌"等。这些占卜方式因操作简单，在民间广为流传，甚至到现在还在流传和使用。值得一提的是我国少数民族也有一些特殊的占卜方式，如苦聪人使用草卜、鸡蛋卜；佤族使用牛肝卜、鸡骨卜、手卜；黎族使用鸡卜、石卜、泥包卜；景颇族流行竹卜；傈僳族使用刀卜、贝壳卜、竹卜；彝族流行羊肩胛骨占卜、木卜、鸡卜、竹卜、鸡蛋卜；羌族有鸡蛋卜和羊毛绒卜。①

上面我们简单介绍了中国的卜筮源流，其他文明中也有源远流长的占卜文化。古老的两河流域美索不达米亚文明中曾流行以观察动物内脏形态的方式占卜，这一方式被称为 Extispicy，它指的是仔细检查祭祀动物的内脏，包括但不限于心脏、肺和肝脏。在大英博物馆中就收藏着一块公元前 2000—前 1600 年的绵羊肝脏形状的泥板模型，其结构非常细致，分栏标识出区域，并标注有器官名称以及对将来事件的预兆。这一方式后来转变为希腊人的 Hepatoscopy，指的是检查内脏器官上的符号信息。在希腊神话中，"盗火者"普罗米修斯教导凡人在肝脏占卜中应该怎样注意内脏光滑度、胆囊的颜色、肝叶的对称性，才能达到取悦神灵的目的。在其后罗马人的占卜文化中，使用动物内脏占卜依旧流行，罗马人在继承伊特鲁里亚人的内脏占卜之后将其系统化，目前所见最为系统、论述最多的内脏占卜术来自罗马文化。

---

① 宋兆麟，黎家芳，杜耀西：《中国原始社会史》，北京：文物出版社，1983年，第494页。

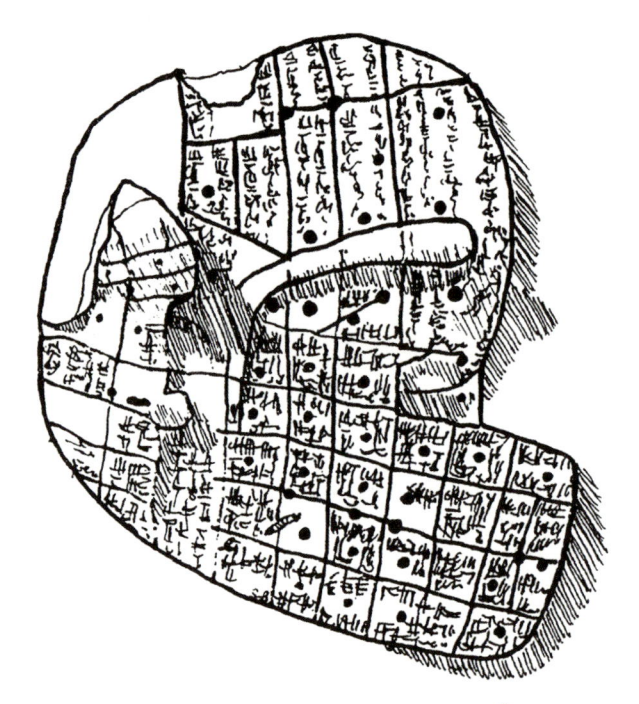

图 1-3 绵羊肝脏形状的泥板模型①

除此之外,如今的星占术(星座命理)也发端于美索不达米亚文明。美索不达米亚的先民们经过长期观测星空形态,逐渐总结出了黄道十二宫的星象系统,并将星象与人生命理结合起来,产生了最早的星占术。这一方式经过巴比伦王朝的迦勒底人的提倡得以发扬光大,形成西方星占学中的"迦勒底秩序"。星占术一直流传至17世纪才逐渐式微,如今我们所熟悉的十二星座与人生命理的搭配可以说是这一占卜系统的余绪。

---

① [美]斯蒂芬·伯特曼:《古代美索不达米亚社会生活》,北京:商务印书馆,2016年,第141页。

清华简《筮法》《别卦》与商周时期"数字卦"

文物简介

《筮法》篇为战国时期的竹书，每简长约45厘米，共有63支简。简文书写于竹黄一面，文字为战国时期楚系文字，全篇分栏书写，并且附有插图和表格，其形式类似于帛书，有可能是从帛书中转抄而来。整理者按照其内容及行款，将释文分为三十节，各加一小题。该简现藏清华大学艺术博物馆。

《别卦》现存7支简。从卦序及卦的数量看，应该有8支简，残缺第3支简。整简长16厘米，宽1.1厘米。满简书写，文字为战国时期楚系文字。该简现藏清华大学艺术博物馆。

简牍释文

《筮法》

六虚，其

病哭死。

五虚同。

一虚，死。

三吉同

凶，待死。

三凶同

吉，待死。

三吉同

凶，恶爻
处之，今焉死。

三凶同
吉，恶爻
处之，今焉死。

《别卦》

𦥑	敚	頤	讼	員=	㷯=	殹	（简一）
嗇=	僕	徹	憸	贛	頤	柀	（简二）
			（阙）				（简三）
臧=	介	䢜=	孿=	纏	鄭	悠	（简四）
燹	谦	謹	帀	亯=	復	挈	（简五）
叚	埣	慾	困	惑	愳	㐬=	（简六）
癶=	懿	遂	憖	溙	暖	鼎	（简七）
䈞=	观	蓝	中	㤅	連	藓	（简八）

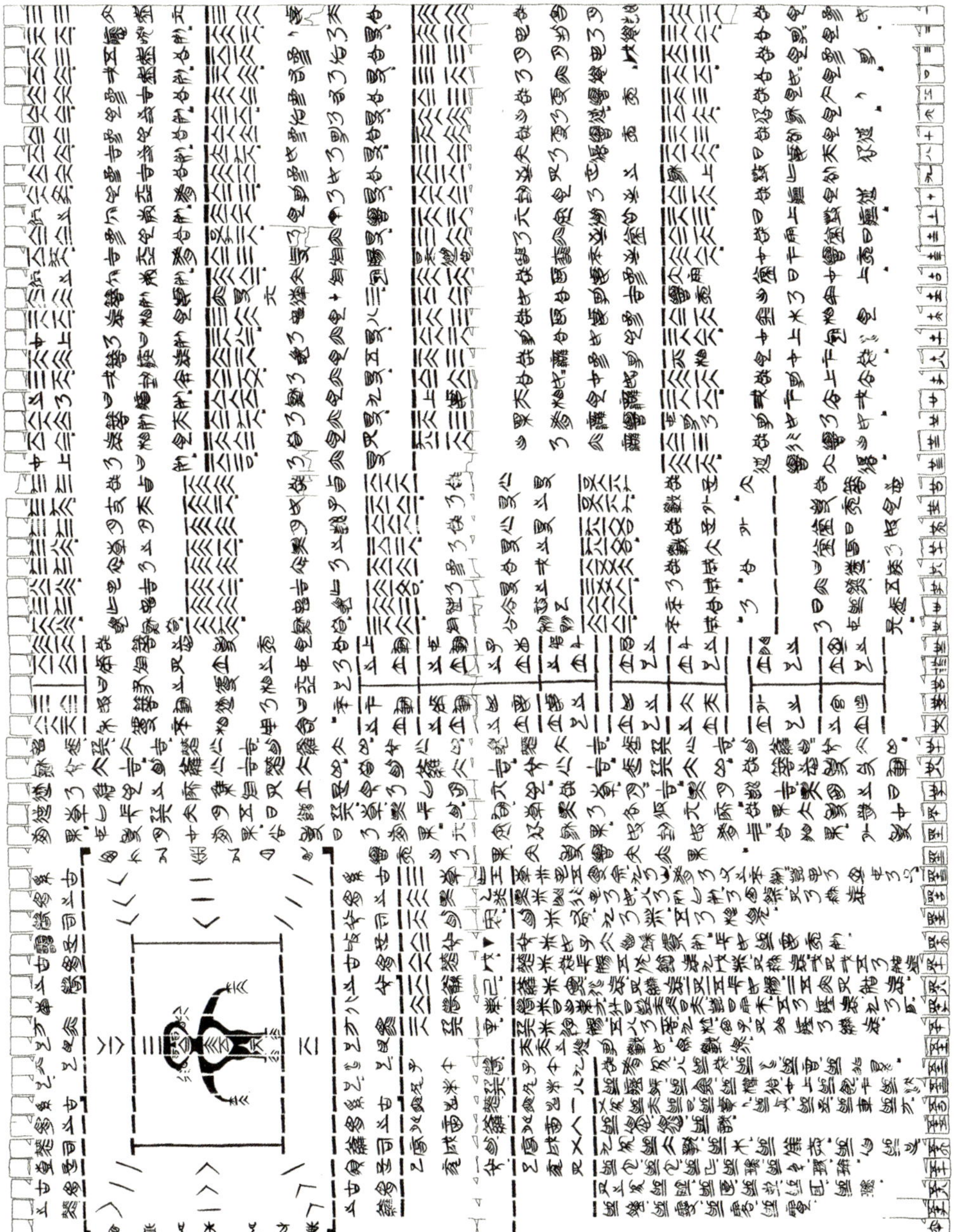

图 1-4　清华简《筮法》红外线图

第一章　《周易》

013

阅牍延伸

一、《筮法》与《别卦》简介

2013年12月《清华大学藏战国竹简（肆）》由中西书局出版，其中包括《筮法》《别卦》《算表》三篇，它们都是传世文献及以往出土文献中所未见的佚篇。各篇原无篇题，整理者据文献内容拟补了题名。三篇文献中《筮法》简保存良好，没有明显缺损，入藏时全篇大部分仍维持原来成卷的状态，体例犹如帛书。简文内容详细记述了战国时期楚地的占筮原理和方法，其中包含了大量以数字卦表现的筮占实例。《筮法》把常见的占问事项分作十七类，称为"十七命"，继而又细分为"三一节"。

《筮法》中记载的数字卦形式与天星观、包山、葛陵等楚简中的实际占筮记录一致，说明《筮法》是战国时期楚地实用性的筮占手册，这与《周易》六十四卦的系统差异较大，其中八经卦的卦名类同于王家台秦简的《归藏》，这为先秦三《易》的研究提供了重要线索。《筮法》中还有将八卦分置八方的卦位图，这在迄今所见《易》

图 1-5　清华简《别卦》

图中是最早的。

《别卦》主要内容是卦名与卦象，不能用于筮占，但其卦序排列和马王堆帛书《周易》相同。[1]

二、万物皆有数

中国古代的占卜方式大致可分为骨卜和筮占两种形式，骨卜的实物证据即甲骨文，而筮占由于使用蓍草通过数学计算的手段进行占卜，缺乏实物资料，因此长期以来对其的认知只能依赖文献。中国古代的筮占从本质上讲是一种数占，它是通过蓍草摆放数量的多少来进行数学演算，得出占卜结果，并将其记录为卦爻象，最后以卜筮书为依据查询占卜所得的卦爻象，从而占断吉凶。宋代学者赵明诚的《金石录》记载了重和元年（1118年），安州孝感（今湖北省孝感市）县民在耕地时偶然获得了六件青铜器，即金石学史上著名的"安州六器"。这六件青铜器中的三件中鼎（原名南宫中鼎、南中鼎等）铭文摹本流传至今。铭文为：

> 唯十又三月庚寅，王在寒次，王令太史贶福土，王曰：中，兹福人入事，锡于武王作臣，今贶畀汝福土，作乃采，中对王休命，蠹父乙尊。唯臣尚常中臣。七八六六六六，八七六六六六。[2]

宋代人在释读该青铜器铭文时把最后的"七八六六六六，八七六六六六"释读为"赫赫"或"十八大夫"，并将其曲解为"奇字"。直至近代，随着大批青铜器的出土，青铜器研究从以往的金石鉴赏，转型为以考古类型学为基础、考古学为依托的现代学术研究，学者们才逐渐确定了这类"奇字"的性质，同时揭开了早期筮占的神秘面纱。1957年唐兰先生第一次对这类"奇字"出土材料进行搜集整理，当时共收集了13例。1978年，张政烺先生在此基础上增补至32例，并首次提出这些"奇字"为早期筮

---

[1] 李学勤：《清华大学藏战国竹简（肆）》，上海：中华书局，2013年，第75、128页。

[2] 吴镇烽：《商周青铜器铭文暨图像集成》第5卷，上海：上海古籍出版社，2012年，第170页。

占结果的记录，这一说法现已得到了学界公认，这类"奇字"被命名为"数字卦"。后来的学者们在此基础上进行研究，1993年李零先生全面系统地搜集与核实，在综合前人研究的基础上，将材料增加至94例。目前所见的卦例中有数字一、四、五、六、七、八、九，由此可见数字卦的用数相对比《周易》的阴阳爻的用数要多，其中阳爻作"一"，同于一的字形；阴爻作"︿"或"八"，同于六、八的字形。数字卦通常都是单独出现的，偶有伴随命辞和占辞，而《周易》的卦画则伴有卦名和卦爻辞。

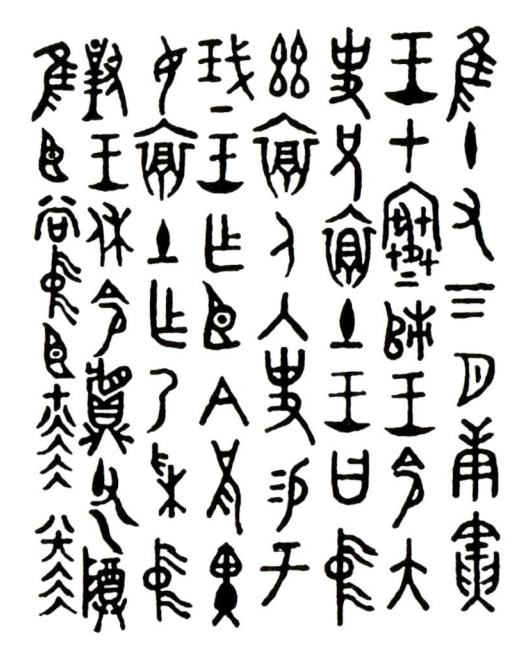

图 1-6　中鼎铭文摹本

三、"数字卦"的考古实物举隅

目前我国考古发现的最早的占卜实物，为2006年5月23日在河南省淮阳大朱村平粮台古城遗址城内采集得来的黑色陶纺轮。平粮台古城的建城年代据碳十四检测在距今约4500年，纺轮应属层位是平粮台三期。

平粮台三期文化层直接叠压在古城墙夯土层上，因此纺轮应不早于古城建成年代。发现时该纺轮已残去一半，直径 4.7 厘米，孔径 0.5 厘米，厚 1.1 厘米。纺轮的质地、形制均与该期以往发现的纺轮相同，与之同时采集来的陶片也都有典型的龙山特征。该纺轮面上用两笔刻了桃形外框，边框内刻有数字卦。李学勤先生认为此卦例是离卦。①

图 1-7　平粮台古城黑色陶纺轮

商代晚期的四磨盘卜骨是考古发现中较为重要的一例，其中的"囟"在西周周原甲骨中常见，可见殷周之间占卜文化是继承性的。该卜骨 1950 年春于殷墟四盘磨西区 SP4 探坑中的 SP11 小探坑出土，同坑出有磨石、带窗格陶火炉（内存炭灰）、红色陶罐、灰色陶罐、陶兽罐各一件，大卜骨共三块，仅此块有文字。该卜骨保留了牛右肩胛的上部，宽约 6.5 厘米，残长约 14.8 厘米。其臼角被切除，臼角切除的长度与骨臼背面截锯后所保留的长度相等。背面自骨颈起有左右两排长凿，现存每排四个，夹间还可见两个凿的一部分。卜骨上共刻有三条卜辞，各守一兆，相对骨面横向契刻，由骨缘向内，走向相反，文字竖排，字体和周原甲骨中时代较早的酷似。

七五七六六六，曰：囟叩（孚）。

八六六五八七。

七八七六七六，曰：囟叩（孚）。

---

① 贾连翔：《出土数字卦文献辑释》，上海：中华书局，2020 年，第 63 页。

第一、三行"曰"后二字旧释为"魁""隗""畏""媿"等，或认为是卦名，或认为是《连山》的异称，在易学研究上曾产生了很大的影响。裘锡圭先生在 1989 年观察原骨时指出"囟"和下面的字应分读。李学勤先生后来又指出两行"囟"后一字字形相同，"左为一竖笔，右从'卩'"。吴雪飞先生根据新见图版将末字改释为"卯"，读为"孚"，我们认为这一改释是合理的，"孚"字是商周时期常见的占卜术语。①

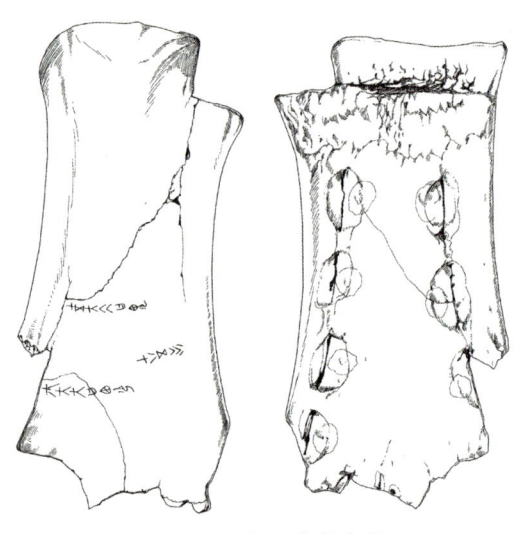

图 1-8　图四磨盘卜骨

西周早期的震卦甗，旧称"六六一六六一鼎"，1976 年 4 月，陕西周原考古队在岐山京当乡贺家村西北 200 米处的西周墓葬 M113 发掘出土，现藏岐山县周原博物馆。该甗为甑鬲连体式，侈口深腹，口沿上置一对立耳，鬲部分裆，三足下作圆柱形，腰内有心形箅。颈部饰云雷纹组成的默面纹，鬲腹饰牛角兽面。通高 41.3 厘米，口径 25.3 厘米，腹深 24.3 厘米，重 6.806 千克。铭文在腹内壁近口处，释作：六六一六六一。②

---

① 贾连翔：《出土数字卦文献辑释》，上海：中华书局，2020 年，第 66 页。
② 贾连翔：《出土数字卦文献辑释》，上海：中华书局，2020 年，第 103 页。

图 1-9　震卦甗拓本、照片、摹本

　　从上述"数字卦"的考古实例来看,"数字卦"与《周易》的"揲蓍法"都是通过数学推演的方式进行占卜活动,其基本的运算逻辑是注重区分数字的奇偶,因此都可以归为数占,但二者的关系却不能简单对应。二者最大的不同在于《周易》最基本的筮占要素是阴阳爻,也就是数字"九"或"六",但"数字卦"中出现数字较多,因此其算法也要比《周易》复杂很多。需要注意的是在出土的一些青铜器上,多出现三个古文字的"五"组成的卦象,并且"五"也是商周时期的一个族徽,因此可以推测"五"在上古时期应拥有着特殊的文化含义,或许相当于《周易》中象征天、龙、君子的乾卦。从"数字卦"材料反观《周易》的六十四卦,《周易》有可能是遵循简化三爻数字卦的一个思路、对六爻数字卦进一步简化的结果,因此极有可能"数字卦"是《周易》的前身,六十四卦是继承并简化了"数字卦"的演算方法。

马王堆帛书"易"类文献与《周易》本经体例

文物简介

1. 马王堆帛书《周易》和《系辞》

帛书《周易》原无篇题，或称为帛书《六十四卦》，是所谓"经"的部分，仅由卦画、卦辞、爻辞组成，不包含《象传》《彖传》《文言传》。它抄写在一幅宽48厘米、长约85厘米的丝帛上。横幅界画朱栏，字以墨书。每行字数不等，满行为64～81字，总共93行，合4900余字。从字体上看，抄写年代应在文帝初年。1984年《文物》第三期发表了帛书《周易》经文，即《马王堆汉墓帛书（六十四卦）》。1992年《马王堆汉墓文物》载帛书《周易》和《易传》的《系辞》部分照片和图版释文。与通行本《周易》相比，该帛书没有附加《象传》《彖传》《文言传》，卦序也完全不同，但其内容大体上是一样的。

帛书本《周易》不分上、下经，始于键（乾），终于益，其排列顺序是把八卦按阴阳关系重新排列，排成键（乾）、川（坤）、根（艮）、夺（兑）、赣（坎）、罗（离）、辰（震）、算（巽），然后以键、根、赣、辰、川、夺、罗、算为上卦，以上述阴阳组合的键、川、根、夺、赣、罗、辰、算为下卦，再以上卦的每一卦分别与下卦的每一卦组合而形成六十四卦。这种排列方法与汉石经、通行本完全不同，因此，帛书本《周易》显然是《周易》别本系统的传本。[①] 帛书的《系辞》和另几篇《易传》古佚书共同抄写在一幅48厘米宽的帛上，其开篇处绘有长条形墨丁，帛中有朱丝栏界格，文字是规范的汉隶，共47行，约3000字。《系辞》没有篇题，共46行，

---

① 骈宇骞：《简帛文献纲要》，北京：中华书局，2015年，第207页。

约 3000 字。现藏湖南博物院。

2. 马王堆帛书《二三子问》上下篇、《易之义》《要》《缪和》《昭力》

《二三子问》篇末残缺，不知该篇是否有原始篇题，帛书整理者据本篇开始的"二三子曰……"，拟题名为"二三子问"。该篇共36行，约 2500 字。帛书的《易之义》没有篇题，根据其内容题为《易之义》，该篇共有46行，约 2000 字。《要》《缪和》《昭力》是三种属于《周易》的古佚书。

《要》篇是与《系辞》《易之义》《缪和》《昭力》一起合抄的文本，从篇末文字"要，千六百八"的记载可知其篇题和原来的字数。文字用墨书写于长约 48 厘米的第二幅帛书上，出土时已经断裂成几个长约 24 厘米、宽约 10 厘米的帛书残片。《要》篇的书写形式与帛书《周易》的其他各篇相同，首先用朱砂书出上下栏和纵线，然后用墨书写，篇端涂有"■"作为本篇的开始符号。

《缪和》篇末有"缪和"篇题，但没有字数记载。《昭力》篇末尾有"昭力，六千"的篇题和字数记载。但是《昭力》篇文字内容很短，存 1000 字左右，因此推测篇末"六千"的字数，或许是《缪和》与《昭力》两篇的字数的合计。该帛书现藏湖南博物院。

帛书释文

《周易》

键（乾），元享（亨）利贞。初九，潜龙勿用。九二，见龙在田，利见大人。九三，君子终日键（乾）键（乾），夕泝（惕）若厉，无咎。九四，【一上】或跃在渊，无咎。九五，飞龙在天，利见大人。尚九，抗（亢）龙有悔。迥（用）九，见群龙无首吉。【一下】

《系辞》

天尊地卑,乾坤定矣。卑高已陈,贵贱位矣。动静有常,刚柔断矣。方以类聚,物以群分,吉凶生矣。在天成象,【一上】在地成形,变化见矣。是故刚柔相摩,八卦相荡,鼓之雷电,润之风雨;日月运行,一寒一暑。【一下】乾道成男,坤道成女。乾知大始,坤作成物。乾以易、坤以简能。易则易知,简则易从;易知则有亲,易从则有【二上】功;有亲则可久,有功则可大也;可久则贤人之德,可大则[贤人之业]也。间易简而天【二下】理得,天理得而成位乎其中。圣人诋卦观象,系辞焉而明吉凶,刚柔相遂(推)而生变化。是故吉凶也者,得失之象也;【三上】悔吝也者,忧虞之象也;○变化也者,进退之象也;刚柔也者,昼夜之象也。六爻之【三下】。

《二三子问》

二三子问曰:"《易》屡称于龙,龙之德何如?"孔子曰:"龙大矣。龙,形迁遝,宾于帝。倪神圣之德也。高尚齐乎【一上】星辰日月而不眺,能阳也。下沦穷深之渊而不昧,能阴也。上则风雨奉之,下沦则有天□□□。穷【一下】乎深渊,则鱼蛟先后之,水游之物莫不随从。陵处则雷神养之,风雨避向,鸟兽弗干。"曰:"龙大矣。【二上】龙既能云变,又能蛇变,又能鱼变。飞鸟征虫,唯所欲化,而不失本形,神能之至也。□[□□□□]【二下】□□□□□]□焉,有弗能察。知者不能察其变,辩者不能察其美,至巧不能象其文,明目弗【三上】能察视也。□□焉,化昆虫,神贵之容也,天下之贵物也。"曰:"龙大矣,商之驯德也。曰称(?)身□□□【三下】。

《要》

《易》曰:"不远复,无只悔,元吉。"天地困,万物润。男女媾精而万物成。《易》曰:"三人行则损一人,一人行则得【四四上】其友。"言致一也。君子安其身而后动，易其心而后呼，定其位而后求。君子修于此三者，【四四下】故存也。危以动，则人弗与也；无位而求，则人弗予也；莫之予，则伤之者必至矣。《易》曰："莫益【四五上】之，或击之，立心勿恒，凶。"此之胃（谓）也。·夫子老而好《易》，居则在席，行则在橐。子贡曰：夫【四五下】。

《缪和》

缪和问于先生曰："请问《易·涣》之九二曰：'涣奔其机，悔亡。'此辞吾甚疑焉，请问此之所谓。"子曰："夫《易》，明君【五八上】之守也。吾[□]慧（？）不达问，学不上与，恐言而贸易，夫人之道。不然，吾志亦愿之。"缪和【五八下】曰："请毋若此。愿闻其说。"子曰："涣者，散也。奔机，几也，时也。古之君子，时福至则进取，时亡则以让。夫【五九上】福至而能既焉，贲走其时，唯恐失之。故当其时而弗能用也，至于其失之也，虽欲为人用，【五九下】岂可得也哉！将何'无悔'之有？受者昌，奔福而弗能敝者穷，逆福者死。故其在《诗》也，曰：'女宠不敝【六〇上】衣裳，士宠不敝舆轮。'无千岁之国，无百岁之家，无十岁之能。夫福之于人也，既焉不【六〇下】。"

《昭力》

昭力问曰："《易》有卿大夫之义乎？"子曰："《师》之'左次'与'阑舆之率卫'与'豶豕之牙'，三者，大夫之所以治其国而安其【一二七上】[君也]。"昭力曰："可得闻乎？"子曰："昔之善为大夫者，必敬其百姓之顺德，忠信以先之，修其兵甲【一二七下】而率之，长贤而劝之，不乘胜名，以教其人，不羞卑隃，以安社稷。其将稽诛也，咄（？）言以为人次；其将报【一二八上】□也。更一以为人次；其将取利，必先其义以为人次。《易》曰：'师左次，无咎。'师也者，人之聚也；次【一二八下】也者，君之位也。见事而能左其主，何咎之有？"问'阑舆'之义。子曰："上政卫国以德，次政卫国以力，下政卫【一二九上】国以兵。卫国以德者，必和其君臣之节，不以耳之所闻败目之所见，故权臣不作。同父子之【一二九下】。"

阅 牍 延 伸

一、马王堆帛书中的"易"类文献

1973年，马王堆汉墓的发掘是中国乃至世界考古学史上一次重要的考古发掘，李学勤先生曾指出："真正的重大发现当然包括相当数量的珍品，但其根本的意义并不仅在于此。重大的考古发现应当对人们认识古代历史文化起重要影响，改变大家心目中一个时代、一种文化以至一个民族的历史面貌。只有这样，才称得上是必须载入考古史册的重大发现。70年代湖南长沙马王堆汉墓的发掘，就是这样意义的重大发现……发现中有完好无损的女尸，有成组成套的物品，还有内容珍秘的帛书、竹木简。这三项有其一，已可说是重要发现，如今三者兼有，在中国考古史上尚没有其他例子。"①

马王堆位于湖南省长沙市东郊五里牌外，距长沙市中心4千米，中间有一个方圆约半里的土丘，土丘的中部残留着两个高约16米的土冢。土冢东西各一，顶部圆平，直径各约30米。两冢中间接连，从远处看，形状很像一个马鞍，故而当地人称之为马王堆。1951年，中国科学院考古研究所长沙工作队对其做过调查，根据封土及有关情况，断定这里是一个汉墓群。1972年，考古工作者正式开始发掘，整个发掘工作至4月底结束，墓葬被定名为马王堆一号汉墓。马王堆一号汉墓的发掘取得了多项重大考古成就，墓中出土了一具保存完好的女尸，女尸出土时其皮

---

① 李学勤：《马王堆汉墓文物·序》，长沙：湖南出版社，1992年，第1页。

肤依旧有弹性，这是世界考古史上首次有湿尸发现，此外还发现了T形帛画、素纱禅衣、漆器、乐器、木俑等1000余件珍贵的文物，一些器物上还写有"轪侯家"等文字，根据墓葬考古发现及研究表明一号汉墓是西汉初期轪侯的夫人。

在发掘一号汉墓的过程中，又在它的南面发现了一座汉墓，考古工作者将之命名为马王堆三号汉墓。三号汉墓在一号汉墓南4.3米。为了更全面地认识马王堆汉墓的总体情况，1973年，考古工作者继续对马王堆二、三号汉墓进行了发掘。其中三号墓墓坑是带墓道的长方形竖穴，墓口南北长16.3米，东西宽15.45米，共出土了1000余件随葬器物，包括帛画、帛书、简牍、兵器、乐器、漆器、木俑、丝织品、博局等。其中帛书全部出土于东边箱的57号长方黑色漆盒。这个漆盒长59.8厘米，宽36.8厘米，高21.2厘米，漆盒分上、下两层，上层置放丝带和一束丝织品，下层设有5个长短大小不等的格子。

大部分帛书放在漆奁中间较大的一个格子里，少部分放在边上较窄的通格里面，上面还压着两卷医书竹简，由于年久粘连，有残损。帛书的体例也不一致。有的帛书在第一行天头处涂一个黑色小方块作为书籍开始的标记，但是也有帛书没有这种标记。有些书则是通篇连抄，不分章节，其划分章节的方式有两种，第一种是在章与章间隔处用墨点作为分章记号；第二种是提行另起章节。大部分的帛书都不题书名，题写有标题的帛书一般都把标题写在文章的末尾，并记明字数，这一题名方式符合中国早期手抄本书籍的习惯，东汉时期的熹平石经也是这样的。[①]总体来讲，帛书的样式与简册非常相似。文献记载中汉代书籍所用的简大致有长、短两尺度。长简为汉尺二尺四寸，用来书写经典及律令；短简为一尺二寸或一尺，也有八寸的，用来抄写诸子、传记等。帛书也有整幅和半幅两种尺度，与简册大体相同。其中部分帛书在书写之

---

① 骈宇骞：《简帛文献纲要》，北京：中华书局，2015年，第204页。

前用朱砂绘有竖向直线，文字书写在两条直线内，这大概是帛书从竹简转抄得来的。

自出土之后，马王堆帛书的整理与研究有两个里程碑。

第一个是1974年3月，国家文物局组织成立的马王堆汉墓帛书整理小组，集合了当时古文字与古文献学界的知名专家，如唐兰、张政烺、顾铁符、于豪亮、李学勤、裘锡圭、傅举有、周世荣、韩仲民等。帛书整理小组的办公地点最初设在北京红楼文物出版社，1976年由于受唐山大地震影响，为保证安全，整理小组办公室搬到了北京故宫博物院的城隍庙，在此期间，相继完成了《老子》甲本及卷后古佚书、《老子》乙本及卷前古佚书、《五星占》《地形图》《战国纵横家书》《导引图》、马王堆帛医书、《驻军图》《春秋事语》《相马经》《天文气象杂占》等多种篇目的拼接、释文和初步整理工作。这一时期的集成性成果，是1980—1985年陆续出版的《马王堆汉墓帛书》第壹、叁、肆册的整理报告以及部分文献释文与注释的单行本。

第二个里程碑是自2008年春，湖南省博物馆与复旦大学出土文献与古文字研究中心、中华书局达成合作协议，由裘锡圭主编，整理出版《长沙马王堆汉墓简帛集成》。整理团队在充分吸收以往研究成果的基础上，对帛书进行了重新拼接、校读和注解，马王堆帛书的整理工作取得了重大的突破。经过近七年的努力，全套共七辑的《长沙马王堆汉墓简帛集成》于2014年由中华书局正式出版，这一成果不仅使所有马王堆帛书的图版得以公布，而且对马王堆简帛资料高水平的整理也受到了学术界的称赞。它的出版，代表了马王堆帛书整理与研究的最新成果。

帛书《周易》与通行诸本卦辞、爻辞的文字多有差异。帛书卦辞共636字，与通行本不同者有81字。爻辞共3444字，与通行本不同的有771字，这些卦爻辞的异文大多属文字通假，但也有一些地方的文字可以用来校勘今本《周易》。例如帛书《周易》"渐"之六四："鸡（鸿）渐于干木，或直其寇，彀，无咎。"《说文》曰："彀，张弩也"，"直"

第一章 《周易》

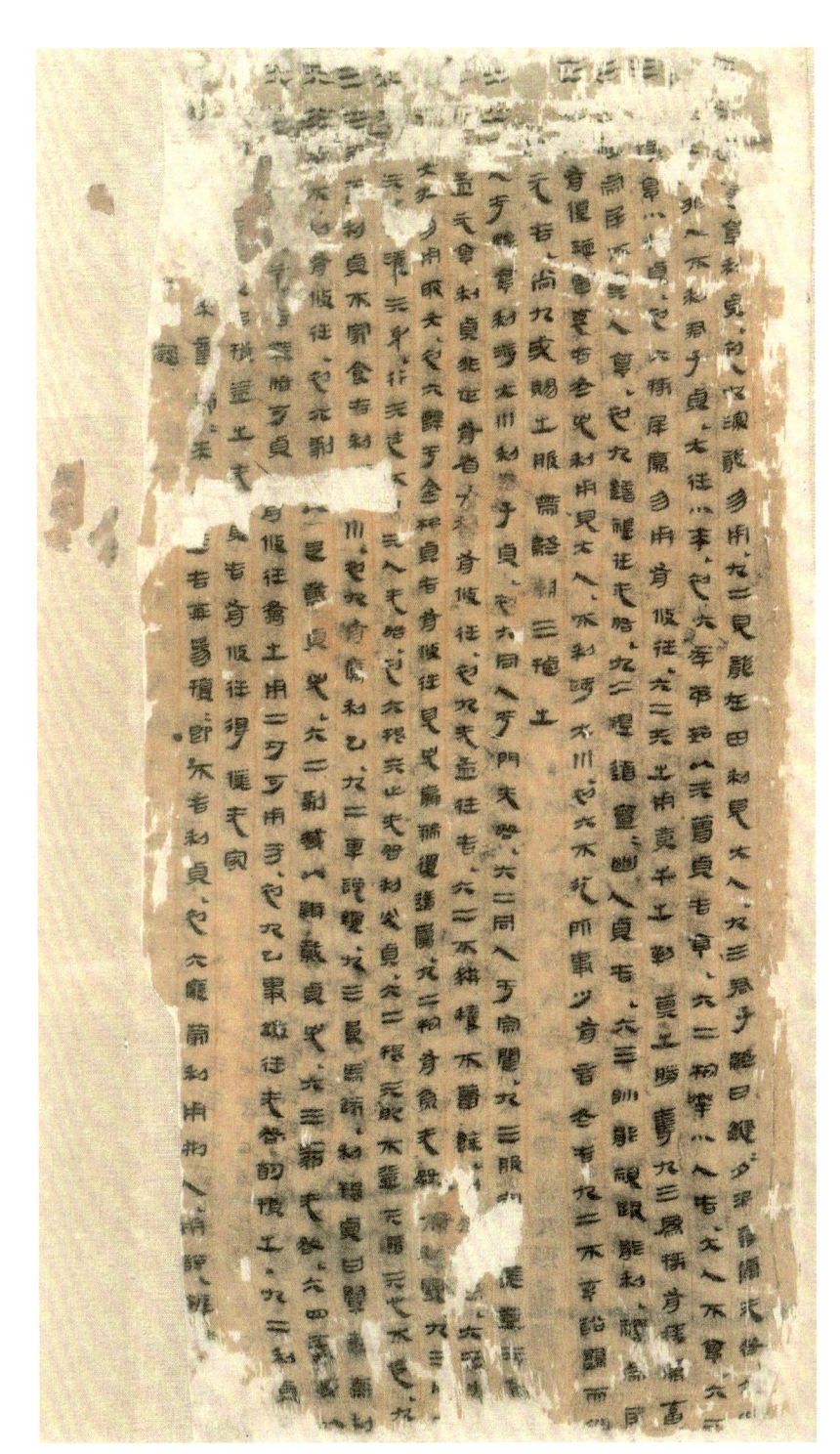

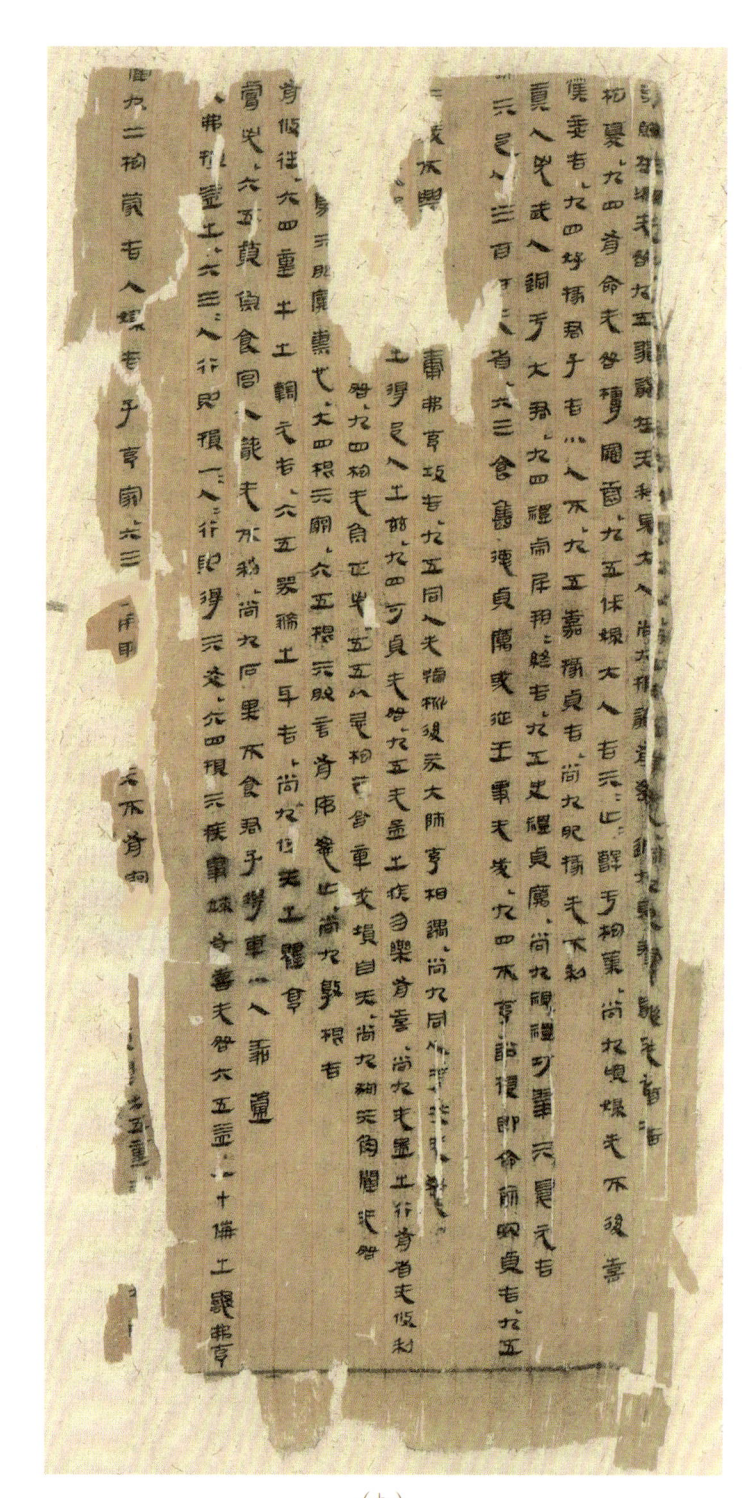

图1-10 帛书《周易》

读为"值"，意为"遇到"。弄清了"彀"为张开弩射箭的意思，这条爻辞意思就是与"盗寇"相遇，击之无咎。但是这条爻辞在通行本中作"鸿渐于木，或得其桷，无咎"，很显然，"无咎"二字的前面掉了一个很关键的"彀"字，由于文字读不通，故将第二句中的"直"改成了"得"，"寇"字换成了"桷"。王弼强为之注解为"或行其桷，遇安栖也"，其中的桷是方形的屋椽，上面需要盖瓦，按照这一层意思来讲，此地绝非鸿雁的栖息之地。可见王弼的注释是根据错误的经文强行解释，以至于不通更甚，这也说明古籍校勘中原始古本的重要性。当然，帛书本《周易》中也有若干抄写错误，这在手抄本的文献中很常见，如帛书中的"象"字多误为"马"。关于帛书本《周易》的性质有学者认为它比较原始，属于《周易》早期流传过程中的版本；还有学者认为它或许是另一系统的传本。李学勤先生认为，它应该是楚地易学一派整理的结果，其形成经历了很长时间。①

马王堆帛书的《系辞传》虽分为两篇，但不像今传本的《周易·系辞》那样成上下两篇。《系辞》篇内容的构成是通行本《系辞》上传除去第八章以外的所有内容，通行本《系辞》下传的第一、二、三章，第四章的第一、二、三、四、七节，第七章的"若夫杂物撰德"以下部分以及第九章。因而，与通行本相比，所缺部分是《系辞》上传的第八章（"大衍之数五十……"），《系辞》下传第四章的第五、六、八、九节，第五、六章，第七章的"若夫杂物撰德"以上部分，以及第八章。②

帛书《系辞》与通行本在文字上有多处不同，二者互校发现帛书本多有优胜之处。例如通行本《系辞》中有"乾坤，其《易》之缊邪？"一句，其中的"缊"字古来学者歧见纷出。韩康伯注："缊，渊奥也。"虞翻注："缊，藏也。"孔颖达《周易正义》疏云："乾坤是易道之所蕴积之根源也，是与易为川府奥藏。"实际上上述三种解释都没有解释

---

① 骈宇骞：《简帛文献纲要》，北京：中华书局，2015年，第205页。
② 骈宇骞：《简帛文献纲要》，北京：中华书局，2015年，第206页。

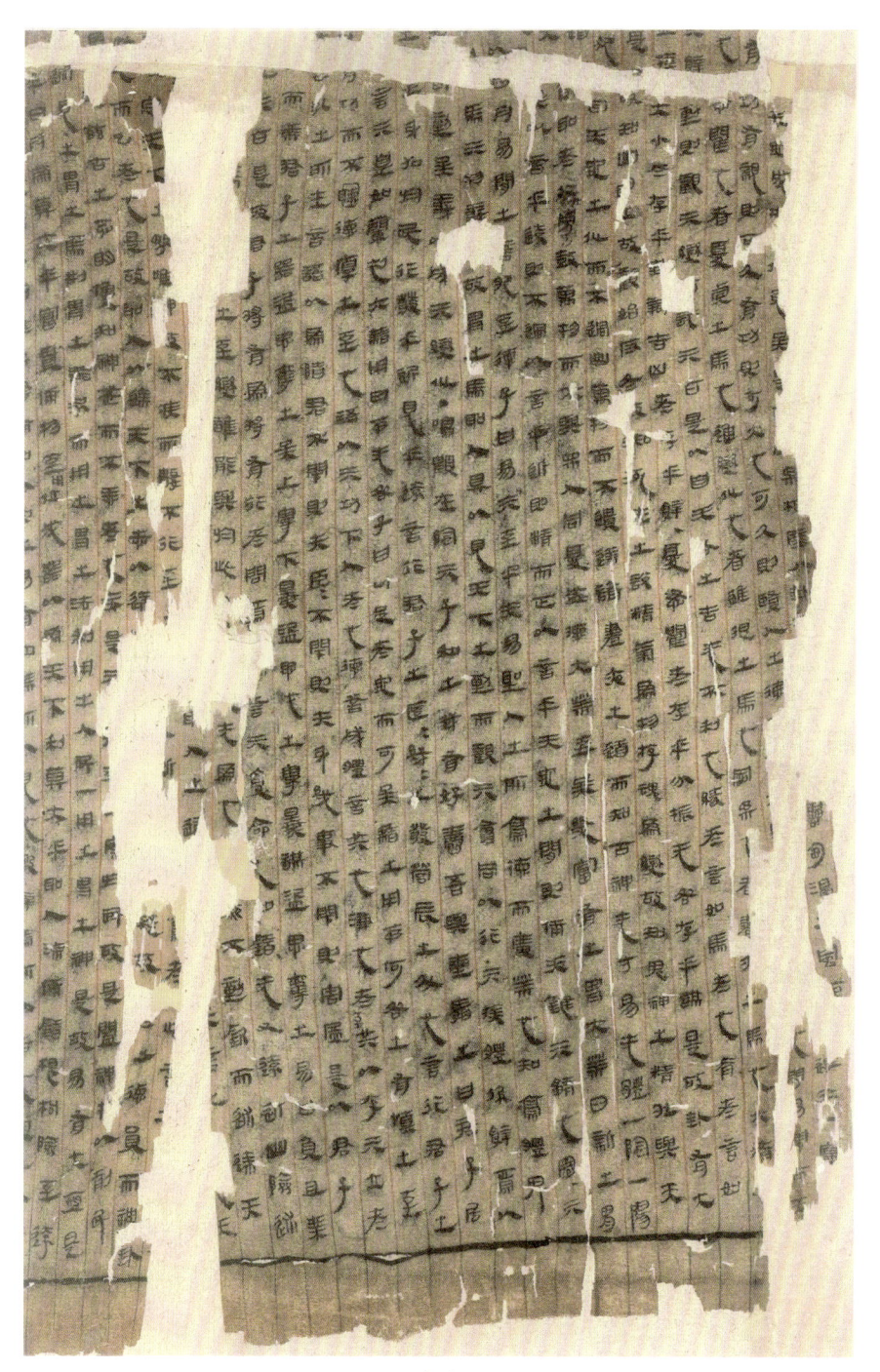

(a)

(b)

图 1-11 帛书《周易·系辞传》

明白"缊"的含义，强为之解。帛书本发现之后，此处是作"键（乾）川（坤），其《易》之经与（欤）？"。"经"的意思就很好理解，"经"与"纬"相对应，意为纲领，这一句的意思是说"乾坤"二卦是《周易》卦象体系的纲领，故而下文才会说"乾坤成列而易立乎其中矣，乾坤毁则无以见《易》矣"。

但帛书本也有不如今传本的地方，比如今传本《系辞》："仰以观于天文，俯以察于地理，是故知幽明之故；原始察终，故知死生之说。"[①]在帛书本中，"察""原"两字都作"观"，在同一句中连用三个"观"字，显然在文辞意蕴上不如今传本。这就提示我们在阅读出土文献时，如果有相同的今传本，在阅读过程中就需要两相比照，互判优劣。虽然出土文献的时代要比今传本早，很多文字内容更近古，但抄本文献中普遍存在着讹脱倒衍的问题，以及书手在抄写过程中不经意的改动，这些也都会造成抄本原始状态的改变。因此出土文献与传世文献互校，在出土文献研究过程中显得极为重要。

《二三子问》采用"易曰……孔子曰……；故曰……"等形式，依次解说卦辞和爻辞。其内容是以问答的形式，分别对乾、坤、鼎、晋等卦的部分卦辞和爻辞进行了解说，其中具有儒家哲学色彩的概念和词汇，说明它是儒门"易传"解说的一种古佚书。

《易之义》没有篇题，现有篇题取自文本开始的"子曰，易之义，呼阴与阳广"一句，现通行这一篇题。该篇共有46行，约2000字。全篇主要从夫子角度进行叙述，其形式是通论《易》的大义，文中使用"阴阳""刚柔""文武""动静"等对立概念来解释《易》。本篇实际上包含了今传本《周易·说卦传》的第一、二、三节与《系辞》下传的第五、六章，第七章的"若夫杂物撰德"以上部分，以及第八章。由此可见，本篇实际上是汇集了当时众多的《易》说，并将其组织成一个运用对立

---

① [魏]王弼注，[晋]韩康伯注，[唐]孔颖达疏，卢光明等整理：《周易正义》，北京：北京大学出版社，2000年，第312页。

概念解释《易》的篇章。最明显的文本特征在于反复解说乾卦和坤卦的卦、爻辞，这些与通行本《周易·文言》传相类似。

《要》篇是以夫子自述的形式所写成的。《缪和》可分为三部分，第一部分是缪和、吕昌等人与孔子讨论《周易》的问答形式；第二部分则是孔子自述，以"子曰"的方式来解释《周易》；第三部分以历史上的传说和故事来印证《周易》的内容。《昭力》则是昭力和孔子讨论《周易》的问答。学者指出缪和与昭力这样的姓氏都是典型的楚国姓氏，因此怀疑二人皆为楚地传承易学的经师，这三篇古佚书很可能是属于楚地传《易》的系统。①

---

① 骈宇骞：《简帛文献纲要》，北京：中华书局，2015年，第207页。

(a)

第一章　《周易》

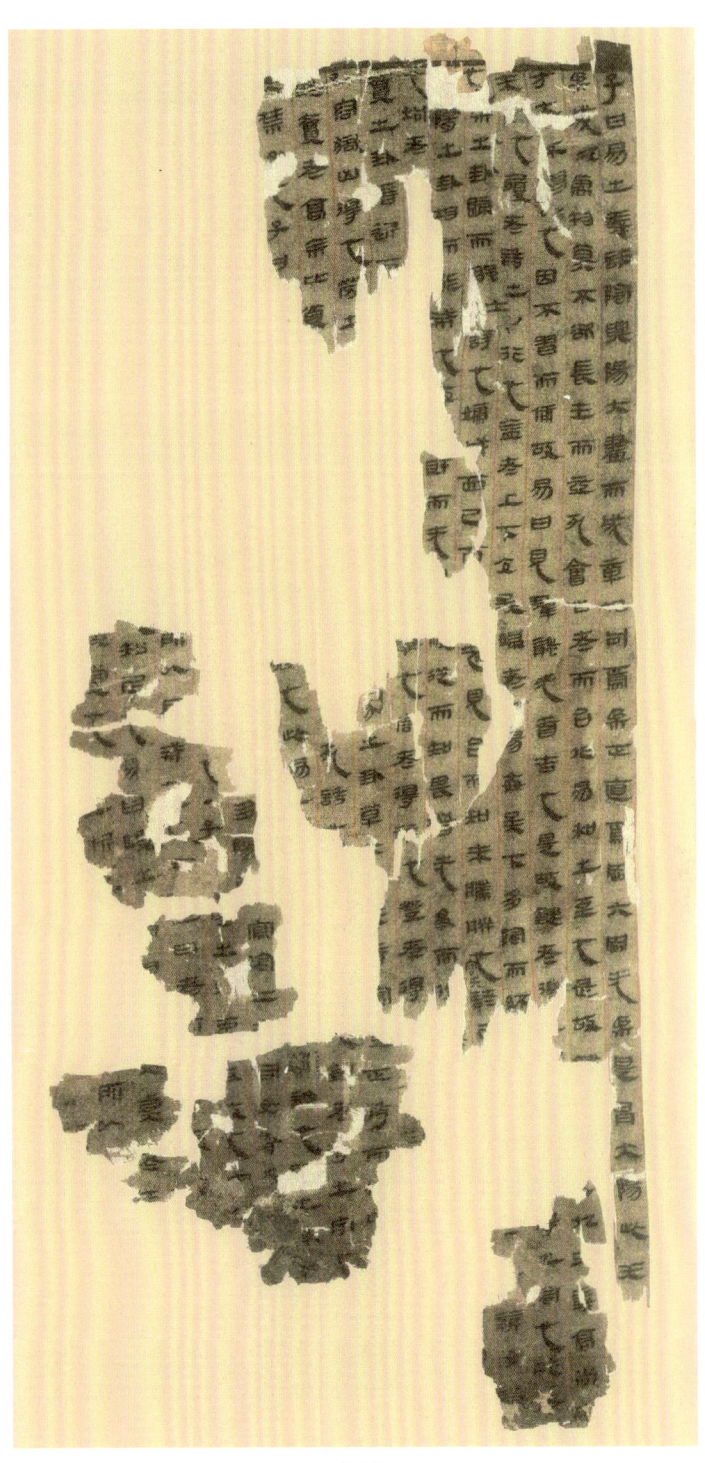

(c)

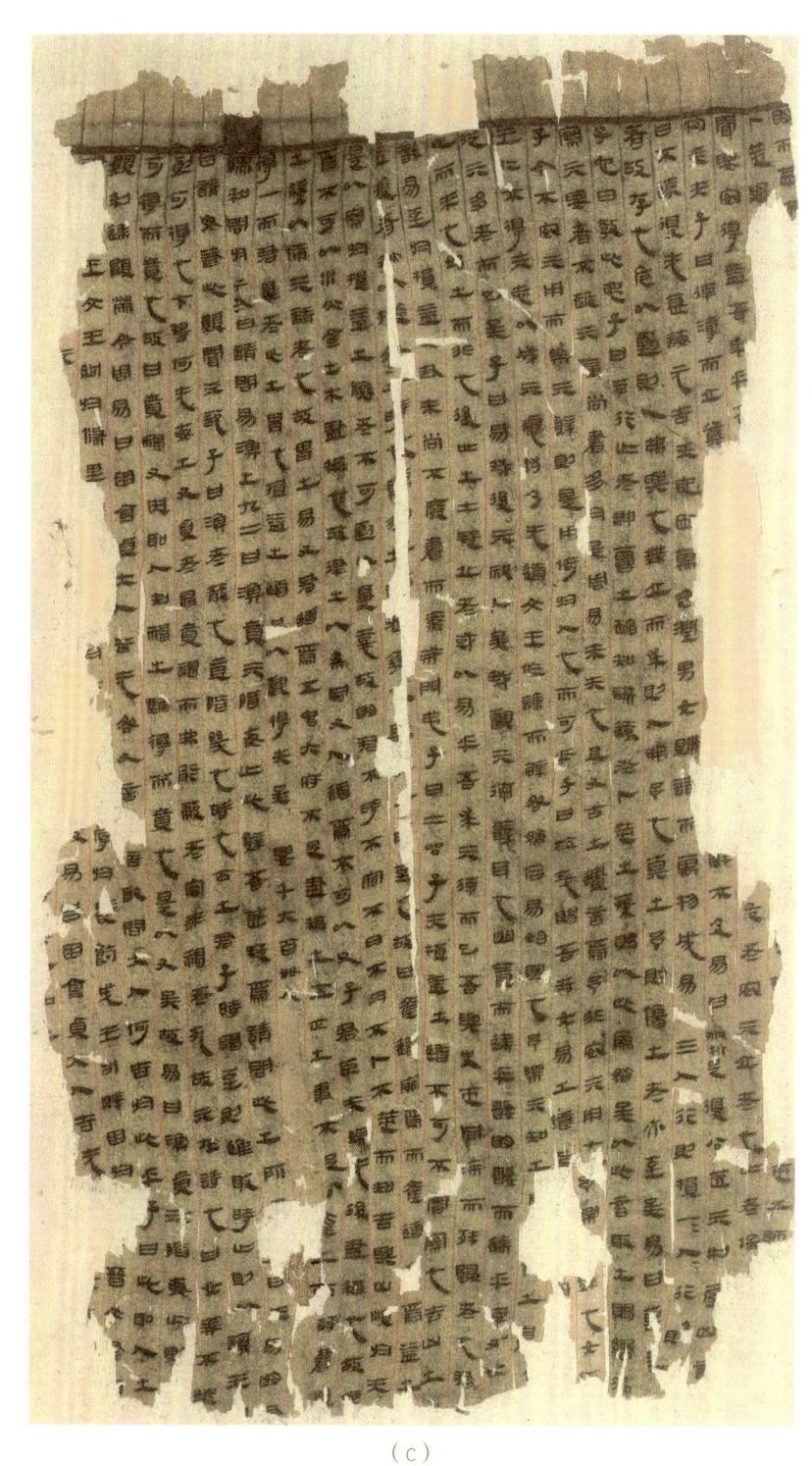

图 1-12　帛书《二三子问》等篇

二、玄之又玄——《周易》本经的由来与体例

《周易》是中国古代典籍中最具知名度的一本书，自古以来就被誉为"群经之首"，享有着崇高的地位。《周易》原是一本卜筮之书，文献记载《周礼·春官·太卜》："掌三易，一曰《连山》，二曰《归藏》，三曰《周易》。"① 郑玄《易赞》《易论》云："夏曰《连山》，殷曰《归藏》，周曰《周易》。"② 《周易正义》云："《周易》称'周'，取岐阳地名。文王作《易》之时，正在羑里，故题'周'以别'殷'。以此文王所演，故谓之《周易》。其犹《周书》《周礼》，题'周'以别余代。"③ 古人相信上古三代各自有着不同的卜筮之书，其中据传为夏代卜筮书的《连山》尚未发现，但《归藏》在王家台秦简中有与今传的辑本相同的文句发现。目前流传有序且完整的卜筮书只有《周易》，传世的《周易》一般包括经、传两个部分。该书相传为伏羲氏始作八卦，周文王被商纣囚禁在羑里时继撰卦爻辞，春秋末年的孔子续著"十翼"，三位圣人前后相承，才完成含义精深的《周易》经传。此说可能盛行于战国秦汉间，但这一说法并无确实可靠的根据。现代研究表明《易经》大约写定于西周初年，而《易传》则陆续产生于战国时期，至汉初《周易》经传已经完成。可以说《周易》经、传的传世，至今已有两千多年到三千年了。

关于《易》的得名来源，许慎的《说文解字》云："易，蜥蜴蝘蜓守宫也。象形。秘书曰：日月为易，象含易也。"④ 郑玄《六艺论》："易，一名而含三义：易简，一也；变易，二也；不易，三也。"程颐《易传序》："《易》，变易也；随时变易以从道也。其为书也，广大悉备，将以顺

---

① [魏]王弼注，[唐]孔颖达疏，卢光明等整理：《周易正义》，北京：北京大学出版社，2000年，第9页。
② [魏]王弼注，[唐]孔颖达疏，卢光明等整理：《周易正义》，北京：北京大学出版社，2000年，第9页。
③ [魏]王弼注，[唐]孔颖达疏，卢光明等整理：《周易正义》，北京：北京大学出版社，2000年，第10页。
④ [汉]许慎：《说文解字》，北京：中华书局，2013年，第196页。

性命之理,通幽明之故,尽事物之情,而示开物成务之道也。"① 总体来讲,学界比较认同郑玄的说法,"易"包含着三重含义,符合哲学中"正反合"的辩证思想。

《周易》一书可分为《经》和《传》两大类。其中《经》都是首列卦形,次列卦名,再列卦爻辞。每卦各有六爻,总共三百八十四爻,《乾》《坤》两卦各有"用"辞一条。每一爻有爻题、爻辞。卦象最基本的表现形式为阴爻(--)和阳爻(—),即所谓的"两仪",阴爻在爻辞中用"六"表示,阳爻在爻辞中用"九"表示,阴阳爻经过不同的排列组合形式组成八个卦象,阳爻自相重三画成乾卦,阴爻自相重三画成坤卦,接着以乾坤为基础,各爻交互相重,而成震、巽、坎、离、艮、兑六卦,这就是相传为伏羲氏所演的八卦,其卦象是:☰ 为乾、☷ 为坤、☲ 为离、☵ 为坎、☴ 为巽、☳ 为震、☶ 为艮、☱ 为兑,八卦各有所象征的自然事物:乾象天、坤象地、离象火、坎象水、巽象风、震象雷、艮象山、兑象泽。朱熹在《周易本义》一书中有"八卦取象歌"的口诀:乾三连,坤六断。震仰盂,艮覆盌。离中虚,坎中满。兑上缺,巽下断。八卦之间的顺序是:乾、坤、震、巽、坎、离、艮、兑。

西周初年,八卦相传经文王推演,排列组合形成六十四卦,其中每一卦均有新的寓意。《周易》本经的《乾卦》到《离卦》的前三十卦称为《上经》,由《咸卦》到《未济卦》的后三十四卦称为《下经》。在《易经》中,各卦形、卦名均有象征意义,称"卦象",各爻之阴或阳也有象征意义,称"爻象";每一卦的六爻均有位次,自下而上依次是初、二、三、四、五、上,称为"爻数"。卦象、爻象和爻数,通称为"象数"。象数是《易经》在占筮中结合卦、爻辞论断吉凶得失的重要依据,有着神秘意味。《易经》卦、爻辞,统称筮辞,总共451条,4900多字。其中,或借史事以明祸福,或借物象以见人事,或陈人事以指示得失,

---

① [魏]王弼注,[唐]孔颖达疏,卢光明等整理:《周易正义》,北京:北京大学出版社,2000年,第9页。

或论断休咎。象数与筮辞相结合，共同组成了一个寓意丰富、变化甚多的占筮系统。

表1-1 今本《周易》六十四卦卦名与卦象

上经	乾	坤	屯	蒙	需	讼	师	比
	䷀	䷁	䷂	䷃	䷄	䷅	䷆	䷇
	小畜	履	泰	否	同人	大有	谦	豫
	䷈	䷉	䷊	䷋	䷌	䷍	䷎	䷏
	随	蛊	临	观	噬嗑	贲	剥	复
	䷐	䷑	䷒	䷓	䷔	䷕	䷖	䷗
	无妄	大畜	颐	大过	坎	离		
	䷘	䷙	䷚	䷛	䷜	䷝		
下经	咸	恒	遁	大壮	晋	明夷	家人	睽
	䷞	䷟	䷠	䷡	䷢	䷣	䷤	䷥
	蹇	解	损	益	夬	姤	萃	升
	䷦	䷧	䷨	䷩	䷪	䷫	䷬	䷭
	困	井	革	鼎	震	艮	渐	归妹
	䷮	䷯	䷰	䷱	䷲	䷳	䷴	䷵
	丰	旅	巽	兑	涣	节	中孚	小过
	䷶	䷷	䷸	䷹	䷺	䷻	䷼	䷽
	既济	未济						
	䷾	䷿						

安徽阜阳双古堆西汉简《周易》与《易传》的内容

文物简介

　　《周易》一共有残简800支，其中能够做出释文的残简片有752支简，《周易》竹简残长最长15.5厘米，宽0.5厘米，现存最多容字23字，总字数为3119字，其中属于《周易》经文的有1110字，属卜辞的2009字。韩自强先生推测，原简可能长约26厘米，宽约1厘米，原简册大概有上、中、下三道编绳，而且是先将空白简编联成册，然后才抄写的。该简现藏阜阳博物馆。

简牍释文

　　〔乾〕卦

　　……九二，见……

　　〔坤〕卦

　　……備（朋），东……

　　……贞吉。卜□……

　　……大不习，……

　　……事·上六：龙战于野，其……

　　……玄黄。……

　　〔　〕肫{屯}〕卦

　　……家·初九：般……

　　……贞不字，

　　十年洒（乃）字。

　　……六三：昃（即）鹿（麓）毋（无）吴（虞），惟入于……

……子几不如舍，往吝。卜有求，不……

……吉，无不利。……

……九五：肫（屯）其膏，小

贞吉，大

贞凶（凶）。

［蒙］卦

……我求童=蒙=（童蒙童蒙）求我……

……三償=（渎渎）则不……

……老〈纳〉妇吉，子克

家。利嫁……

……人，不吉·六三：勿用取女，见金……

有穷{躬}，无圅（西）〈卣（攸）〉利。

阅牍延伸

安徽阜阳双古堆汉墓与《周易》简

1977年，安徽省考古队确定安徽省阜阳市双古堆汉墓的墓主人为西汉汝阴侯，他是西汉开国功臣夏侯婴之子夏侯灶，死于汉文帝十五年（前165），所以该墓的建成估计是在这之后的一年内。墓中出土了一批竹简，但由于该墓早年遭受盗掘，以致地基发生沉降，墓中装有简牍的漆笥早已朽烂不堪，里面所盛放的简牍受到重压及地下水位变化的影响，简面发黑变色，扭曲变形非常严重，基本上是脆如薄纸。1978年，当地文物管理部门将被挤压成一块的简牍运送至国家文物局的文物保护研究所委托处置。整理工作的难度大大超乎想象，经过艰难的努力，竹简在逐枚剥离之后，夹入玻璃板内标上编号并拍照，添加释文，最后按照内容进行分类，历尽周折终于使多种典籍得以保存，其中有《诗经》《苍颉篇》《刑德》《万物》《日书》《年表》《周易》《行气》《辞赋》《相狗经》

《大事记》《作务员程》《杂方》等十余种典籍。其中《诗经》《周易》《苍颉篇》《万物》等释文已经公布,现藏阜阳市博物馆。该批简牍的数量较多,竹简残断后共计有6000余枚,另外有木牍3枚。竹简残长最长17.5厘米,宽0.5厘米,木牍长23厘米,宽5.5厘米,字体为标准的隶书。①

内容包括今传本《易经》六十四卦中的四十多卦,其中有卦画和卦辞的简有9枚,有爻辞的简有60多枚。其书写格式为每卦的卦画写在简的上端,下空一个字的位置再写卦名,然后写卦辞、爻辞、卜辞。卜辞写完后用圆墨点隔开,在卜问事项前加一个"卜"字,以区别卜辞和卦辞、爻辞,有时也不加。经文部分存有5个卦画,分别为大有、林、贲、大过、离,这五卦有卦名、卦辞、爻辞、爻题。与今本对照,竹简本《易》包括52个卦,分布于221片简中。

简本《周易》的爻象与传世本不同,其阴爻作"⌒"形,此种形式与出土的战国楚地的卜筮祭祷简及数字卦的爻象相同,但此仅见临、离、大有三卦。简本《周易》文辞之后还附有卜事之辞,这是该本的最大特色。其格式较为固定,内容涉及各种天象和人事的吉凶,如晴雨、征战、田猎、捕鱼、事君、求官、行旅、出亡、嫁娶、疾病等,具体来讲有卜问气象方面的,有卜问劳作田渔的,有卜问人事方面的,有卜问社会各阶层人物吉凶的,有卜问军旅、行者有咎或无咎、行或不行的,有卜问战斗能否胜利的,有卜问疾病能否痊愈的,由此可见其所包含的人事内容是非常丰富的,可以说包罗万象。从文本性质来看,简本的《周易》应当是《汉书·艺文志·数术略》中属于筮龟家的《易》书,这不同于儒家所传的儒门《周易》,其特点是突出《周易》的象数论,并将其附会人事吉凶,有其实用主义的特点。②

---

① 李均明:《古代简牍》,北京:文物出版社,2003年,第90-93页。
② 阜阳市博物馆:《阜阳双古堆汉墓》,北京:中华书局,2022年,第36页。

二、一阴一阳之谓道——《易传》

《易传》相传为孔子所作，现代研究表明《易传》为春秋战国至秦汉的学者们不断对《周易》进行注解和评说的汇编，又称为"大传"或"十翼"。称"十翼"是辅翼《周易》理解的含义，共计七种十篇，包括《彖传（上、下）》、《象传（上、下）》《文言》《系辞（上、下）》《说卦》《序卦》《杂卦》。其中《彖传》的"彖"含义为断，也就是说断一卦的意义。篇章中先论述卦名与卦义，再详论卦辞所蕴含的道理。《象传》，顾名思义就是针对卦象、爻象进行解说的，分为大象和小象。大象解释全卦所从的象及其义理，总计 64 条。小象解释了每一爻的象，及其取象的义理，共计 350 条。《文言》取"文以足言"的义理，更进一步地论述《彖传》和《象传》的微言大义，以人事来详述乾坤二卦经文卦辞与爻辞的义理，因此仅有《乾文言》和《坤文言》两章。《系辞》上、下篇是《易经》的通论，其中叙述了《易》的形成、主要意蕴和指导人事休咎的功用，此外还兼及八卦的缘起、筮法的说明等。该篇被汉人称为《易大传》，为"十翼"中最具哲理的一篇。《说卦》解释八经卦的卦象和卦德，卦象包括基本卦的取象和所象征的事物，卦德则是指卦的性质和属性。《序卦》用以解说六十四卦相生相受和先后次序的道理，并且对卦名和卦义给予主观性的解说。《杂卦》则是不依靠卦序，

图 1-13 双古堆汉简《周易》

杂说六十四卦的卦义，将六十四卦重新排列划分为32组，并两两相对，并附以简要的文字概述每一卦的卦旨。

《易传》在初期原本是单篇别行的，其后因其均为解释《周易》内容的说经类著作，在流传过程中儒家学者们往往将其附于经文之后，时日既久遂成了《周易》的一部分，其中《彖传》《象传》《系辞》附于每一卦经文之后，其余的传则附于经文之末，因此《易传》也就获得了"经"的地位。《易经》的内容简古质朴，而《易传》则具有较深刻的哲学理论，其思想更有系统性，其中的《系辞》《彖传》《象传》《文言》诸篇尤其如此。《易传》的出现，进一步推动了《周易》的流传，同时也把《周易》的文辞提升到了哲学的高度，这也为后人阐释和发挥《易经》提供了更多的根据和更广阔的余地。

当然，《易经》与《易传》产生的时代至少相去六七百年，《易传》对于《易经》的释解，有的切合原意，有的则难免附会牵强，总体来讲《易传》表现了战国时代学者对《周易》的深入研究，开启了后世易学研究中"象数论"和"义理学"的两个面相，同时也体现了作者的《易》学观。《易传》中有关天道、地道、人道及其之间关系的综括认识和理论说明、关于神权思想、关于阴阳对立与变化的认识等，也显示出一个与《易经》既有联系又有很大不同的新的《易》学体系。凡此种种表明，重视《易传》对于研究《周易》的体例、哲学思想、文化内涵具有重要的价值。

王家台秦简《归藏》与秦以前《周易》的流传

文物简介

王家台秦简《归藏》中有编号的有 164 支简，未编号的残简有 230 支，共计 394 支，总字数约 4000 字。由于残缺过甚，至今尚未拼出一支整简，顺序也难以排定。从现在公布的释文来看，王家台《归藏》中的"易占"格式十分固定，每条卦辞之前是卦画，以"—"表示阳爻，以"⌒"表示阴爻，每卦六爻，可辨识的卦画约有 50 个。该简现藏荆州博物馆。

简牍释文

☰ 彖曰不仁昔者夏后启是以登天啻弗良而投之渊䰰共工以□江□□（501）

☷ 天目朝=不利为草木赞=俑下□□（181）

□ 肫曰昔者效龙卜为上天而支□（323）

☰ □曰昔者□□卜□□

☷ 讼曰昔者□□卜讼启□□□

☰ 师曰昔者穆天子卜出师而支占□□□□（439）□龙降于天而□□□远飞而中天苍□

□ 比曰比之苶=比之苍=生子二人或司阴司阳不□姓□（216）

☲ 少督曰昔者□小子卜元邦尚毋有咎而攴□（206）

☲ 履曰昔者羿射比庄石上羿果射之曰履□□□（461）

☵ 夳曰昔者弢龙卜□□而攴占困=京=占之曰不吉夳之□□（2）

☷ 否曰昔者□□□□

☲ 同人曰昔者黄啻与炎啻战□（182）□=咸=占之曰果哉而有咎□□（189）

▯ 右曰昔者平公卜元邦尚毋〔有〕咎而攴占神=老=占曰吉有子元
☲ □间　四旁敬□风雷不□（302）

阅牍延伸

一、湖北江陵王家台秦墓及出土简牍

1993年3月，在湖北省江陵县荆州镇郢北村的王家台发掘了16座秦汉古墓。据王明钦的《王家台秦墓竹简概述》介绍，第15号秦墓是一座南北向长方形竖穴土坑墓，规模很小，墓口长2.9米，宽1.8米；墓底长2.3米，宽1.2米。墓坑内放置木质单棺，长1.86米，宽与高皆为0.8米。由于墓坑较浅，填土松软，加上推土机的碾压，棺盖已经塌陷。出土的随葬品不多，具体分布情况是：日用陶器3件，形体较小，放置于墓主头部方向棺外的墓坑底部；竹简、牍、木式、木盒、博箅、竹筒（内置算筹）等则放置于棺内。但由于棺盖塌陷，棺内积水、淤泥较多，加之木盒和木式的挤压，竹简已经散乱，保存状况较差。

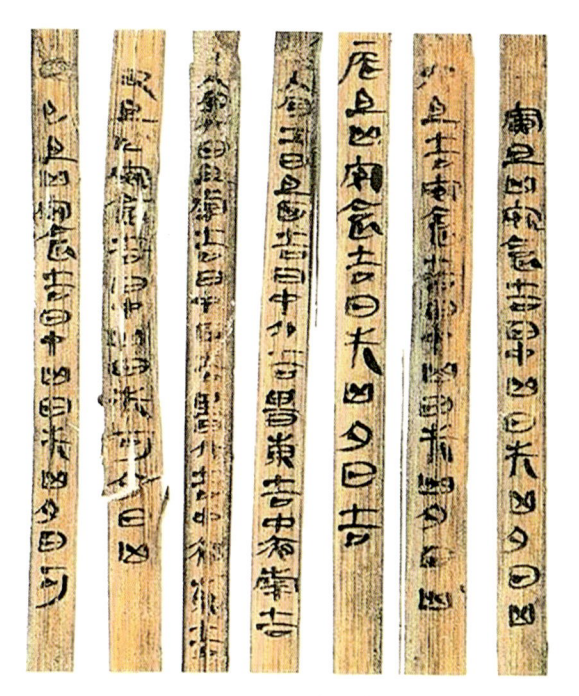

图 1-14　王家台秦简

墓葬中出土了一批竹简共计 813 枚,根据其内容可分为八组:

A 组:编号 1-180。其内容以《日书》中的《日忌》为主,间杂《五行忌》《生子》及《归藏》。

B 组:编号 181-304。其内容以《归藏》《效律》为主,间杂《日书》之《疾》《启门》《六畜忌》《置室》《祭祀忌》等。

C 组:编号 305-342。其内容皆为《归藏》。

D 组:编号 343-401。其内容为《日书》之《病》《疾》《启门》《启闭》《六畜忌》,间杂少量的《归藏》。

E 组:编号 402-538。其内容为《归藏》和《效律》。

F 组:编号 539-620。其内容以《归藏》《政事之常》为主,间杂《日忌》。

G 组:编号 621-729。其内容为《日书》之《死》《建除》《稷辰》。

H组：编号730-813。其内容皆为《灾异占》。①

据同墓葬出土的一枚竹牍来看，墓葬年代有可能在前278年"白起拔郢"之后至秦统一全国之前的时期内，这批竹简现藏荆州博物馆。

王家台秦简《归藏》共有394枚简，初名为《易占》。《归藏》一书古文献记载颇多，一般认为其是商代的筮占专书，但该书并未被《汉书·艺文志》记载，其后的目录学书籍记载也颇为含糊，因此一直以来学者们都怀疑其为伪书，现存传世文献中的《归藏》是清代学者辑佚得来的。每一卦的卦画之后是"卦名曰"，之后以"昔者"开头，记述历史上"某人卜某事，而殳占某人"，然后记录"某人占之曰"及其判断吉凶的占辞，占辞之后是繇辞。其中有些卦画和卦名是重复的，所见卦名与今本《易》及《归藏》佚文有的相同，有的则不同。最具特色的是其中的解说之辞与今本《易》的解说之辞都不相同，且多采用古史中的占筮之例。其中涉及的古史人物及古史传说事迹较多，有黄帝、炎帝、穆天子、共王、武王、夸王、羿等，还有后羿射日、武王伐商等事。此外，卦辞也有一部分重复。竹简有两种，一种宽而薄，一种窄而厚。因此，《王家台秦墓竹简概述》推测这批《归藏》有两种抄本。

二、《周易》在秦代以前的流传

早在春秋战国时期，学者们就已开始了《周易》的文字训释和义理评说，但可惜保存下来的文献较少，集中保存在《左传》和《国语》两部文献里面，其中《左传》中共计19条，《国语》中保存了3条。

这些文献大部分是使用《周易》进行筮占，并对所得之卦进行解读，从而占断吉凶。其中如"观""否""屯""悔""豫"均为六十四卦中的卦名，但关于卦的解说及其筮占原则并没有专书流传下来。

先秦时期《周易》的流传在传世文献中记载非常模糊，现如今依赖

---

① 王明钦：《王家台秦墓竹简概述》//艾兰等：《新出简帛研究》，北京：文物出版社，2004年，第26页。

出土文献约略可以推测其流传情况。总体来讲，《周易》的流传分为儒门《易》和数术《易》两大类。儒家学者传承《周易》，继承了孔子远离怪力乱神的思想，基本上是将其视为一本哲学书籍进行研究，完善并充实《易传》的文本，并在文本中进一步发挥"正反合"的哲学思想。另一大类是数术《易》，继承了《周易》原本的筮占用途，进而将其与战国时期流行的五行、阴阳、刑德、天干地支等概念结合，形成了独具特色的占卜方式，这一类型在汉代由京氏《易》所继承，在现在的罗盘上依旧可以见到卦名或者卦象与天干地支的配合使用。

海昏侯简《易占》与秦汉时期《周易》的流传

文物简介

海昏侯墓出土的《易占》类竹简共计约180枚，简文多残断，简册有两道编绳，每支简容字在35字左右。简文的内容并不直接抄引《易经》卦爻辞，而是利用《易经》作日常吉凶杂占的数术书。这与阜阳双古堆西汉汝阴侯墓出土的《易经》简目的相同，均属于汉代《易》学传承中的数术易。

简文格式通常包括四部分：一是讲卦，说明某卦由某个下卦和某个上卦构成，然后用"某卦，某也"开头，简单解释卦义；二是讲象，通常作"某方多少饺，某方多少，干支"，用于裁断吉凶；三是注明此卦属于《易经》上经或下经第几；四是讲择日，通常作四时孟仲季吉凶或某月吉凶，往往还配演禽所属的动物。此外，另可见简文以卦象配姓氏。[1]竹简现藏江西省南昌市的海昏侯博物馆。

简牍释文

☰，屯（纯）建=（建建一乾。乾）者，建（健）也。象：北方一饺北方一，辛壬癸丑，上经一，中（仲）冬觓龙吉，夏凶。

[☷，屯（纯）巛=（巛巛一坤。坤）者，巛（顺）也。象：西方三]饺西方三，丁庚乙癸丑未，上经二，季冬生吉，六月凶。

☳，晨（震）下臽（坎）上，屯（屯。屯）者，㫳=（㫳㫳一蠢蠢）也。象：东方二饺东方十一。己未，上经三，豖东北卦权吉，禾时凶。

---

[1] 朱凤瀚：《海昏简牍初论》，北京：北京大学出版社，2020年，第255页。

[☷，臽（坎）]下根（艮）上，蒙˙（蒙。蒙）者，胜也。象：东方三饺北方十二，戊辰，上经四，豺孟春卦吉，七月、八月凶。

☵，建（乾）下臽（坎）上，[需˙（需。需）者，□也]。象：南方四饺北方三，丁酉，上经五，中（仲）春兔吉，秋日凶。①

阅牍延伸

一、海昏侯汉墓出土文物

海昏侯墓位于南昌市区60千米外的墎墩山上。2011年墎墩山上的一座古代墓葬遭到盗掘，江西省文物考古研究所立即进行现场勘查。经发掘证实，墎墩山古墓是西汉海昏侯刘贺墓。现被命名为M1号墓。该墓葬坐北向南，平面呈"甲"字形，墓穴内建有面积达400平方米的方形木结构椁室。

椁室由主椁室、回廊形过道、藏椁、甬道和车马库五部分构成。其中的藏椁按功能区分，北藏椁室自西向东分为钱库、粮库、乐器库。西藏椁室从北往南分为衣笥库、武库、文书档案库、娱乐用器库。东藏椁主要为食官库，包括酒具库和厨具库。甬道主要为乐车库，其东、西两侧为车马库。在主墓的西藏椁的文书档案库中出土了大批珍贵的竹简、木牍，原放置在5个漆箱内，最小的漆箱内存简一组（200余枚）；最大的容简三组（4000余枚），竹简各卷之间杂有部分木牍，公文奏牍和诏书被单独放在一个漆箱内。

经专家学者初步判断，竹简基本属于古代书籍、书信等私人文书，另有500余枚简与昌邑王国、海昏侯国行政事务、礼仪等有关。木牍80余版，内容除书牍外，还有公文书。木楬签牌有109枚，标明随葬衣、物的内容与数量等。②

---

① 朱凤瀚：《海昏简牍初论》，北京：北京大学出版社，2020年，第255页。
② 朱凤瀚：《海昏简牍初论》，北京：北京大学出版社，2020年，第255页。

墓葬发现的竹简类型主要包括：六艺类的《诗经》《礼记》《春秋》《论语》《孝经》；诗赋类的竹简约 200 枚，残简较多，初步释读结果是其中有《子虚赋》和《悼亡赋》，此外还有一部分歌诗；"六博"棋谱发现有 1000 枚以上，简文多残断，完简甚少；方技类竹简，大致有"房中"和"医方"等几种，共约有 200 枚；数术类的竹简现存 300 余枚，发现有几种前所未见的数术类文献，其中 60 余枚简讲述阴阳五行和五方五帝，本部分所讲的《易占》大致可归于此类。

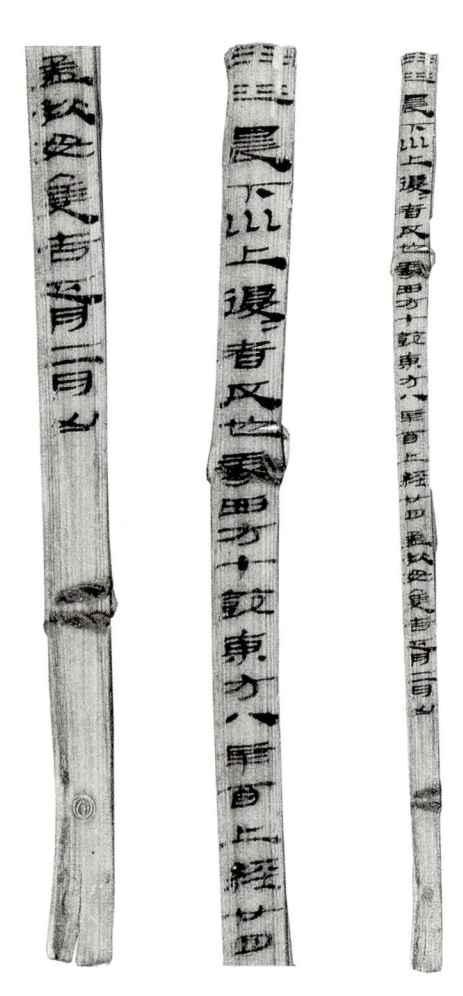

图 1-15　海昏侯简《易占》

二、《周易》在秦汉时期的流传

关于秦至两汉时期《易》学的发展和流传,《汉书·艺文志》有较为精要的梳理:"及秦燔书,而《易》为筮卜之事,传者不绝。汉兴,田何传之。讫于宣、元,有施、孟、梁丘、京氏列于学官,而民间有费、高二家之说。刘向以中《古文易经》校施、孟、梁丘经,或脱去'无咎''悔亡',唯费氏经与古文同。"①

由此可见,《周易》因为是卜筮之书,并没有受到秦代"焚书"活动的影响,故而传者不绝。汉代流传的《周易》都源于汉初田何的传授,据记载田何师承荀子,因此先秦《周易》经传原文和师说可能有部分直接传承下来。至汉宣帝和汉元帝时,传承田何《易》学的人分成施、孟、梁丘三家,这三家传承人得到了中央政府的承认被立为官学,这也就是《易》学中的今文经学。今文经学的《易》还有京房所传的京氏《易》,但这一门《易》的传承掺杂了较多数术的思想,不是单纯的儒门《易》。在民间当时也有费、高两家传《易》且有师

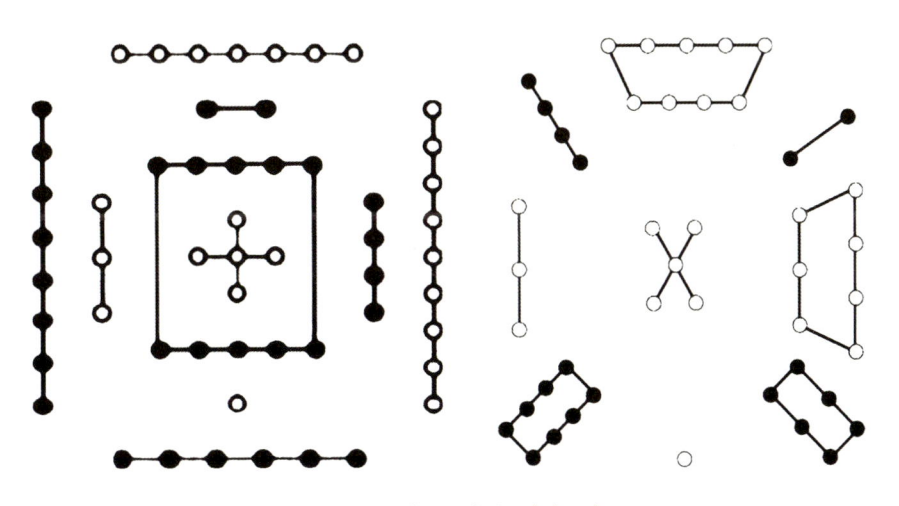

图1-16 《河图》与《洛书》

---

① 陈国庆:《汉书艺文志注释汇编》,北京:中华书局,1983年,第17页。

说传承，后来在汉成帝时期刘向在兰台校勘图书时发现三家今文《易》学的文本，它们都有不同程度的脱漏，唯独当时民间流传的费氏《易》文本与收藏在皇家图书馆的《古文易经》相同。总体来讲，《周易》在秦代没有遭受焚毁，因此从先秦时代直到西汉一直流传有绪，而《周易》的今古文文本之间差异也并不大，今文经本所脱漏的"无咎""悔亡"也属于文本传抄过程中的正常脱漏，并不存在整篇整段的讹脱现象，也不存在对经文大义理解上的争议。

西汉经学传承最大特点在于注重师说。从今文《易》的四家传承来看，其文本差异非常小，会形成不同的师说是由于每一家都根据经文文本阐发微言大义。总体来看，两汉《易》学的突出特点是对象数学的发挥。如西汉的孟喜和京房二人创立卦气说，"气"是指同一事物的两种对立属性，综合起来就是"阴"与"阳"，推而广之就是事物的大小、长短、多少、高低、寒热、早晚、明暗、吉凶等对立的属性。卦气合起来就是用《周易》的八卦来表现事物的阴阳对立的静态属性和消长的动态属性。古人也以卦气说配合四时、月令、气候等事物，从而达到预测天时的作用。另外两汉之交谶纬之学非常发达，谶纬之学是图谶和纬书的合称，这一类书都具有神秘色彩并往往带有一定的预言性。"图书"在中国古代学术中是指称《河图》和《洛书》。《河图》相传是伏羲氏时，黄河里出现的一匹白马背上画着的图形。《洛书》相传是大禹治水时，洛水中出现一只神龟，龟背上的图案即为《洛书》。谶语流行于秦汉时期，至隋炀帝时期才彻底被中央政府禁绝。例如陈胜、吴广在起义时装在鱼肚子里写有"大楚兴，陈胜王"的帛书，就属于谶语。纬书则是两汉时期经学发展的一个支流，顾名思义，纬书就是与经书形成经纬交错之势，辅助解释经书微言大义的书籍。两汉时期出现了大批的纬书，《周易》《尚书》《诗经》《礼》《乐》《春秋》《孝经》均有各自的纬书，合称为"七纬"。纬书的内容多是以阴阳五行学说为主干附会人事吉凶，并预言治乱兴废，其中颇多迂怪言论。此后隋代禁绝谶纬之学，故而纬书残缺较甚，目前所见的纬书基本是清代学者辑佚得来的。两汉时期正是谶纬之学大盛的时代，因此《易》学也受其影响，时人在解释《周易》文本时将当时社会上流行的阴阳五行、消长变化的学说融入进来，建立了一种新的理论和占卜系统。东汉时期的古文学者如马融、荀爽、郑玄等，虽然较少谈论阴阳灾变，但也重视以纬书解经。①

---

① 董治安：《经部要籍概述》，南京：江苏教育出版社，2008年，第19页。

马圈湾汉简与肩水金关汉简中的《周易》

文物简介

马圈湾所出有关《周易》的木简有2枚，简号分别为387和388，汉代，木质，1979年6月由甘肃省文物工作队和敦煌市博物馆在小方盘城以西11千米的马圈湾发掘烽燧遗址时获得这两枚简。简上的书法不佳，字迹较为漫漶不清，不留天头和地脚，满简书写，简端写有卦画，与今传本《周易》的卦画相同。

387简文中的"不"字应破读为"否"，"川下乾上"指明卦画，否卦为《周易》上经的第十二卦。"希在六三、九四、九五"一句，指否卦的六三、九四、九五三爻，下部残缺的两字疑是"上九"二字，但这一句意义不明。

388号简首先指明卦画，接着说明卦名为同人卦，"希在九四"，指的是同人卦的九四一爻，"有□于东己半道朝甲正"一句意义不明。该简现藏甘肃简牍博物馆。

388　387

图1-17　马圈湾汉简《周易》残简

肩水金关遗址出土的有关《周易》的木简有1枚，简号为73EJT31∶44A+T30∶55，汉代，木质，正反面书写，1973年发掘于额济纳河流域的肩水金关遗址。该简是一枚跨探方的缀合简，分别由31探方和30探方的44号简与55号简缀合而成。该简不留天头和地脚，满简书写，木简上的文字较为规整，呈现出成熟的汉隶书风，简文共有39字，简背文字为该简册的原始编号。该简现藏甘肃简牍博物馆。

简牍释文

䷋ 不（否）。川下乾上，希在六三、九四、九五□□　　　387
䷌ 离下乾上，易得同人。希在九四，有□于东己半道朝甲正①
　　　　　　　　　　　　　　　　　　　　　　　　　388

上而不骄者，高而不危；制节谨度而能分施者，满而不溢。《易》曰："亢龙有悔。"言骄溢也，亢之为言……

　　　　　　　　　　　　73EJT31∶44A+T30∶55A

七十二

　　　　　　　　　　　　73EJT31∶44A+T30∶55B②

简牍译文

诸侯居甚贵甚尊之位而能不自高自大，就可以不出现危险。生活节俭，慎行礼法典章，国库充裕且能够施给他人，这样的人虽处于充盈的状态却不会倾覆。《周易》说道："巨龙高飞穷极，终将有所悔恨。"这句话讲的就是人在骄傲之后的倾覆啊，高飞穷极也就是说……

　　　　　　　　　　　　73EJT31∶44A+T30∶55A

---

① 张德芳：《马圈湾汉简集释》，兰州：甘肃文化出版社，2013年，第246页。
② 甘肃简牍博物馆等：《肩水金关汉简（叁）》上册，上海：中西书局，2013年，第215页。

阅牍延伸

肩水金关汉简《周易》简解读

《周易》简的大致年代，根据同一探方出土的简 73EJT31：20A 记载"元康四年六月丁巳朔辛酉"来看，"元康"属于汉宣帝的年号，该年为公元前62年，应属于西汉中期。

简文中"上而不骄者，高而不危；制节谨度而能分施者，满而不溢"一句见于《孝经·诸侯章》曰："在上不骄，高而不危；制节谨度，满而不溢。高而不危，所以长守贵也。满而不溢，所以长守富也。富贵不离其身，然后能保其社稷，而和其民人，盖诸侯之孝也。《诗》云：'战战兢兢，如临深渊，如履薄冰。'"很明显简文的上半句与《孝经》的"在上不骄，高而不危；制节谨度，满而不溢"相对应。但今本《孝经》均为四字一句，其中第三句与简本差异最大，从文义来讲，简文中的"制节谨度而能分施者，满而不溢"较《孝经》文本更为通顺，语义较长。简文的"《易》曰：亢龙有悔"一句为《周易》乾卦中"上九"这一爻的爻辞，作"上九，亢龙有悔"。这一爻辞的意思需要结合乾卦整

73EJT31:44B+　73EIT31:44A+
T30:55B　　　　T30:55A

图 1-18　肩水金关汉简《周易》简

个卦象来说，乾卦取象于龙，因此每一爻都象征着龙的一个活动，"初九"的爻辞是"潜龙勿用"，意思是此时龙处沉潜的状态，在这种状态下不应该有任何人事作为。

此后的几爻都是借龙的活动状态来预示人事吉凶，其中"九五"的爻辞"飞龙在天"是整个乾卦中最好的一爻，此时的龙已经飞升在天上，此时处于盈满的状态。"九五"之后的"上九"爻辞表示此时的龙虽然已经处于活跃的状态，但这种状态并不会持续太久，故而显出"有悔"之义。简文在此引用《周易》乾卦上九的爻辞是为了进一步表明前文中"满而不溢"——有节制的状态才是最好的。其后的"言骄溢也，亢之为言"是进一步借爻辞申述作者的论点，只可惜仅存此一支简，我们也就无从知晓作者接下来的论述了。从简背的序号"七十二"来看，这无疑是一个完整的典籍类册书，该册书完整的文字内容应在2500字以上。

从这支简来看其文本性质，可以得出如下结论：①文字内容似乎与《孝经》的关系更为紧密，是属于汉代的儒家文献；②这支简引用《周易》作解的形式不同于与今传本《孝经·诸侯章》引用的是《诗经》，且该简没有《诸侯章》的后半段内容；③这支简应该是汉代人解释《孝经》的文献，在西汉时期《孝经》一般被认为是"传"，与《论语》处于同等地位，因此这支简的文本应该是对"传"作阐发解释的"说"。

第二章 《尚书》

目前发现的与《尚书》相关的出土文献较为丰富。在郭店简和上博简的《缁衣》篇中，《尚书》均以引文的形式出现，甘肃简牍博物馆所藏的居延新简中亦有与《尚书》相关的引文。

大批量完整篇目的发现是在清华大学藏战国竹简中，其中完整见于今传本的篇目仅有《金縢》一篇。《尹诰》和《说命》篇虽见于《书序》，但文本早已亡佚，此次发现足以弥补《尚书》传本的缺失。同时，上述文献均是战国时期楚地所流传的文本，从形式上看都处于单篇流传的状态，并未集合成为完整的《尚书》文本。此外，几篇不见于任何传世文献的篇目表明先秦时期的"《尚书》类文献"篇目较多，今传本的《尚书》更多的是齐鲁地区流传的版本，与楚地流传的版本差异较大。

秦汉时期出土的简牍并没有发现完整的《尚书》篇目，这应该与秦的"焚书"及汉初施行严格的"挟书律"有关。至汉武帝广开献书之路后，书籍的流传渐广，中央设立完备的博士官制度，这些措施都对典籍文化的保存和传播起到了至关重要的作用。居延汉简和居延新简中同样发现有《尚书》的引文，虽仅有只言片语，但足见此时《尚书》已传布至河西地区，并为当地的知识阶层所学习。

清华简"书类文献"与《尚书》释义

文物简介

《尹至》篇竹简共5支，简长45厘米，三道编。满简书写29～32字。原无篇题，整理者据篇首"惟尹自夏徂亳，逯至在汤"句拟写篇题。简背有次序编号。文字保存较好，只有第二简上端首字磨损。

《尹诰》篇竹简共4支，简长45厘米，三道编。满简书写31～34字。原无篇题，现有篇题系整理者据《礼记》与郭店简、上博简《缁衣》所引确定。简背有次序编号。文字保存较好，唯第四简上端首字缺损一半。

《程寤》篇竹简共9支，三道编，简长45厘米，保存完好。全篇原无篇题，亦无次序编号。《艺文类聚》《太平御览》等传世文献曾有引用《逸周书·程寤》篇的若干文句，将其与本篇简文的内容相对照，可知本篇简文即为已失传的《程寤》篇。[①]

三简现藏清华大学艺术博物馆。

简牍释文

惟尹自夏徂亳，逯至在汤。汤曰："格，汝其有吉志。"尹曰："后，我来，越今旬日。余闵其有夏众……　　　　《尹至》篇简【1】

惟尹既及汤咸有一德，尹念天之败西邑夏，曰："夏自绝其有民，亦惟厥众，非民亡与守邑……　　　　《尹诰》篇简【1】

[①] 李学勤：《清华大学藏战国竹简（壹）》，上海：中华书局，2010年，第127、132、135页。

惟王元祀正月，既生魄，太姒梦见商庭惟棘。乃小子发取周廷梓树于厥间，化为松柏棫柞。 　　《程寤》篇简【1】

简牍译文

伊尹从夏往商亳，半夜才到达汤的所在。汤说："你来了！你有好的意志。"伊尹说："后！我从夏费了十天才赶到这儿。我在夏，看到他们的百官都不坚定和好，他们的国君丧失了好好治国的志向……

《尹至》篇简【1】

伊尹到汤处密谈后，二人都有一致的目标理想。伊尹告诉汤上天要毁灭西邑夏的原因，说："一方面因为夏自壅阻其民，一方面也由于其众与其民没有为夏守城邑。他们的国君兴怨于民，人民用离心离德报复他。我决心消灭夏邦，您何不看看夏的情况呢？" 　　《尹诰》篇简【1】

在文王元年正月既生霸这一天，太姒梦见商朝王廷长满了荆棘，居然小子发取了周廷的梓树种在商廷荆棘之间，荆棘化为松柏棫柞。

《程寤》篇简【1】

阅牍延伸

一、"书类文献"与《尹至》《尹诰》《程寤》

2008年7月清华大学入藏了一批竹简。在入藏之前部分竹简就已经出现了霉菌侵害的现象，对此科研人员进行了抢救性保护工作。2008年10月14日，清华大学召开了"清华大学所藏竹简鉴定会"，邀请了来自北京大学、复旦大学、中国文化遗产研究院等高校和研究机构的专家，从历史学、考古学、古文字学、古文献学等多角度考察该批竹简的真伪以及学术价值。与会专家高度评价了该批竹简所蕴藏的巨大学术价值，并一致认定该批竹简属于战国时期楚国的简册。其后该批竹简中的无字残简

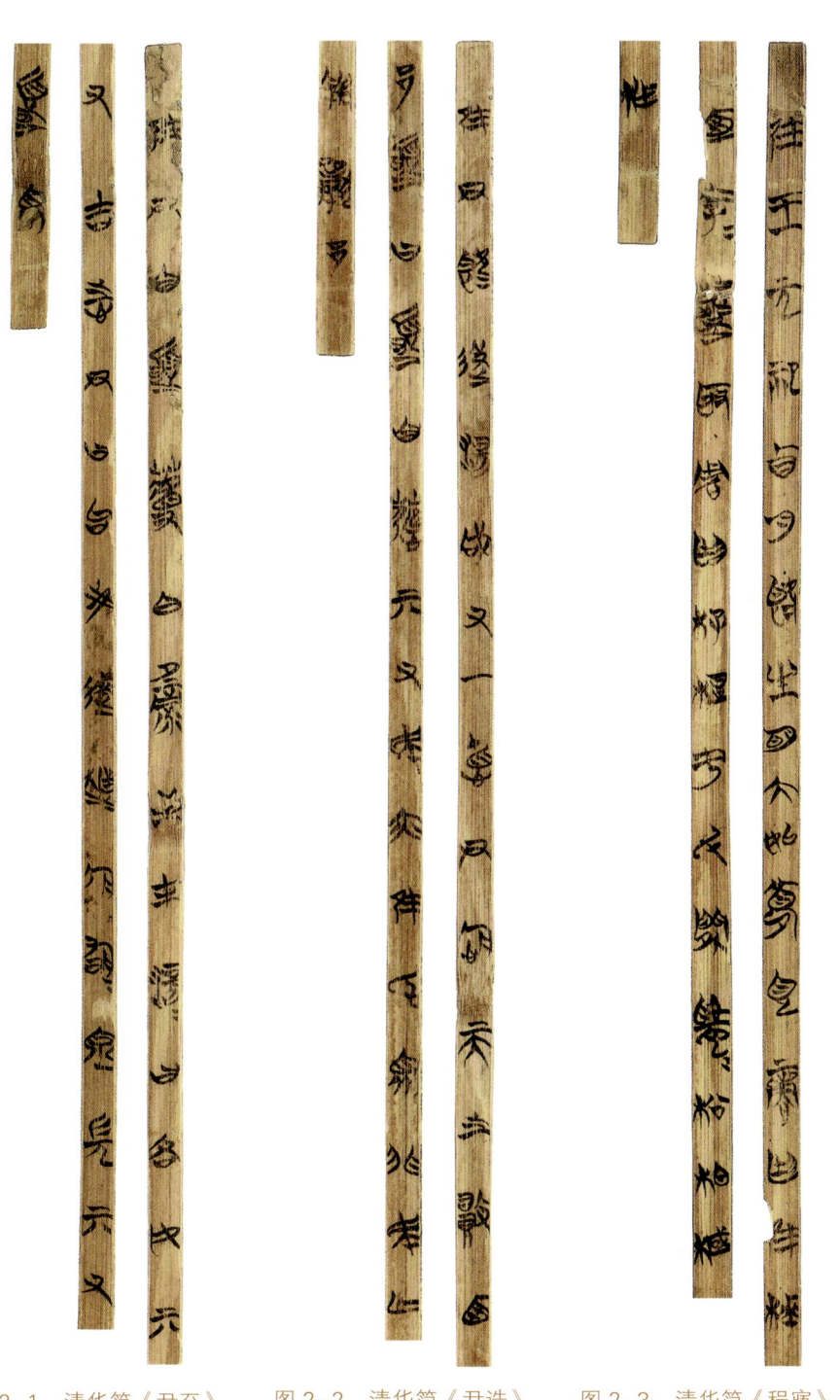

图 2-1 清华简《尹至》　　图 2-2 清华简《尹诰》　　图 2-3 清华简《程寤》

《第二章 尚书》

经过 AMS 碳 14 年代测定，结果为公元前 305 年前后，该年代与专家鉴定的战国中期偏晚的年代相符。2009 年 3 月开始，清华大学出土文献研究与保护中心的研究人员借助拍摄好的竹简照片，开始逐一释读。2010 年 8 月，《清华大学藏战国竹简（壹）》由中西书局正式出版。此后每一年都有新的整理报告出版，现已出版了 11 本，其中与《尚书》相关的内容集中在第 1、第 3、第 5、第 8 本中。学者们在研究清华简的过程中发现，除部分篇目见于今传本《尚书》和《逸周书》外，尚有几篇文献不见于传世文献，但从文体上来看确实属于《尚书》的文体，因此提出了"《尚书》类文献"的概念。

《尹至》简文记述伊尹自夏至商，向汤陈说夏君虐政、民众疾苦的状况，以及天现异象时民众的意愿趋向，汤和伊尹盟誓，征伐不服，终于灭夏，可与多种传世文献，如《书·汤誓》、古文《竹书纪年》及《史记·殷本纪》等参看。简文叙事及一些语句特别近似《吕氏春秋》的《慎大》篇，或可证《慎大》作者曾见到过这篇《尹至》或类似文献。

《尹诰》为《尚书》中的一篇，或称《咸有一德》。据孔颖达《正义》所述，西汉景帝末（或说武帝时）曲阜孔壁发现的古文《尚书》即有此篇，称《咸有一德》。《史记·殷本纪》和今传孔传本《尚书》及《尚书序》，也都称《咸有一德》。但简文与孔传本《咸有一德》全然不同，东晋梅赜所献的孔传本确如宋以来学者所考，系后世伪作。现在简文所叙，很清楚时在汤世，伪《咸有一德》的谬误明显。

《程寤》篇叙及周文王之妻太姒梦见商庭生棘，太子发（即后来的周武王）取周庭之梓树于其间，以象征周即将代商。这一事件"商戚在周，周戚在商"的有关言论，更有助于我们了解商朝后期商、周之间错综复杂的关系。[①]

[①] 李学勤：《清华大学藏战国竹简（壹）》，上海：中西书局，2010 年，第 127、132、135 页。

二、伊尹其人其事

伊尹可谓是上古时期重要的贤臣之一，在有关商代的传世文献记载中他是伴随着商王朝从无到有的重要人物，同时在第一代商王商汤去世之后继续执政，先后辅佐了五代商王。甲骨文中也可见对他的记载，他是少数几个能够在商代祭祀活动中配享先王的人，而且后代商王还有专门针对他个人的祭祀，足见这个人对商王朝的重要性。同时，伊尹还享有"中华厨祖"的称号。

伊尹，伊氏，名挚，小名阿衡，"尹"是商代"右相"的称谓。夏朝末年伊尹生于空桑（今洛阳嵩县，一说开封杞县），史籍记载生于洛阳伊川，因其母居伊水之上，故以伊为氏。

关于伊尹生于空桑，有两种说法，其一认为空桑是普通的地名，其二认为指伊尹出生于一棵空心的桑树里面。《水经注·伊水》篇就讲了伊尹出生空桑的传说。伊尹的母亲是位采桑女，住在伊水上游为人采桑养蚕。有一天她突然梦到神人指引："臼出水而东走，毋顾。"意思是看到舂米的臼中出水，你就一直往东边跑，千万不要回头。果然，第二天就出现了梦中的情景，采桑女赶紧向东奔逃。但是，采桑女违背了神人"不要回头"的告诫，因此在回头的瞬间化为一株空心的桑树，伊尹就诞生在那棵桑树里。他在出生之后被有莘氏的家奴发现，因查找不到父母的下落，有莘氏国君就把他留在了宫中作奴隶，并交由宫里的厨子收养。

伊尹自幼聪明颖慧，勤学上进。青年时期他虽耕于有莘国之野，但却乐谈尧舜治国理政之道。在掌握了高级烹调技术的同时，还从烹饪技术中领悟到了治国之道。后来伊尹正式成为奴隶主贵族的厨师，兼作贵族子弟的"师仆"，他由于懂得治国理政的道理而远近闻名。求贤若渴的商汤王三番五次准备好礼物前往有莘国聘请他。在今嵩县空桑涧西南，有个平兀如几的小山，传说那里就是商汤聘请伊尹的三聘台。但有莘王并不答应商汤聘请伊尹，商汤只好娶有莘王的女儿为妃，伊尹便以陪嫁奴隶的身份来到汤王身边。

伊尹来到商汤身边后,背负鼎俎为商汤烹炊,同时以烹调五味为话题,分析了天下大势与为政之道。商汤免除了其奴隶身份,命为右相,伊尹成为最高执政大臣,拉开了商汤灭夏的序幕。

伊尹首先返回夏王朝,通过夏桀妃子妹喜了解到夏朝内部的许多重要情报。商汤经"十一征"后,不仅消灭了亲夏的方国,而且扩大了统治区域,实力大增,灭夏的战争准备业已完成。大约在公元前1601年,伊尹向商汤建议绝贡于夏王朝。夏桀也召集诸侯在有仍(山东济宁南)会盟,准备伐商,但此时有缗氏首先叛反夏王朝。伊尹看到夏桀完全陷入孤立,认为时机已经成熟,立即向夏发起总攻,夏桀战败南逃。

夏朝灭亡之后,伊尹立下大功,执掌朝政。商汤去世之后,继任的商王外丙、仲壬执政时间很短,朝政大权掌握在伊尹的手里。此后继任的商王太甲,不遵汤规,横行无道,因此被伊尹流放到桐宫(今山西省万荣县),悔过并重新学习汤的法令。三年后,伊尹迎回太甲复位,商朝统治重又清明,国力逐渐强盛。因此,伊尹被评价为"治大国若烹小鲜"的贤相。相传伊尹100岁时去世,被以天子之礼安葬在商汤的陵墓旁边。

三、西周时期特殊的计时方式

太阳和月亮是人们最为熟悉的两个天体。白天,太阳普照大地,滋养万物的生长;夜晚,皓月当空,犹如指路的明灯。上古时期的先民们通过观测月亮的阴晴圆缺,产生了"嫦娥奔月""天狗食月"之类的神话传说。同时,古人对月亮的观测主要用于纪日,即利用月亮阴晴圆缺的时段来纪日,并由此设置朔望日和闰月。

在有关先秦的传世文献中可见"既死霸""旁死霸""哉生魄""既生霸""旁生霸"以及"初吉""既望"等纪日的名称。出土的西周青铜器铭文中也含有大量的月相词语,最常见的有"初吉""既生霸""既死霸""既望"四个。但这些名称的含义和指代,古往今来的学者们没有形成固定的说法,目前最主要的有两种说法,一种是月相定点说,另外一种是月相分段说。

"初吉"一词古无异说,是指每个月的朔日,也就是每个月的初一。这一天月亮虽隐匿不见,但由于是一月之始,古代帝王重视"告朔"之礼,因此以朔日为吉日是很正常的。"望"指的是满月,一般为一个月的十五、十六日,这时候月亮呈现满月的状态。因此"既望"为月的望日之后的一日。"既生霸"与"既死霸"中的"霸"字,许慎《说文解字》曰:"霸,月始生魄然也。承大月二日,承小月三日。从月,䨣声。《周书》曰'哉生霸'。""霸"与"魄"二字叠韵,因此可以相通。张闻玉先生认为"死魄,月面背光处之貌;生魄,月光受光处之貌"。"既生霸"就是"既生魄",也就是一个月的十五日。"既死霸"就是"既死魄",也就是一个月的初一。① 月相定点说的支持者认为古人重朔、望,月相就是指以朔或望为中心的两三天,初一为"朔""初吉""吉""既死魄";初二为"旁死魄";初三为"哉生魄""朏";十五为"望""既生魄";十六为"既望""旁生魄";十七为"哉死魄""既旁死魄"。王国维先生提出的"月相分段说"认为,从月牙初生到月半圆,为"初吉",首日为"朏";从月半圆到满月,为"既生霸",首日为"哉生霸";从满月再到月半圆,为"既望",首日为"望";从月半圆到月光消失,称"既死霸",首日为"哉死霸"。

四、《尚书》释义

《尚书》是我国最古老的一部史书,记载了上起尧舜、下至春秋中期的历史文献。这本书的起源可追溯至我国文明早期,此时已有较为发达的史官文化及史官建制。《礼记·玉藻》曰:"动则左史书之。言则右史书之。"《汉书·艺文志》曰:"左史记言,右史记事;事为《春

---

① 张闻玉:《古代天文历法讲座》,桂林:广西师范大学出版社,2021年,第330-333页。

秋》，言为《尚书》。"两条文献所记载的"左史""右史"的分工，以及由此形成的史书虽不可尽信，但古代统治者的政事档案及历史文献多出自史官之手或由其保存却是符合历史事实的。

《尚书》在先秦文献中被称为《书》，如《庄子·天下》："其明而在数度者，旧法世传之史尚多有之；其在于《诗》《书》《礼》《乐》者，邹鲁之士、缙绅先生多能明之……其数散于天下而设于中国者，百家之学时或称而道之。"①

《郭店楚墓竹简·语丛一》："礼，交之行述也。乐，或生或教也。书，□□□□者也。诗，所以会古今之诗也者。易，所以会天道、人道也。春秋，所以会古今之事也。"②

《墨子·明鬼》篇虽有"尚书"一词，但其含义却是"上古之书"，泛称古代的书籍，并非专名。至于《尚书》之名起源于何时，一般认为出自西汉初期传《尚书》的伏生，伪《孔传》云："济南伏生，年逾九十，失其本经，口以传授，裁二十余篇，以其上古之书，谓之'尚书'。"③

《尚书》这一名称至东汉时期便成为正式的专名。当然古代很多的经学家对《尚书》这一名称有着不同的解释，例如，郑玄引用纬书《尚书琁玑钤》的说法："训尚为上，以上为上天，尚书犹天书，尊而重之之辞。"王肃则认同《论衡·须颂》的说法："尚义为上，上为君长。以为尚书者，上所言，史所书，故曰尚书。"马融则认为："尚为上古，其为上古之书，故曰尚书。"④这些说法看似合理，实则解释颇为迂曲。屈万里先生在其所著的《先秦文史资料考辨》中谈道："'书'字本非

---

① [清]郭庆藩集解，王孝鱼点校：《庄子集释》，北京：中华书局，2018年，第1071页。
② 荆州市博物馆：《郭店楚墓竹简》，北京：文物出版社，1998年，第194-195页。
③ [汉]孔安国传，[唐]孔颖达正义，廖名春等审定：《尚书正义》，北京：北京大学出版社，2000年，第14页。
④ [汉]孔安国传，[唐]孔颖达正义，廖名春等审定：《尚书正义》，北京：北京大学出版社，2000年，第1页。

图书之泛称，而有公文之义，《尚书》诸篇，大部为政府档案，故以书名之'尚'犹'久古'也，则《尚书》亦即'古代之公文'。"①由此可见，"尚书"的含义实际上就是先秦时期的文书档案，当然其中的《尧典》《禹贡》《金縢》等篇存在春秋战国时人的改纂，其篇章内容并非单纯的文书档案，尤其是《金縢》的故事性要远远强于其他篇目。

关于《尚书》的篇目到底有多少，自古以来就有很大的争议。《左传》《国语》引《书》不见于今本的逸篇分别为33和11条。在战国的诸子文献中，《墨子》引《书》29条，逸篇为16条；《孟子》引《书》23条，逸篇为19条；《荀子》引《书》15条，逸篇为4条；《礼记》引《书》31条，逸篇为19条；《吕氏春秋》引《书》6条，均为逸篇。《汉书·艺文志》和伪《孔序》都说古本《书》有"百篇"之多。因此，古代的经学家们基本都相信《尚书》的篇目有百篇之多，甚至还衍生出了孔子自周王室观书获得自黄帝以来千余篇《尚书》的故事。但从近年来清华大学所藏的战国楚简中发现的《尚书》诸篇并结合传世文献记载来看，春秋战国时期所流传的《尚书》篇目及文本与后世所传的文本有较大的差异，这与早期文本的流传方式有关。先秦时期不同学派所收藏文本的数量多寡不定，甚至有些篇目虽称为《书》，但实际上一直以来都是单篇流传的状态，因此《尚书》才会产生如此多的佚篇和佚文。值得明确指出的是，先秦时期《尚书》的集合或许有很多种，但其中有一部分篇目是较为固定的，比如说《盘庚》和西周初期的八诰等篇目，这些篇目构成了《尚书》这本书的内核，可以说是《尚书》的核心文本。

---

① 屈万里：《先秦文史资料考辨》，台北：联经出版社，1983年，第316页。

清华简"书类文献"与《尚书》的内容

文物简介

清华简《保训》全篇共有 11 支简，完简长 28.5 厘米，编痕上下两道。简文顶头书写，简尾大都留一个字距的空白。每支简 22～24 字。其中第二支简上半残失约 11 字。

《金縢》原有篇题为《周武王有疾周公所自以代王之志》，该篇竹简由刘国忠整理并考释。该篇竹简一共有 14 支，完简长度约为 45 厘米，每简容字 29～32 字，每简均留有天头地脚。全篇缺文 7 字，若补足缺文，全篇正文计 393 字。另有重文一处、合文两处。简面共有三道编绳，分别位于天头地脚处及简面中部。

《封许之命》原由 9 支简构成，简长约 44 厘米，宽约 0.65 厘米，简背有简序编号。现第 1、4 两简缺失，第 3、7、8、9 四简上端也有不同程度残损。在第 9 简背面下部写有篇题"封许之命"。

《命训》共有 15 支简，三道编，全篇各简均有不同程度的残损，其中第 1、2、3、7、9、12、14、15 诸简的文字也有一些损毁。估计完简的长度约为 49 厘米。除最后一支简外，每支简的简背均有次序编号，书于竹节处，今缺序号"四"，序号"十四"残。全篇原无篇题，因其内容与《逸周书》的《命训》篇大致相合，当是《命训》篇的战国写本，今以"命训"命名本篇。

《摄命》凡 32 简，简长约 45 厘米，宽约 0.6 厘米。第 3、25、29 简略有残缺，其他基本完整。简背有序号，无篇题。篇题"摄命"为整理者根据简文内容拟定。[1]

竹简现藏清华大学艺术博物馆。

简牍释文

惟王五十年，不豫。王念日之多历，恐坠宝训。戊子，自溃水。己丑眛……　　　　　　　　　　　　　　　《保训》篇简【1】

武王既克殷三年，王不瘳又尼。二公告周公曰："我亓为王穆卜。"周公曰："未可以……　　　　　　　　　　《金縢》篇简【1】

……越在天下，故天劝之亡斁，向振厥德，膺受大命，畯尹四方。则惟汝吕丁，肇规文王，毖光厥烈。　　《封许之命》篇简【2】

□生民而成大命。命司德，正以祸福，立明王以训之，曰："大命有常，小命日成。"日成则敬，有常则广，广以敬命，则广……

《命训》篇简【1】

王曰："劼侄毖摄，无承朕飨，余弗造民康，余亦复穷亡可使。余一人无昼夕……　　　　　　　　　　　　《摄命》篇简【1】

简牍译文

在文王即位的第五十年，文王身体不适，担心病情拖延太久，会亡失了宝训。戊子这一天，王亲自洗脸。己丑这一天，天还没亮……

《保训》篇简【1】

武王征服殷商的第三年，身体不舒服，而且病情延续很久不好。太公、召公告诉周公："我们为王恭敬地占卜吧。"周公说："这还不足以感

---

[1] 李学勤：《清华大学藏战国竹简（壹）》，上海：中西书局，2015年，第141页、157页。
李学勤：《清华大学藏战国竹简（伍）》，上海：中西书局，2015年，第117页、124页。
李学勤：《清华大学藏战国竹简（捌）》，上海：中西书局，2018年，第109页。

动我们的先王。"

《金縢》篇简【1】

……在天下,因此上帝不厌其烦地勉励,文王的天德崇尚敬诚,承受天命,真正地统治四方。就是你吕丁,肇橐文王,光荣建立伟大勋业。

《封许之命》篇简【2】

上天诞生人民并成就其大命,命令以"德"作为赐福降祸的判准,选立明君以训教百姓,其曰:"'大命'有常道,难以改变,'小命'则随着日日行事,有所增损减益。小命每日增损,人民便懂得敬慎,天命普施,人民就会因此敬畏天命,治理天下的法度就能达到最高的标准。"

《命训》篇简【1】

王说:"坚定的摄啊,或许你无法承受社稷的重任啊。我没能达成,成就百姓安居乐业的大业。我实在是没有可以派遣承担此大任的人,我每日每夜都在勤劳于政事。"

《摄命》篇简【1】

阅牍延伸

一、清华简《保训》《金縢》诸篇简介

《保训》内容是记录文王对太子姬发(也就是周武王)的遗训。文王对太子姬发讲了两件上古的史事传说,用这两件史事说明他要求太子遵行的一个思想观念——"中",也就是中道。

《周武王有疾周公所自以代王之志》该篇简文并无编绳遮盖文字现象,但从简文距编绳较近且简背划痕断开等情况看,可以推断该篇简文是先写后编的。另据程浩称:"竹简编痕处右侧有圆形小孔,应为串联编绳所用。"该篇竹简正面除文字及重文合文符号外,尚有若干特殊符号。尾简末字右下侧有勾型短横,为全篇终结的标识。另外尚有部分文字右下侧有点状符号,这种符号在简文中出现了29次之多。其中有一些可被视

为句读符号，如简3的"祝告先王曰尔元孙发也"的"也"字下有-，就可以视为句读符号。但"周公乃纳其所为攻自以代王之说-于金縢（縢）之匮"，"于"字之前的符号似不宜看作是句读符号。由此程浩认为，简文上这些不属于句读符号的墨点，有可能是竹简的持有者在教学时所加的着重符号。

本篇简背编号均书写在简背竹节之上，因此该篇的整理编联不存在异说。末简编号之下书有篇题，作"周武王有疾周公所自以代王之志"。本篇的简背划痕共有两道，第一道在简1到简3上；第二道划痕从简1顶端自左向右划至简14上部四分之一处。其间虽有划痕不能完全重合之处，但其斜率基本一致，因此划痕中断处应为竹简写错被弃置而导致的。本篇简文的内容与传世今本《金縢》篇有一些重要的不同，如记载周武王系在"既克殷三年"后生病，与今本作"二年"不同；竹简本没有今传本《金縢》篇中涉及占卜的文句；周公居东

图 2-4　清华简《保训》《金縢》

为三年，而非今本中的二年；等等。①

"命"本系《尚书》的体裁之一，在传世的《书序》中有《肆命》《原命》《说命》《旅巢命》《微子之命》《贿肃慎之命》《毕命》《冏命》《蔡仲之命》《文侯之命》等，今传世《尚书》中只有《文侯之命》一篇。清华简中已发表的《说命》三篇，以及这一篇《封许之命》，使我们得以更多了解"命"的性质和面貌。

《封许之命》是周初封建许国的文件。许国之封，过去学者以为在周武王时，但看简文，对于始封之君吕丁曾辅佐的文王、武王，都用其谥号，证明分封是在成王之世，更可能是在成王亲政后不久的时候，否则吕丁的年纪就会太大了。吕丁为姜姓的吕氏，《说文·叙》称他为吕叔，与封齐的太公望吕尚（清华简《耆夜》作"吕上父"）当有一定关系。

简文详细记录了分封许国时的赏赐，圭、鬯、路车等，可与有关典籍及青铜器铭文对照。此外，简文还详细记录了周王赠送给吕丁回到封国的礼赠"荐彝"，即成组的祭器。

《逸周书》在历史上曾长期湮没不彰，久无善本，故文字的讹脱现象十分严重。已公布的清华简《皇门》《祭公》诸篇，对有关各篇的文本校勘发挥了重要的作用。《命训》篇的情况同样如此，对照简文，可知传世的文本存在诸多文字错讹之处。因此，本篇简文可在很大程度上帮助我们复原《命训》篇的原貌。

清华简《命训》的发现，对于《逸周书》中多篇文献的时代判定也有重要的意义。《命训》是《逸周书》的第二篇，其《序》云："殷人作教，民不知极，将明道极以移其俗，作《命训》。"传统文献认为是周文王所作。不过学者们多认为本篇的写作时代很晚，甚至认为迟至汉代才出现。近年来这种情况有所改变。已有学者指出，《命训》与《度训》《常训》三篇均以"训"为篇名，同讲为政牧民之道，性质相同，内容相贯，文气相类，

---

① 买梦潇：《清华简〈金縢〉篇文本校释及研究》，厦门：厦门大学硕士毕业论文，2021年，第1页。

图 2-5 清华简《封许之命》《命训》《摄命》

关系十分密切，应是同一时期的作品。此外《武称》《大匡》《程典》《小开》等多篇也属同一组文献，其文例特点是常用数字排比。由于《左传》《战国策》中有多处引用这一组文献，故有学者主张它们在春秋时期已经写成。因此，清华简《命训》的面世，也将有助于这些文献的深入研究。①

《摄命》篇的末尾曰："唯九月既望壬申，王在镐京，各于大室，即位，咸。士疌右伯摄，立在中廷，北乡（向）。王呼作册任册命伯摄。"与西周册命铭文基本一致。全篇主体部分为周天子册命"摄"的命辞，文句与《周书》、西周中晚期铜器铭文相类。册命对象"摄"，篇末称"伯摄"，为嫡长，篇中称"王子"，又有王曰"高奉乃身"等语，推测"摄"或即懿王太子夷王燮，篇中周天子则为孝王辟方。学者们根据上博简《缁衣》的"摄以威仪"的"摄"字作"囡"，似即"冏"字，因此推测该篇或许是《尚书》中遗失的《冏命》。简文中天子命摄"出纳朕命"，协于畿内御事百官与畿外四方小大邦，告诫摄当勤恤政事、恫瘝小民，毋敢怠惰、酗酒，可见册命的等级规格。总之，本篇属"书"类文献，对于西周史研究有重要意义。②

二、大政宪典——《尚书》的内容

《尚书》的内容可分为四个部分，包括《虞书》《夏书》《商书》《周书》。记载起于唐尧，终于春秋中期秦穆公时期的史事。《尚书》的体裁，宋代学者林之奇《尚书全解》云："书之为体，虽尽于典、谟、训、诰、誓、命之六者，然而以篇名求之，则不皆系以此六者之名也。虽不皆系于六者之名，然其体则无以出于六者之外也。"③也就是说，林之奇所分出的六种文体为：

"典"记载传说时代圣王的史事，如《尧典》《舜典》。

---

① 李学勤：《清华大学藏战国竹简（伍）》，上海：中西书局，2015年，第124页。
② 李学勤：《清华大学藏战国竹简（捌）》，上海：中西书局，2015年，第109页。
③ [宋]林之奇著，陈良中点校：《尚书全解》，北京：人民出版社，2019年，第210页。

"谟"记录传说时代臣下对圣王的进言,如《皋陶谟》。

"训"在今文《尚书》中无,伪古文《尚书》有《伊训》,记大臣伊尹告诫新君太甲文辞,此外《逸周书》中有《度训》《命训》《常训》。

"诰"主要见于西周初期君王对臣民的告示,如《大诰》《洛诰》等。

"誓"为君主的宣誓之辞,多为国君在战争前夕的动员令,如《甘誓》《费誓》。

"命"为君主对臣下的诏命文辞,如《顾命》《文侯之命》。

但《尚书》的篇名除这六种文体可命名者外,还有一些无法归入这六类文体的篇目,如以人名命名的《盘庚》《微子》;以事命名的《高宗肜日》《西伯戡黎》;以内容命名的《禹贡》《洪范》;此外还有摘取文中两字的《金縢》。

《尚书》流传至秦代经历了一次重大的波折。秦始皇三十四年(前213)博士淳于越反对"郡县制"的实行,并要求遵古制,按照周王朝的做法分封子弟建立诸侯国。丞相李斯对此加以驳斥,并主张禁止百姓以古非今,以私学诽谤朝政,秦始皇采纳了丞相李斯的建议。《史记·秦始皇本纪》记载了李斯的建议,曰:"臣请史官非秦记皆烧之。非博士官所职,天下敢有藏《诗》《书》百家语者,悉诣守、尉杂烧之。有敢偶语《诗》《书》者弃市。以古非今者族。吏见知不举者与同罪。令下三十日不烧,黥为城旦。所不去者,医药卜筮种树之书。若欲有学法令,以吏为师。"[①]此次政府组织的大规模焚书及禁书的活动,很大程度上阻断了《诗》《书》在民间的流传,直到西汉惠帝四年(前191年),西汉政府才宣布废除秦始皇焚书时所颁布的《挟书律》。在这期间,部分学者将收藏的先秦典籍藏在墙的夹壁中,这也就是《尚书》在秦代的命运,直到西汉,曾担任秦《尚书》博士的济南人伏生才将夹壁中所藏的《尚书》取出,并在齐鲁之间进行教学,但仅剩29篇,这就是西汉时期流传的今文《尚书》

---

① [汉]司马迁撰,[宋]裴骃集解,[唐]司马贞索隐,[唐]张守节正义:《史记(点校本二十四史修订本)》,北京:中华书局,2013年,第325页。

的源头。伏生之后数传而有了欧阳氏之学、大夏侯之学、小夏侯之学三家，在武帝时并立为博士。

伏生所传篇目是：《尧典》一、《皋陶谟》二、《禹贡》三、《甘誓》四、《汤誓》五、《盘庚》六、《高宗肜日》七、《西伯戡黎》八、《微子》九、《牧誓》十、《洪范》十一、《金縢》十二、《大诰》十三、《康诰》十四、《酒诰》十五、《梓材》十六、《召诰》十七、《洛诰》十八、《多士》十九、《无逸》二十、《君奭》二十一、《多方》二十二、《立政》二十三、《顾命》二十四、《康王之诰》二十五、《吕刑》二十六、《文侯之命》二十七、《费誓》二十八、《秦誓》二十九。

武帝时期又出现了民间所献的伪《泰誓》1篇，因此将《康王之诰》并入《顾命》中，以符合29篇的数量。欧阳氏在传《尚书》时又将《盘庚》分为3篇，成为31篇。此后，在东汉时又将《盘庚》和《泰誓》各分为3篇，从《顾命》中又分出了《康王之诰》，由此成为34篇。此本最终亡于西晋怀帝时期的"永嘉之乱"。

三、先秦、秦汉时期的博士制度

古代也有叫作"博士"的一类人，但他们与我们现在所说的博士差异较大。今天我们会说某人获得了博士学位，这是现代大学教育最高的学位授予等级。但古代的"博士"却是一种官名，早在两千多年前的战国时代就已经诞生，许慎《五经异义》说："战国时，齐置博士之官。"他们主要的职责是负责保管文献，编撰著述，掌通古今，为统治者出谋划策，提供施政的建议。同时他们还需要向弟子传授学问，培养人才。

战国时期各诸侯国的君主努力寻求强国之道，就需要招揽一些知识渊博的人来为他们出谋划策，由此诞生了战国时期的博士官。比如齐国的"稷下学宫"，始建于齐桓公田午时期，"稷"是齐国国都临淄城（今山东省淄博市）一处城门的名称。"稷下"即齐都临淄城的稷门附近，齐国君主在此设立学宫。稷下学宫是世界上第一所由官方举办、私家主持的特殊形式的高等学府。其兴盛时期汇集了天下贤士多达千人,其中著名的学者有孟子、淳于髡、邹衍、田骈、慎到、申不害、接子、季真、环渊、彭蒙、尹文子、田巴、鲁仲连、驺子、荀子等。在此期间,学术著作相继问世,有《宋子》《田子》《捷子》等,今已亡佚。另《管子》《晏子春秋》《司马法》等书的编撰,也有稷下之士的参与。战国末期的大儒荀子早年游学于齐国,因学问博大,曾三次担任当时齐国"稷下学宫"的"祭酒",也就是学宫之长。但战国时期的君主除了询问强国之道,也会问一些天文地理、古史传说的知识,甚至娱乐八卦等鸡毛蒜皮的小事,这也就要求博士官掌通古今,对君主的提问随时可以引经据典地回答出来。

秦朝建立之后,朝廷选拔了70多个人成为博士官,相当于一个国家智囊团。根据史书记载,秦朝的许多大政方针都是通过"廷议"来确立的,在"廷议"过程中博士官为朝廷出谋划策,商讨政策的实施与制度的改定。但秦仅十五年就灭亡了,秦的博士官们只好四散奔逃,隐匿于家乡继续从事传授学问、培养弟子的活动。一直到汉朝的文帝时期,政治上提出与民休息的政策,在治国的理念上开始推行儒学。在这样的背景之下,中央始置《书》《诗》的一经博士,并立诸子传记博士,有博士70余人。汉景帝时,又置《春秋》博士。此时,博士官百家杂陈而儒家独多,不仅《书》《诗》《春秋》有博士,《论语》《孝经》《孟子》《尔雅》也有博士,并且《诗》博士有齐、鲁、韩三家,《春秋》博士有胡毋生、董仲舒两家。这说明此时儒家在学官中已占有相当重要的地位。汉武帝时期,国家指导思想全面转向儒学思想,在董仲舒"罢黜百家,独尊儒术"的口号下,设立了五经博士,教授《诗》《书》《礼》《易》《春秋》这五部儒家经典,自此以后博士官就成为儒家学者垄断的官职,学问的传承也必须谨守各自的"师法"和"家法"。博士的弟子,在武帝时为50人。昭帝时,增弟子满百人。宣帝时增倍之。成帝末,增弟子至3000人。汉末,太学大盛,诸生至30 000余人,至此博士官们在西汉末年迎来了他们的高光时刻。东汉王朝建立之后,博士有五经博士14人,并一直保持到了东汉末年。东汉末年,天下三分,汉朝逐渐分崩离析,但博士官这个官职却一直延续到了清朝。

四、中国古代的官方藏书

中国古代藏书活动的主流在官方,从先秦时期开始一直到明清时期,官方对书籍的收集、掌管都是有专人负责的。春秋时期以前,文献主要集中于官府,由各级史官掌管。如《吕氏春秋·先识览》记载:"夏太史令终古出其图法,执而泣之。夏桀迷惑,暴乱愈甚,太史令终古乃出奔如商。"[1]至于周王朝的图书保存制度,通过传世文献可以勾勒其大概面貌。《周礼·春官》记载"大史掌建邦之六典""小史掌邦国之志"等。这时也出现了专门的文献收藏机构,如周王室设有"图室"和"盟府",收藏着史官记载的重要国家文献和盟约档案。相传为道家学派创始人的老子就是周王室守藏室的史官,孔子也曾前往周王室参观图书,并向老子问道。出土文献中虽然没有发现有关藏书制度或藏书官的记载,但从发现的成坑甲骨,即YH127坑甲骨来看,商王朝对使用过的甲骨有着收集、保存、销毁等一整套的流程,同时从"成套卜辞"上的穿孔亦可以推测这些甲骨当初应该是串联在一起的。这也从侧面说明至迟商代,统治者已经对文字书写的内容有集中保存的习惯,可以推测这时候官方对重要的国家文献亦有集中保存的习惯。

秦汉时期,官府藏书已形成定制,不仅有专门的藏书机构,也有相应的职官。秦朝掌管图籍的官员主要是御史或侍御史,而御史大夫总其责。除此之外,秦的博士官要查询和教学,也设有藏书室保存图书。秦亡之际,萧何尽收秦丞相府图籍文书,奠定了西汉官府藏书的基础。《史记·萧相国世家》记载:"沛公至咸阳,诸将皆争走金帛财物之府,分之。何

---

[1] [汉]高诱注:《吕氏春秋》//《诸子集成》本,北京:中华书局,1954年,第179页。

独先入收秦丞相御史律令、图书，藏之……汉王所以具知天下厄塞，户口多少，强弱之处，民所疾苦者，以何具得秦图书也。"①此后，汉高祖命萧何主持建造了石渠、天禄、麒麟三阁，三阁成为真正的皇家藏书之处。至汉武帝时，国家藏书达到了兴盛的局面。至汉成帝时，召刘向等整理皇家藏书，数量多达33 090卷。东汉时期，藏书规模有了进一步发展，著名的藏书之所有石室、兰台、东观、仁寿阁、辟雍、宣明殿、鸿都学等。汉桓帝专门设置有秘书监，专管艺文图籍。

魏晋南北朝时期，随着纸的推广和普及，传抄书籍更为容易，藏书也更加便利。晋武帝司马炎屡次搜访文献，使得西晋官府藏书规模超过前代，达到29 945卷。南朝梁初年，秘书监任昉"于文德殿内，列藏众书；华林园中，总集释典。大凡23 160卷，而释氏不与"②，史称江左文献，于斯为极盛。

隋朝开国之初，秘书监牛弘在开皇三年（583年）向隋文帝上《请开献书之路表》，建议广征天下遗书。隋炀帝时，长安的嘉则殿藏书多达37万卷，在数量上超过了此前任何一个王朝的收藏。

唐太宗贞观年间，魏徵、虞世南、颜师古先后任职秘书监，均重视图书的搜求。在机构的设置上，唐代的弘文馆、史馆、集贤殿书院是最重要的藏书之所。

宋代淳熙五年（1178年）编定了《中兴馆阁书目》，著录皇家藏书有44 486卷，这是宋代官方藏书的一次整理。但此时民间藏书逐渐兴盛起来，民间藏书数量已经超过了官方。

明朝宫廷藏书在古代藏书史上占有重要地位。宣德年间，秘阁贮书达20 000多部，将近百万卷，为历代宫廷藏书之最。正统六年（1441年）

---

① [汉]司马迁撰，[宋]裴骃集解，[唐]司马贞索隐，[唐]张守节正义：《史记（点校本二十四史修订本）》，北京：中华书局，2013年，第2014页。

② [唐]魏徵等：《隋书》卷三十二《经籍志》，北京：中华书局，1973年，第907页。

北京文渊阁建成，杨士奇等人清理藏书，编成《文渊阁书目》，著录图书 7200 余部、42 600 多册。利用宫廷图书编纂的《永乐大典》，更是多达 22 937 卷，为古往今来最大的一部类书。

　　清朝在乾隆时期为修纂《四库全书》进行过规模浩大的征书活动，全国各地呈送图书多达 12 000 多种。《四库全书》修成后，共抄录 7 部正本，分藏在全国 7 个藏书楼中，这就是所谓"四库七阁"。其中位于北方的四阁为文渊阁、文源阁、文津阁、文溯阁，前三阁建成时间均为乾隆四十年（1775 年），主要是供皇家使用。文渊阁在北京紫禁城内，第一部《四库全书》曾收藏于此，现藏台北故宫博物院；文源阁在北京西郊圆明园内，咸丰十年（1860 年），英法联军入侵时，书与阁俱被焚毁；文津阁在河北承德避暑山庄，书现藏国家图书馆。文溯阁建成于乾隆四十七年（1782 年），在辽宁沈阳故宫西侧，书于 1966 年 10 月移藏于甘肃省图书馆。位于南方的三阁为文宗阁、文汇阁、文澜阁，主要供江南地区的士人阅读。文宗阁建于乾隆四十四年（1779 年），原在江苏省镇江市金山寺，后毁于太平天国战争；文汇阁建于乾隆四十五年（1780 年），原在江苏扬州市大观堂，后毁于太平天国战争；文澜阁建于乾隆四十九年（1784 年），由杭州孤山圣因寺的藏书堂改建而成。该书在太平天国战争中损毁流散较多，后由杭州藏书家丁丙、丁申兄弟等搜集，并从宁波天一阁、卢氏抱经楼、汪氏振绮堂、孙氏寿松堂等江南十数藏书名家处借书，招募了 100 多人抄写，组织抄书 26 000 余册，此项工程历时 7 年得以完成，书现藏浙江省图书馆。

清华简"书类文献"与古文《尚书》的真伪

文物简介

《皇门》简凡13支，简长44.4厘米左右，三道编。满简39至42字不等。原无篇题，由于内容与今本《逸周书·皇门》大体相符，故定名《皇门》。简背有次序编号。字迹清晰，书写工整，仅第10简上端缺二字。

《祭公之顾命（祭公）》简共21支，简长44.4厘米，三道编。每支简文字23～32字不等。无次序编号。原有篇题5字《㿹（祭）公之䞓（顾）命》，记于第21简正面下端。除第2、3、4简上下端稍有残裂，第19简略呈模糊外，全篇保存良好，文字可辨。

《说命（上中下）》简长45厘米，共有3篇，由同一书手写成。每一篇最后一支简简背都有篇题《傅说之命》，现据内容次第分别题为《说命上》《说命中》和《说命下》。《说命上》有简7支，《说命中》也是7支，《说命下》则有10支，但缺失了第1支简，现仅存9支。

《厚父》共13支简。简长约44厘米，宽约0.6厘米。第一支简上下两端残缺，其他各支皆为完简。简背标有序号，依次为"一"至"十三"，今缺序号"一"。最后一支背面有"厚父"二字，系篇题。[①]

该简现藏清华大学艺术博物馆。

[①] 李学勤：《清华大学藏战国竹简（壹）》，上海：中西书局，2010年，第163页、第173页。
李学勤：《清华大学藏战国竹简（叁）》，上海：中西书局，2012年，第121页。
李学勤：《清华大学藏战国竹简（伍）》，上海：中西书局，2015年，第109页。

简牍释文

惟正〔月〕庚午，公格在库门。公若曰："呜呼！朕寡邑小邦，蔑有耆耈虑事屏朕位，肆朕冲人非敢不用明刑，惟莫开。

《皇门》篇简【1】

王若曰："祖祭公，哀余小子，昧其在位，旻天疾威，余多时假惩。我闻祖不。 《祭公之顾命（祭公）》篇简【1】

惟殷王赐说于天，甬为失仲使人。王命厥百工向，以货徇求说于邑人。惟弼人。 《说命》篇简【1】

〔□□□〕□王监嘉绩，问前文人之恭明德。王若曰："厚父！遹闻禹〔□□□□□□□□□〕。 《厚父》篇简【1】

简牍译文

正月庚午这一天，周公来到路门。周公这么说："呜呼！我周是一个小邦，没有年长的老臣谋思、安定国家大事，屏藩、保护王位。我不是敢不用光明的典范，只是没有人启迪我美善之德的言说……

《皇门》篇简【1】

穆王这么说："祖祭公！可怜我这个失去先人的小子，昏昧地在王位上。老天爷大大地发威，我承受了很多这些惩罚。我听说祖公您生病，而且迁延日久，我因此来探望您……

《祭公之顾命（祭公）》篇简【1】

天帝把傅说赐给殷王（殷高宗武丁），此时的傅说是失仲的庸役之人。殷王（殷高宗武丁）命令各级官员到民间去，拿着财物向各地的邑人徇求傅说这个人。

《说命》篇简【1】

惟王□□年，王考察过去勤奋的事迹，听闻前代有文德的人能够恭敬明德。王说："厚父，我听闻大禹〔□□□□□□□□□〕。

《厚父》篇简【1】

阅读延伸

一、清华大学藏战国竹简中的《皇门》《祭公之顾命（祭公）》诸篇简介

竹简本《皇门》"公若曰"之"公"，今本作"周公"，据内容判断，简本所指亦为周公。简文记载周公训诫群臣望族要以史为鉴，献言荐贤，助王治国，同时抨击了某些人阳奉阴违、背公向私的行为，是不可多得的周初政治文献。简本为战国写本，但所用语词多与《尚书》中的《周书》诸篇及周初金文相似，如谦称周为"小邦"（今本避汉高祖讳作"小国"）等皆为周初惯用语，知其所本当为西周文献。

简本《皇门》与今本相比有许多歧异，尤为明显者如集会所在地之"（库）门"，今本作"左闳门"。周制天子五门，库门外、皋门内为外朝所在，周公组织之集会在此进行甚为合理。今本《皇门》讹误衍脱现象多见，文义晦涩难解；简本相对而言文通字顺，显然优于今本，可用以澄清今本的许多错误。

《祭公之顾命（祭公）》篇中的祭公谋父为周公之后，《左传》僖公二十四年云："凡、蒋、邢、茅、胙、祭，周公之胤也。"封国在今河南郑州东北。谋父作为王朝老臣，曾多次对穆王进谏，如《国语·周语上》载其反对穆王征伐犬戎，《左传》昭公十二年载其作《祈招》之诗，劝阻穆王游行天下。本篇则记谋父患病，临终前告诫前来探视的穆王，如何总结夏、商两代败亡的教训和文王、武王成功的历史经验，保守周王朝基业。对于执政的三公，则力嘱他们要更好地辅保穆王。[①]

本篇是今传世《逸周书》所收《祭公》的祖本，以简文与今本相互对照，今本的大量讹误衍脱，都得到了合理的解释。至于今本中将"邦"字除去，或改为"国"字，显然是汉人避高祖讳的结果。最重要的是在简文中发

---

① 李学勤：《清华大学藏战国竹简（壹）》，上海：中西书局，2010年，第172页。

图 2-6 清华简《皇门》《祭公之顾命（祭公）》《说命》

现了当时三公毕𩿨、井利、毛班的名号,后两人见于西周金文,这不仅澄清了今本的讹误,对西周制度的研究也具有很重要的意义。本篇篇题,《礼记·缁衣》引作《叶公之顾命》,郭店简、上博简《缁衣》作《𦣞(或𦣝)公之募命》,本简则作《𩰚公之䞈命》,首字如何隶定,学者间尚有不同见解,但学者们都同意将该字读为"祭",音 zhài。

《说命》是《尚书》的一部分。《书序》云:"高宗梦得说,使百工营求诸野,得诸傅岩,作《说命》三篇。"竹简本《说命》正系三篇。《说命》不在汉初伏生所传今文《尚书》之内,《尚书正义》所引郑玄讲的孔壁古文《尚书》多于伏生的十六种二十四篇,也没有《说命》。东晋时梅赜所献孔传本《尚书》则有三篇《说命》,前人已考定为伪书。与清华简《说命》对照,梅氏献出的《说命》,除自先秦文献中摘辑的文句外,全然不同。

先秦典籍曾多次引用《说命》,最重要的《国语·楚语上》是楚灵王时大夫白公子张所述,但未明说《说命》篇题。不过其间有"若药不瞑眩,厥疾不瘳",《孟子·滕文公上》所引标出"《书》曰",足以证明《楚语》此段的来源。竹简本正有与《楚语》相当的语句,可相对勘。《礼记·缁衣》引《说命》"惟口起羞"云云,也见于《墨子·尚同中》所引,同样可在竹简本里找到。此外,《礼记·文王世子》《学记》所引《说命》,

图 2-7 清华简《厚父》

以及《缁衣》另引的一条佚文,则不见于竹简本,这应该是由于《说命》的传本有异。①

《厚父》通篇为"王"和"厚父"的对话。"王"首先通过追溯夏代历史,指出勤政、用人、敬畏天命、谨慎祭祀对于"永保夏邑(或邦)"的重要性,"厚父"则从反面阐明君弗用典刑、颠覆其德、沉湎于非彝,臣弗慎其德、不"用叙在服"的严重后果。接下来,"王"介绍了自己当下的作为,"厚父"在回应中阐述了自己的认识和理念,重点是要畏天命、知民心、处理好司民和民的关系以及戒酒等。全文虽只有短短数百字,但内容丰富,文辞典雅,富于哲理,有多方面的、重要的研究价值。

篇中有一段文字与《孟子》所引《尚书》相似。《孟子·梁惠王下》:"《书》曰:'天降下民,作之君,作之师,惟曰其助上帝宠之。四方有罪无罪惟我在,天下曷敢有越厥志?'一人衡行于天下,武王耻之。此武王之勇也。而武王亦一怒而安天下之民。今王亦一怒而安天下之民,民唯恐王之不好勇也。"赵岐注:"《书》,《尚书》逸篇也。"②从引文结合本篇结构、文辞特点等综合考虑,《厚父》应为《尚书》逸篇。

二、古文《尚书》与伪古文《尚书》

西汉时期出现的古文《尚书》,其来源主要有以下的几种说法:第一种是孔子十一世孙孔安国以今文《尚书》对照研读自家所藏的文本,以此"起其家",并发现逸《书》10余篇,这一说法见于《史记·儒林列传》。第二种说法是武帝(一说景帝)时,鲁恭王"坏孔子宅,欲以广其宫……得于壁中,共四十五篇,皆古字也",这一说法见于《汉书·艺文志》,此外还提到孔安国对照今文读通19篇,其余16篇莫知其意。第三种说法是西汉武帝时,河间献王刘德"从民间得善书","所得书皆古文先

---

① 李学勤:《清华大学藏战国竹简(伍)》,上海:中西书局,2015年,第109页。
② [汉]赵岐注,[宋]孙奭疏,廖名春等整理:《孟子注疏》,北京:北京大学出版社,2000年,第45页。

秦旧书"，其中就有《尚书》，这一说法见于《汉书·河间献王传》。以上三种主要的说法虽然记载于正史之中，但由于语焉不详，后世学者们争论不休。古文《尚书》的出现以及其流传等问题造成了《尚书》研究中的种种纠葛，《尚书》研究的困难之处也就在此。

魏晋时期出现了一个"孔安国传"的古文《尚书》，据说是由东晋豫章内史梅赜进献给朝廷的，但这本书实际上是魏晋时人割裂今本以及收集文献中引文伪造而成，但这本《尚书》由于文字平顺易读，在唐代正式进入了"五经正义"的序列成为官方定本，广为流传，后来又被纳入"十三经注疏"的序列中，直到今日依旧是《尚书》版本中影响最大的一本。自宋代开始，学者们对这一《尚书》版本提出了疑问，开启疑经之风。如朱熹就说道："汉儒以伏生之《书》为今文，而谓安国之《书》为古文。以今考之，则今文多艰涩，而古文反平易。伏生书多艰涩难晓，孔安国壁中书却平易易晓。或者谓伏生口授女子，故多错误，此不然。今古书传中所引书语，已皆如此，不可晓。盖书有古文，有今文。今文乃伏生口传，古文乃壁中之书。《禹谟》《说命》《高宗肜日》《西伯戡黎》《泰誓》等篇，凡易读者皆古文。况又是科斗书，以伏生书字文考之，方读得。岂有数百年壁中之物，安得不讹损一字。又却是伏生记得者难读，此尤可疑。今人作全书解，必不是。"[1] 由此可见，朱熹对古文《尚书》文字平顺易读，而今文《尚书》反而佶屈聱牙的现象产生了不小的疑惑。但朱熹并没有就此对这些古文《尚书》篇目加以否定，朱熹的学生蔡沈所作的《书集传》就沿袭了朱熹质疑古文《尚书》的思想，此后明代的梅鷟撰《尚书考异》一书，该书对古文《尚书》进行了广泛而细致的辨伪工作，由此发现古文《尚书》的25篇中的文句与先秦两汉文献雷同之处非常多，并将雷同之处一一注明。此后学者们才正式开始古文《尚书》的辨伪工作，并在清代取得了重要进展。清代人阎若璩

---

[1] [南宋]黎靖德：《朱子语类》，北京：中华书局，1986年，1980页。

撰《尚书古文疏证》一书，它以坚确的证据，指明梅赜本为伪作的事实，使古文《尚书》为伪书成为定案。其后学者们继续《疏证》的研究，确定无疑地认为这本书为魏晋人伪造的。当然，自2008年之后，清华大学藏战国竹简不断发表，其中就发现了自先秦以来久已失传的《尹诰》（《咸有一德》）和《说命》篇，这两篇与伪古文《尚书》比较，除了先秦文献中引用的佚文相同，其余的文辞完全不同，足以证明魏晋时期所出现的古文《尚书》为伪作。

这部古文《尚书》首先是把西汉所传今文《尚书》29篇分解为33篇（从《尧典》中分出《尧典》《舜典》2篇，把《皋陶谟》分成《皋陶谟》和《益稷》2篇，《盘庚》分为上、中、下3篇）。接着又根据先秦古籍中所引用的《尚书》佚文伪造了古文《尚书》25篇，这就是通常所说的伪古文《尚书》，其篇目是《大禹谟》《五子之歌》《胤征》《仲虺之诰》《汤诰》《伊训》《太甲（上中下）》《咸有一德》《说命（上中下）》《泰誓（上中下）》《武成》《旅獒》《微子之命》《蔡仲之命》《周官》《君陈》《毕命》《君牙》《冏命》。上述两部分加起来共有58篇。此外再加伪造的孔安国《书序》1篇，一共有59篇。

居延汉简中的《尚书》与先秦秦汉时期《尚书》的流传

文物简介

居延旧简中的《尚书》文献全部为朝廷官方文书中的引文，其内容基本为《尧典》和《舜典》中的文句。

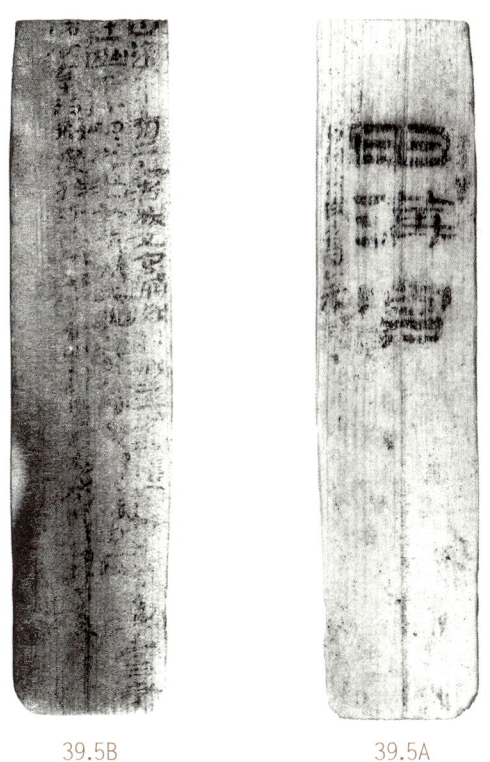

39.5B　　　　39.5A
图 2-8　居延汉简中的《尚书·舜典》

39.5号木牍完整，长15.3厘米，宽3.6厘米，厚0.3厘米，重量为3.65克。1930—1931年由中瑞西北科学考察团于额济纳河流域烽燧遗址发掘，该牍出土于A8破城子遗址。牍文两面均有书写，A面为文书封检，字迹较为清晰。B面或为习字，但文字内容较多，所抄写内容或为汉代皇帝的诏书内容，字迹非常模糊，文字内容大致分为3到4行书写。现藏台湾"中央研究院"历史语言研究所（以下简称"中研院"史语所）。

　　木简一枚，简号为407.1，长5.7厘米，宽0.8厘米，厚0.2厘米，重量为0.27克。该简于1930—1931年由中瑞西北科学考察团于额济纳河流域烽燧遗址所发掘，出土于A33地湾遗址。简文下部残缺，仅保留有简上端的5个字，简文字迹清晰，文字为工整的隶书，书法甚佳，现藏台湾"中研院"史语所。

　　居延新简中的《尚书》文献也是朝廷发布的官方文书中的引文，其内容为《尧典》和《洪范》中的文句。

　　木简一枚，简号为EPT4：16。1972年至1974年由甘肃省文物部门在甲渠候官（破城子）遗址发掘获得，简文下部残缺，仅保留有上半部分的10个字，简文字迹清晰，文字为工整的隶书，简端有一黑色墨点，标记简文的开始。该简现藏甘肃简牍博物馆。

　　木简一枚，简号为ESC：106。1972年至1974年由甘肃省文物部门在甲渠候官（破城子）遗址发掘获得，简文下部残缺，仅保留有上半部分的10个字，简文字迹清晰，文字为工整的隶书，简端有一黑色墨点，标记简文的开始。该简现藏甘肃简牍博物馆。

　　木简一枚，简号为ESC：106。1972年至1974年由甘肃省文物部门在额济纳旗三十井次东隧获得，完整无残缺，但因受外力挤压变形严重。简上文字分正反面书写，A面文字为书写较为工整的隶书，墨迹清晰。B面文字为简支序号。该简现藏甘肃简牍博物馆。

| 407.1 | EPT4:16 | ESC:106B | ESC:106A |

图 2-9 居延汉简 407.1 号木简

图 2-10 居延新简中的《尚书·尧典》引文

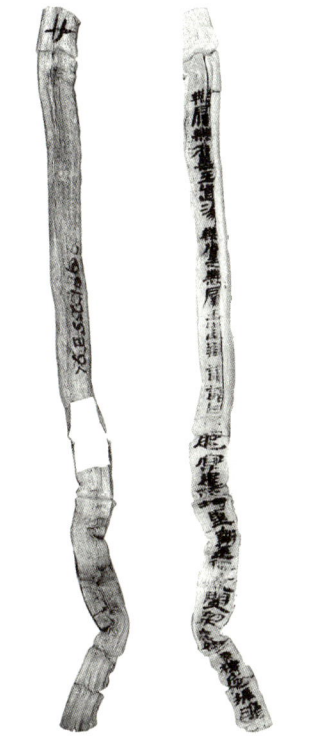

图 2-11 居延新简中的《尚书·洪范》引文

《尚书》 第二章

简牍释文

［李赞印］

甲沟官

［四月庚戌卒同以来］

39.5A

曰：咨！二十有二人者，敬女官职，知☐☐者，三考绌幽☐☐明=（明明）之光也。☐☐大地☐。

☐官幸得制度于☐为☐不等。

　　　　　　　　　　　　　　　　　　　　　　　39.5B[1]

　　若予采驩兜……　　　　　　　　　　　　407.1[2]

　　・敬授民时曰旸谷咸趋南☐……　　　　EPT4：16[3]
　　☐"无扁无党，王道汤＝（汤汤）；无党无扁，王道☐＝（☐☐）。"
《论语》曰："不患寡，患不均。"圣朝至仁哀闵，☐☐☐☐振☐……
　　　　　　　　　　　　　　　　　　　　　　　ESC：106A
　　廿。　　　　　　　　　　　　　　　　　　ESC：106B[4]

简牍译文

　　（帝）说道："你们二十二个人要对你们的官职有所敬畏，知道……，三个考课不合格的人就要放黜到幽远的地方……就像明亮的光芒照耀地……很幸运的是官吏得到制度的……"
　　　　　　　　　　　　　　　　　　　　　　　39.5B

　　天子（尧）说："谁能顺利地成就我的事业呢？"驩兜说……
　　　　　　　　　　　　　　　　　　　　　　　407.1

　　敬谨地把时令传授给民众，在那叫作旸谷地方，引导民众前往南亩……　　　　　　　　　　　　　　　　　　　　EPT4：16

　　……不要有所偏私，不要偏袒同党，王的道路才能平坦；不要偏袒

---

[1] 简牍整理小组：《居延汉简（壹）》，台北："中央研究院"历史语言研究所，2014年，第127页。
[2] 简牍整理小组：《居延汉简（肆）》，台北："中央研究院"历史语言研究所，2014年，第72页。
[3] 孙占宇：《居延新简集释》，兰州：甘肃文化出版社，2016年，第129页。
[4] 张德芳：《居延新简集释（七）》，兰州：甘肃文化出版社，2016年，第410页。

同党，不要有所偏私，王的道路才能平易。《论语》说："不担心分配的少，而担心分配的不平均。"圣明的朝廷对民众具有仁爱之心，哀悯民众生活的艰辛……

ESC：106A

阅 牍 延 伸

一、居延汉简与《尚书·舜典》

木牍39.5背面文字颇多，其中的"曰咨"一句应该是化用了《尚书·舜典》的"帝曰：'咨！汝二十有二人，钦哉！惟时亮天功。'三载考绩；三考，黜陟幽明；庶绩咸熙。分北三苗"①一句。今传本的《舜典》原是在伪造古文《尚书》时从《尧典》中分出的。这一篇主要记载了舜在继承尧的帝位之后所做出的政绩，其中这一句的意思是说"天子说：'啊！你们这二十二个人，要谨慎呀！要时时率导这天意注定的事业。'每三年考核政绩一次；考核三次后，便将昏庸的官员降级，将明智的官员升级。于是一切功业都振兴起来了。并分别三苗（使他们离开了中国）"。由于这一句出自儒家所推崇的圣王帝舜的言论，而且涉及官员任职三年进行考课定官职升降奖惩的办法，因此汉代大臣在上书时经常征引此句。如《汉书·李寻传》记载"哀帝初即位，召寻待诏黄门，使侍中卫尉傅喜问寻曰：'间者水出地动，日月失度，星辰乱行，灾异仍重，极言毋有所讳。'"李寻在其应对文辞中就引用了"经曰：'三载考绩，三考黜陟。'"②《汉书·谷永传》引《尚书》此句为"三载考绩，三考黜陟幽明"。③此外董仲舒的《春秋繁露·考功名》也引用了此句："天子岁试天下，三试而一考，

---

① [汉]孔安国传，[唐]孔颖达正义，廖名春等审定：《尚书正义》，北京：北京大学出版社，1999年，第98页。
② [汉]班固撰，[唐]颜师古注：《汉书》北京：中华书局，1964年，第3443页。
③ [汉]班固撰，[唐]颜师古注：《汉书》，北京：中华书局，1964年，第3172页。

前后三考而绌陟，命之曰'计'。"①

从牍文后面的"幸得制度一句来看，这一枚性质应该也是属于臣子上书或皇帝下发的诏书，就其中《尚书》的引文推测牍文内容主要是关于官员考课方面的措施。

二、居延汉简中的《尚书·尧典》

木简 407.1 的释文为"若予采骧兜"，这一句也是《尧典》中的引文，《尧典》曰："帝曰：'畴咨若予采？'骧兜曰：'都！共工方鸠僝功。'帝曰：'吁！静言庸违，象恭、滔天。'"②

这一句的"采"训为"事"，"骧兜"相传为帝尧的臣子。"共工"为上古时期传说中著名的人物，在此处亦为尧的臣子。这里的尧和骧兜所讨论之事是派谁去治理洪水，我们都知道传说中的"大禹治水"的故事，但在他治水之前还有一些较为曲折的故事，其中就有《尧典》所记载的故事。这一句意思是："天子说：'谁能顺利地成就我的事业呢？'骧兜说：'啊！共工遍揽事务而具有功绩。'天子说：'哼！他对于良好的言论总是不赞成；态度似恭谨，但其实对天也是怠慢不敬的。'"这一枚简的文字为规整的隶书，不见公文书写中的连笔草书形态，简端留有天头且字距相等，由此推测这一枚简是典籍《尚书》的抄写本。

三、居延新简与《尚书·尧典》

居延新简《尚书·尧典》引文断句为"·敬授民时曰，扬谷。咸趋南……"，《居延新简集释》曰："此简所记或为新莽时所颁诏书中引用《月令》残文。"③张国艳《居延汉简"六艺略"文献的初步整理》认为"这段文字与《敦煌悬泉月令诏条·孟春》：'敬授民时，曰扬谷，

---

① [汉]董仲舒撰，[清]苏舆义证：《春秋繁露义证·考功名》，北京：中华书局，1992年，第174页。
② [汉]孔安国传，[唐]孔颖达正义，廖名春等审定：《尚书正义》，北京：北京大学出版社，1999年，第47页。
③ 孙占宇：《居延新简集释》，兰州：甘肃文化出版社，2016年，第267页。

咸趋南亩'中的文字相同,应为《礼记·月令》的内容"。

《集释》的注释者认为这一句来源于《礼记·月令》并引用《敦煌悬泉月令诏条》证成其说,这一句属于《月令》类文献是无可辩驳的。但从文献溯源角度来看,将这一句追溯至《月令》实际上是有一定问题的。

这一句最早的文献来源应是《尚书·尧典》的"乃命羲和,钦若昊天;历象日月星辰,敬授人时。分命羲仲,宅嵎夷,曰旸谷。寅宾出日,平秩东作"一句,这一句意思是"于是命令羲氏与和氏,(让他们)敬谨地顺应着老天;屡次地观测日月星辰,谨慎地把时令传授给民众。分别命令羲仲,居住在嵎夷一带,那地方叫作旸谷。恭敬地迎接初升的太阳,使人民从事春天的农作"①。《尧典》中的这一段文字十分复杂,其中有非常早的一些文字内容,比如说这一段提到的"厥民析""厥民因""厥民夷""厥民隩"与甲骨文(《合集》14294)和《山海经》中提到的"四方风名"相似度极高,可以作文献的对读工作。刘起釪在《尚书校释议论》一书中针对这一段解释道:"以上这一节说尧任命天文官员,制定历法,指导民事等活动。实际是根据下列七种不同来源不同时代的古代神话和传说等纷歧材料组织在一起的。七种不同材料是:①远古关于太阳女神的神话和它经过转化后的传说;②远古关于太阳出入和居住地点的神话和它转化为地名后的传说;③古代对太阳的宗教祭祀有关材料;④古代对四方方位神和四方风神的宗教祭祀有关材料;⑤古代对星辰的宗教祭祀及有关观象授时时代的材料;⑥往古不同时代的历法材料(如纯阳历时期与阴阳历合用时期的不同,字和年字岁字时期的不同,等等);⑦往古不同时代的地名材料及它蒙受时代影响而迁变的材料。本篇作者把这些材料,其中主要先把各种神话和宗教活动的各不同原始资料,生吞活剥地净化为历史资料,按四方和四季整齐地配置起来,经营成一组体制粲然大备的记载古代敬天理民的最早由观象授时指导农作以至制订历法的形式严

---

① 张国艳:《居延汉简"六艺略"文献的初步整理》,《江南大学学报(人文社会科学版)》2009年01期。

整的文献。"①

从上述引文可以看出，《尚书》的这一段文字将不同时代、不同来源的多种文本进行了严密的整合，且在整体文字上保持了古典的风格。平心而论，《尧典》文献来源虽然驳杂，但这段文字形成在周代，至少在战国时期已经写定且广为流传是没有问题的。反观《礼记·月令》文献的形成较《尧典》要晚得多，基本形成最早也要到战国晚期了。综上所述，这一句简牍的引文的文献应追溯至《尚书·尧典》。

四、居延新简与《尚书·洪范》

居延新简的 ESC：106A 释文断句为："'无扁无党，王道汤=（汤汤）；无党无扁，王道□=（□□）。'《论语》曰：'不患寡，患不均。'圣朝至仁哀悯，□□□□振□……"其中"汤"后面的"="为重文符号。在出土文献中常见这类符号，意味着前面的文字要重复一次。

简文中的第一句引文见于今传本《尚书·洪范》"无偏无党，王道荡荡；无党无偏，王道平平"。简文中的"扁""汤"二字与《洪范》的"偏""荡"音近可通。《洪范》意为大法。《书序》云："武王胜殷杀受，立武庚，以箕子归，作《洪范》。"②《书序》认为该篇的创作时代是周武王战胜商纣王之后，继续让纣王的儿子武庚管理殷商的人民，并带着箕子回到周地。在此期间周武王向箕子请教治国之道，箕子对答以大禹从上天那里获得的"洪范"大法，从此开启了"彝伦攸叙"的盛世。简文的内容属于第五部分"皇极"，主要讲述了统治者应该如何保持公平公正的统治态度，这样政治才能清明。

简文第二句引文是《论语·季氏》的内容："丘也闻有国有家者，不患寡而患不均。"简文比今传本少一个"而"字。这种省略虚词，使

---

① 刘起釪：《尚书校释议论》，北京：中华书局，2005年，第363页。
② [汉]孔安国传，[唐]孔颖达正义，廖名春等审定：《尚书正义》，北京：北京大学出版社，1999年，第445页。

句式整齐，但不影响文义的例子在古书中常见。从简文"圣朝"来看，这是站在皇帝的立场所作的一份诏书，后面的内容当是统治者针对民众施行的措施。简背面的"廿"为这一枚简的册书编号。

五、《尚书》在先秦秦汉时期的流传

《尚书》中部分篇目的形成可以追溯至西周初年，其中的《大诰》《洛诰》等"周初八诰"明确属于周公摄政时期，最晚的篇目为春秋中期的《秦誓》。但从文本形成来讲，《尧典》《禹贡》等篇目的最终成篇时间不会太早，甚至有学者推测《尧典》的最终形成是在战国时期。这也从侧面反映了先秦时期的《尚书》并没有像后世一样形成定本，其篇目多少有无都是不确定的。从现存的传世文献统计来看，《左传》引《书》52次，《国语》引《书》15次。引用者范围包括鲁、晋等诸侯国君，以及周、晋、楚、卫、蔡、郑、齐、虞等各国大夫并卜官、史官等。从时间顺序统计，春秋前期（隐、桓、庄、闵）引《书》仅3次；中期以后的僖、文、宣、成时期20次，襄、昭、定、哀时期29次，总共52次，引《书》明显增多。可以说在春秋中后期，《书》已经在士大夫阶层广为流传，并在一定程度上取得了元典性文本的地位，其地域涵盖了当时中华文明所能波及的最大范围。

此外，在《国语·楚语》中记载了楚庄王与申叔时针对太子教育的一段问答，申叔时说："教之《春秋》，而为之耸善而抑恶焉，以戒劝其心；教之《世》，而为之昭明德，而废幽昏焉，以休惧其动；教之《诗》，而为之导广显德，以耀明其志；教之《礼》，使知上下之则；教之《乐》，以疏其秽而镇其浮；教之《令》，使访物官；教之《语》，使明其德，而知先王之务，用明德于民也；教之《故志》，使知废兴者，而戒惧焉；教之《训典》，使知族类，行比义焉。"[1]其中的《故志》与《尚书》内

---

[1] [三国吴]韦昭注，徐元诰集解，王树民、沈长云点校：《国语集解》，北京：中华书局，2019年，第513-514页。

容相似,都是借助历史事件中记载的兴亡得失来教育后来者。在清华大学藏战国楚简中就有一篇是《周武王有疾周公所自以代王之志》,该篇与《尚书·金縢》内容可以说高度相似,基本上就是同一历史故事的两种互有详略的版本,二者应当来源于同一个文本。但值得注意的是清华简的篇题是以"志"作结的,这一篇题正好与《国语》提到的《故志》对应起来,这就是说有可能《书》在流传至楚地时被称为《故志》。

至战国时期,知识阶层对古老文化的学习更甚,尤其是诸子在著书立说时无不以遥远的历史故事为论据。儒家崇尚尧舜,墨家崇尚夏禹,更有甚者,农家将其学说追溯至传说时代的神农。此时的士大夫阶层对《书》的引用更是分散于诸子百家中,这一时期也出现了《诗》《书》并称代表文化传统和知识的文化符号。凡此种种,都可以看出战国士人心目中对《书》的推崇。这一点伴随着近来大量出土的战国楚简给了我们更加直观的感受,例如清华简中的《尹诰》《周武王有疾周公所自以代王之志》《说命》就是明确属于《尚书》的篇目;《保训》《厚父》《摄命》《封许之命》不见于传世文献,但是从体例上来讲应该属于《尚书》类文献,只是在流传过程中亡佚了;《程寤》《皇门》《祭公》《命训》这几篇则属于今传本的《逸周书》,这本书与《尚书》关系十分密切,应当包含了一部分在早期流传的《尚书》类篇目。

自秦始皇统一六国之后,秦王朝在中央设立博士官,主管不同的学术文化,其中就设有《书》博士。传世文献记载传《尚书》的伏生就是秦的博士,只是后来因为王朝动荡、楚汉之争才不得已重回山东传授《尚书》,这也间接说明伏生所传的今文本《尚书》原是秦王朝中央的官本。关于汉初《尚书》传授的经过《史记·晁错传》记载:"孝文帝时,天下无治《尚书》者,独闻济南伏生,故秦博士,治尚书,年九十余,老不可征,乃诏太常使人往受之。太常遣错受《尚书》伏生所。"[1]《汉书·儒

---

[1] [汉]司马迁撰,[宋]裴骃集解,[唐]司马贞索隐,[唐]张守节正义:《史记(点校本二十四史修订本)》,北京:中华书局,2013年,第3324页。

林传》载:"伏生者,济南人也,故为秦博士。孝文帝时,求能治《尚书》者,天下亡有,闻伏生治之,欲召。时伏生年九十余,老不能行,于是乃诏太常,使掌故晁错往受之。秦时禁书,伏生壁藏之,其后大兵起,流亡难定。伏生求其书,亡数十篇,独得二十九篇,即以教于齐、鲁之间。齐学者由此颇能言《尚书》,山东大师无不涉《尚书》以教。伏生教济南张生及欧阳生。张生为博士,而伏生孙以治《尚书》征,弗能明定。是后鲁周霸、雒阳贾嘉颇能言《尚书》云。"[①]两相比照可以约略得知汉初伏生传授《尚书》的经过,汉文帝时期中央朝廷就派遣晁错前往山东学习《尚书》,但并没有说清楚晁错学习的经过和结果,但同时也提到由于伏生早年在齐鲁之地一直传授《尚书》,齐鲁之地的学者们或多或少都对《尚书》有所学习。其中伏生的弟子张生和欧阳生可以说是西汉初期《尚书》学的"领军人物",张生在汉文帝时期还曾担任博士一职,这是今文《尚书》学初步形成的时期。此后,《尚书》的传授如《汉书·艺文志》所讲的那样形成了欧阳氏之学、大夏侯之学、小夏侯之学三家鼎立的局面,且三家在武帝时并立为博士。至此,今文《尚书》学进入了稳定传承的时期,并逐渐产生了今文《尚书》阐释中繁冗的章句学。

在今文《尚书》三家并立为博士的汉武帝时期,古文《尚书》不断出现并在民间流传。其中最为重要的传承人是孔安国及其弟子司马迁,由于孔安国并没有留下相关的著作,因此汉初的古文《尚书》学只能从司马迁《史记》所引用的内容来追索其踪迹。整个西汉时期基本上是今文《尚书》学一统天下的局面,到西汉晚期今文学已经发展成为"曰若稽古"四字注解十万言章句的繁冗形态,导致学者从小学习一部经典,到了迟暮之年依然没有"通一经"。汉成帝时期,刘向受命校理皇家图书馆的藏书,发现今文《尚书》的文本较古文本残缺较多,"《酒诰》脱简一,《召诰》脱简二。率简二十五字者,脱亦二十五字,简二十二

---

① [汉]班固撰,[唐]颜师古注:《汉书》,北京:中华书局,1964年,第3603页。

字者，脱亦二十二字，文字异者七百有余，脱字数十"。由此，刘向之子刘歆在《移让太常博士书》中对今文经学的独尊地位提出了挑战，并提出古文经学也应当得到相同的待遇，不能抑制古文经学的传布。这一今文经学压制古文经学的局面至东汉时期才得到改观，东汉时期著名的《尚书》学者都是今古文兼治，甚至他们的学术更偏重于古文《尚书》的研究。[1]

---

[1] 董治安：《经部要籍概述》，南京：江苏教育出版社，2008年，第21页。

第三章 《诗经》

目前出土的《诗经》文献中，安徽大学藏战国竹简中的《诗经·国风》，荆州夏家台106号楚墓葬中发现的《诗经·邶风》，以及阜阳双古堆汉简《诗经》和海昏侯墓出土的《诗经》，都是成篇成卷抄写的《诗经》文本。其时间跨度，上可追溯至战国中后期，下至西汉中期，其中以《国风》内容居多。

此外，与《诗经》密切相关的文献还有清华大学藏战国竹简中的《耆夜》《周公之琴舞》《芮良夫毖》以及上海博物馆藏战国楚竹书《孔子诗论》。上面的四篇文献并不是《诗经》的篇章，但根据其内容及形式，我们可以探索《诗经》的形成过程，以及通过先秦时人对《诗经》的解读，来探寻《诗序》的产生。

当然，在出土文献中还有《诗经》作为引文内容出现的形式。例如，在郭店简和上博简的《缁衣》篇中《诗经》均以引文的形式出现。在甘肃简牍博物馆所藏的肩水金关汉简中有两枚简与《诗经》有关，其中73EJT31：102号简引用了《毛诗·小雅·节南山之什·小宛》的内容，73EJT31：141号简则综述了《毛诗·大雅·生民之什·行苇》的诗旨。

秦虽有"焚书"和"挟书律"的举措，但从目前发现的阜阳汉简《诗经》约抄写于西汉初期这一事实来看，《诗经》的流传似乎并没有受到这两项国家政策的强烈冲击，这或许与《诗经》本身是容易成篇记诵的韵文有关。但值得注意的是，在战国至西汉早期所发现的《诗经》中没有出现《雅》《颂》的篇章，直到海昏侯墓中才出现了《雅》《颂》的篇章。这似乎也说明《诗经》的流传在西汉早期民间一般以《国风》为主。至汉武帝广开献书之路后，书籍的流传渐广，中央设立完备的博士官制度之后，《雅》《颂》的篇章才得以复现于世间，所以海昏侯墓所藏的《诗经》很有可能与刘贺做了一段时间的皇帝有关，其书很可能就是汉武帝时期秘府所藏的《诗经》。

安徽大学藏战国竹简《诗经》

文物简介

《诗经》完整简长48.5厘米，宽0.6厘米，三道编绳，每简容字27～38字不等。简背有简背划痕，简首和简尾均有留白，简面下端有竹简标号，从"一"开始，最后一个编号为"百十七"，实际存简97支，缺失第18、19、23、24、26、30、56～58、60～71、95～97号简，共缺失简24支。简文内容为《诗经》的国风部分，共存诗57篇。文字为战国时期楚系文字，[1] 该简现藏安徽大学。

简牍释文

關=（关关）疋（雎）䲭（鸠），才（在）河之洲。要翟（窈窕）㝬（淑）女，君子好戗（逑） 简【1】

阅牍延伸

一、安徽大学藏战国竹简《诗经》的内容

2015年安徽大学入藏的一批竹简，经测定竹简年代距今约2280年，为战国早中期的文献。其中的竹简本《诗经》涉及六国国风，有《周南》10篇、《召南》14篇、《秦》10篇、《侯》7篇、《鄘》7篇、《魏》（《毛诗》中的《唐》）10篇。每一国风之后加勾识符号并注明国名、

---

[1] 安徽大学汉字发展与应用研究中心：《安徽大学藏战国竹简（壹）》，上海：中西书局，2019年，第1-6页。

篇数，如"周南十又一""侯六"，有的还标明首篇诗名，如"甬九白舟"等。其次序不同于《毛诗》、郑玄《诗谱》，也不同于《左传》所记。

安大简的《国风》绝大多数诗篇没有篇名，但是《鄘风·白（柏）舟》和《魏风·葛娄（屦）》题写篇名与今传本《诗经》相同。竹简本的分篇较为严格，同一国风的诗篇连续抄写，一篇抄完后，在简的右侧用一个小墨块作为分篇标志，接着抄下一篇。这种分篇方式在其他的战国时期的竹简中较为常见。但需要说明的是战国时期出土文献中的符号使用较为随意，依书手个人习惯而定。比如在某些篇章中小墨块代表分篇符号，但在另外一些文献中代表分节符号，因此符号的功能不能一概而论。各篇内部不分章，有些诗每句后标记一个墨点，有些诗则没有标记，并不像分篇符号那样统一。

各国风篇次排列和篇数情况如下：

《周南》十一篇，篇次为：《关雎》《葛覃》《卷耳》《樛木》《螽斯》《桃夭》《兔罝》《芣苢》《汉广》《汝坟》《麟之趾》。篇数记为"周南十又一"，与《毛诗》完全相同。

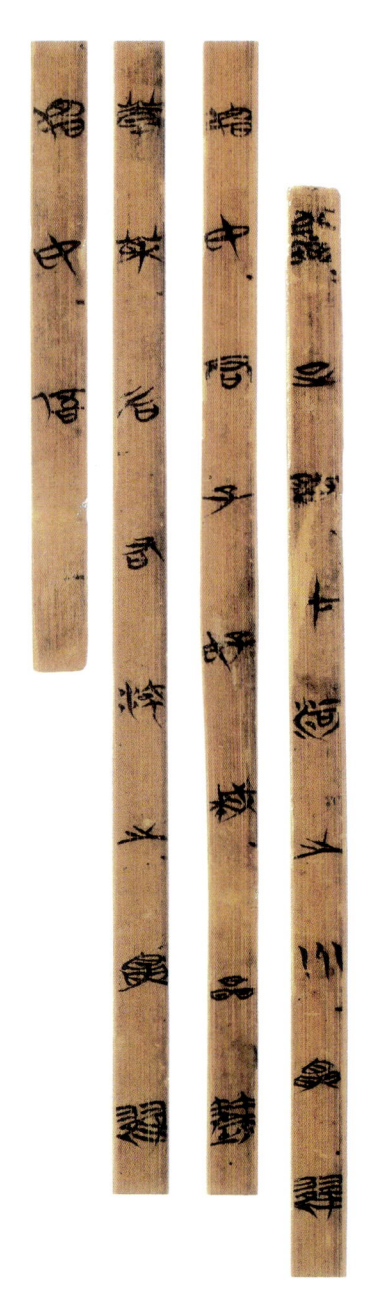

图 3-1　安大简《诗经·关雎》

108

《召南》十四篇，篇次为：《鹊巢》《采蘩》《草虫》《采𬞟》《甘棠》《行露》《羔羊》《殷其雷》《摽有梅》《小星》《江有汜》《野有死麕》《何彼襛矣》《驺虞》。篇次、篇数应与《毛诗》相同。

《秦》十篇，篇次为：《车邻》《驷驖》《小戎》《蒹葭》《终南》《黄鸟》《渭阳》《晨风》《无衣》《权舆》。

《侯》六篇篇次为：《汾沮洳》《陟岵》《园有桃》《伐檀》《硕鼠》《十亩之间》。最后有统计文字"侯六"，这表明这组诗篇属于《侯风》，但是《毛诗》中这组诗篇属于《魏风》。

《鄘》九篇，篇次为：《柏舟》《墙有茨》《君子偕老》《桑中》《鹑之奔奔》《定之方中》《蝃蝀》《相鼠》《干旄》。

《魏》十篇，篇次为：《葛屦》《蟋蟀》《扬之水》《山有枢》《椒聊》《绸缪》《有杕之杜》《羔裘》《无衣》《鸨羽》。

还有一组简残缺过甚，无法确定为哪一国国风。

安大简《诗经》的发现提供了战国时期的《诗经》文本，其文字与《毛诗》用字差异较大，篇章结构也不尽相同，为我们研究《诗经》的文本形成及流传提供了绝佳的出土文献资料。①

二、《诗经》的形成

诗歌和音乐伴随着人类文明起源而诞生。人类在演化过程中发明了与他人进行沟通交流的语言，同时还发现通过敲击或吹弹一些特定的物体会产生规律的声音，这就形成了音乐。总之，音乐和诗歌的表现形式虽然不同，但二者都是对韵律化声音的追求。在早期文明中这两种发明被赋予重要的意义，它们通常作为娱神颂神的手段，古人相信通过这二者发出的美妙声音可以被神所接纳，从而达到人神交流的目的。虽然目前尚不清楚我国新石器时代的语言，但遗留下的乐器，如河南舞阳贾湖的骨笛却能够证明早在约 10 000 年之前的人类对音乐的追求。关于诗歌和

---

① 黄德宽：《安徽大学藏战国竹简概述》，《文物》2017年第9期。

音乐二者之间的关系,《诗大序》中的一段话就讲得很明白,说道:"诗者,志之所之也,在心为志,发言为诗。情动于中而形于言,言之不足故嗟叹之,嗟叹之不足故永歌之,永歌之不足,不知手之舞之足之蹈之也。情发于声,声成文谓之音。"①古人认为诗歌就是人对所思所感的宣泄表达,情感用语言的形式诉说出来,当诉说不能表现情感时就需要"嗟叹",当"嗟叹"依旧无法诉说内心情感就只能诉诸诗歌了。此时的语言变成了具有韵律美的声音,当诗歌被文字记录下来之后就变成了诗歌的文本,此时在文本的阅读过程中虽可以感受到诗人的心绪,但已是大大弱化了的。所以早期的诗歌是可以配合着不同的音乐来演唱的,如此还不能表达内心情感的话,就只能以舞蹈的形式来表现了。

《诗经》从收集到成书经历了漫长的岁月,且三部分诗歌的创作年代很难具体落实。但从形式和内容的特点来看,可以大致确定其形成时代。《周颂》和《大雅》的大部分诗歌是西周早期的作品;"风"诗中《桧风》《豳风》等诗歌,《大雅》的小部分和《小雅》的大部分是西周末年的作品;《国风》的大部分和《鲁颂》《商颂》的全部则是西周东迁以后至春秋中叶的作品。其中约略可确定年代及创作背景的诗篇有:《齐风·南山》,刺齐襄公"淫乎其妹"而作,具体事件见于《左传·桓公十八年》,约为公元前621年所作;《秦风·黄鸟》,为"哀三良"所作,具体事件见于《左传·文公六年》,约为公元前621年所作;《陈风·株林》,刺陈灵公"淫乎夏姬"而作,具体事件见于《左传·宣公九年》,约为公元前600年。

《诗经》这本书的形成,无疑经过了收集、选择、加工、编定等一系列工作。在当时这些诗都由王朝或诸侯国的乐官保存,他们对诗歌的选择会产生不同规模的选本在社会上流传,今传本的《诗经》一定是经过多次增删改定之后所形成的一个较为稳定的文本。例如,我们所熟知

---

① [汉]毛亨传,[汉]郑玄笺,[隋]陆德明音义,孔祥军点校:《毛诗传笺》,北京:中华书局,2018年,第1页。

的正考父就是文献记载明确校勘编订《商颂》的人物。《国语·鲁语下》记载其事迹"昔正考父校商之名颂十二篇于周太师,以《那》为首"。韦昭注:"正考父,宋大夫,孔子之先也。名《颂》,颂之美者也。太师,乐官之长,掌教诗、乐。毛诗序云:'微子至于戴公,其间礼乐废坏,有正考父者,得《商颂》十二篇于周之太师,以《那》为首。'"至于今传本的《诗经》何时成书,《论语·为政》篇载:"子曰:《诗》三百,一言以蔽之,曰:'思无邪。'"由此可见,在孔子生活的时代《诗经》的文本已如今日所见一般,我们可以说在春秋晚期《诗经》三百多篇的形态已经形成了。

三、思无邪——《诗经》的内容

在先秦文献中《诗经》被称为"诗"或"诗三百",它是我国最为古老的一部诗歌总集,今存的《诗经》篇目共有311篇,其中《小雅》的《南陔》《白华》《华黍》《中庚》《崇丘》《由仪》等6篇,有目无辞,称为"六笙诗",实存的诗篇有305篇,因其概数为300,所以《诗经》亦称为"诗三百"。

《诗经》内容可分风、雅、颂三个部分。风、雅、颂这三者的区别,最早可能是源自三者各自用乐的不同。上文已经说明了上古时期的诗歌都是有相应的音乐配合着演唱的,在西周或春秋时期"风""雅""颂"应当就是三种各有配诗的乐曲之名,其后乐亡而诗存,因此目前所看到的仅是这三部分的诗篇的文本的集结。

"风"诗又可以分为十五国风,有《周南》《召南》《邶风》《鄘风》《卫风》《王风》《郑风》《齐风》《魏风》《唐风》《秦风》《陈风》《桧风》《曹风》《豳风》。"风"前一字是周王畿内的地名和各诸侯的国名,因此"风"也被称为"国风",《周南》《召南》是江汉、汝水一带的诗歌,其余的十三《国风》都集中在黄河流域,共计160篇。

"风"诗的描写对象非常丰富，既有痴男怨女的苦苦相思，也有生活艰辛的愁苦，还有一些诗歌反映了西周末期士大夫对时局艰难的嗟叹。总之，"国风"描写了当时中下层民众社会生活的各个方面，内容相当丰富。

　　"雅"诗共有105篇，其中《大雅》有31篇，《小雅》有74篇，雅有"正"的意思，当时人们把王朝直接统治地区的音乐视为正声。因此"雅"诗主要是西周"王畿"一带的诗篇，其中仅有少量的民间歌谣，大部分是朝廷的公卿和士大夫所作，其内容或敬天颂祖、歌咏盛世，或感事伤时、讽刺朝政，多在朝会宴飨时吟诵。

　　"颂"诗有三颂，共计40篇，其中《周颂》有31篇，《鲁颂》有4篇全都作于鲁僖公时期；《商颂》有5篇，大约是宋襄公时的作品。"颂"有"形容"的意思，分别是专用于周王、鲁侯、宋公举行重大典礼或宗庙祭祀时吟诵的诗歌，主题基本是统治者歌颂先祖的功德。

　　关于《诗经》的作者，绝大多数的诗都对应不到作诗人，尤其是"国风"中的诗歌。《汉书·食货志》载："孟春之月，群居者将散，行人振木铎，徇于路以采诗，献之大师，比其音律，以闻于天子，故曰王者不窥牖户而知天下。"[1] 由此可见，这些"风"诗原是流传于民间，为官方的采诗人所收集，并编订成了文本，故而《诗经》中绝大多数诗篇都没有作者。自言作者姓氏的仅有四首诗。《小雅·节南山》的"家父作诵，以究王讻"，《巷伯》的"寺人孟子，作为此诗"，《大雅·崧高》的"吉甫作诵，其诗孔硕。其风肆好，以赠申伯"，《烝民》的"吉甫作诵，穆如清风。仲山甫永怀，以慰其心"。[2]

---

[1] [汉]班固撰，[唐]颜师古注：《汉书》北京：中华书局，1964年，第1123页。
[2] [汉]毛亨传，[汉]郑玄笺，[隋]陆德明音义，孔祥军点校：《毛诗传笺》，北京：中华书局，2018年，第261、291、430、433页。

清华简"诗类文献"解读

文物简介

《耆夜》简共14支，简长45厘米，其中4支有残缺。每简正面字数27～31字不等，背面都有次序编号。第14支简背有"郘夜"二字，系篇题。"郘"古书作"黎"或"耆"，"夜"通"舍"或"𡥉"。

《周公之琴舞》共17支简，其中除15号简残缺了近半，其他都保存完好。篇尾留白，有结尾符号。简背有编号。篇题"周公之琴舞"写在首简背面上端，字迹清晰。

《芮良夫毖》简长44.7厘米，共28支简，满简书写30字左右。第1支简简背原有篇题"周公之颂志"，但有明显刮

图 3-2 清华简
《耆夜》《周公之琴舞》《芮良夫毖》

第三章 《诗经》

113

削痕迹。现据简文内容另拟篇题为"芮良夫毖"。简背皆有序号。有14支简残断，经拼缀后，仍有7支残缺。

这些简现均藏清华大学艺术博物馆。

简牍释文

武王八年，征伐耆，大戡之。还，乃饮至于文太室。毕公高为客，邵公保奭为……　　　　　　　　　　《耆夜》篇简【1】

周公作多士敬毖，琴舞九絉。元入启曰：无侮享君，罔坠其考。享惟慆思，考惟型思。成……　　　　《周公之琴舞》篇简【1】

周邦骤有祸，寇戎方晋，厥辟、御事各营其身，恒争于富，莫治庶难难，莫恤……　　　　　　　　　《芮良夫毖》篇简【1】

简牍译文

武王八年征伐耆国，大大地平定了耆国。还军之后，在文王的宗庙举行饮至之礼。毕公高是饮至礼的客，召公奭当介……

《耆夜》篇简【1】

周工作了告诫多士的诗歌，琴舞有九篇。首次进献演奏的乐：应当享献给君主，对待父母要孝敬。在祭祀先祖或朝聘时王时候要心怀欢喜，享献先考不要坠失，先考是我们的效法的典范。

《周公之琴舞》篇简【1】

周邦屡次遭遇了祸患，周边的少数民族大举进犯。周厉王和他的执政卿士们却独占山泽之利，每一个人都在争富贵其身，不体恤民众生活的艰辛……

《芮良夫毖》篇简【1】

阅读延伸

一、《耆夜》《周公之琴舞》《芮良夫毖》的内容

《耆夜》简文讲述的是武王八年伐黎大胜之夜，在文王太室举行饮至典礼，武王君臣饮酒作歌的情事。"郜夜"就是伐黎后饮酒的意思，正是简文内容的概括。简文载："周公秉爵未饮，蟋蟀骤降于堂，周公作歌一终，曰《蟋蟀》。"据学者研究竹简本《蟋蟀》与今传本《唐风·蟋蟀》有密切关系。[①]

《周公之琴舞》与《芮良夫毖》形制、字迹相同，内容也都是诗，当为同时书写。《芮良夫毖》首简背面有篇题"周公之颂志（诗）"，曾被刮削，字迹模糊。该篇题与其正面内容毫无联系，疑是书手或书籍管理者据《周公之琴舞》的内容概括为题，误写在"芮良夫毖"的简背，发现错误后刮削未尽。竹简篇题本为检取方便而加，篇题异称不足为怪，《周公之琴舞》又称"周公之颂志（诗）"的可能性很大。

《周公之琴舞》首列周公诗，只有四句，是对多士的儆戒，应是一组颂诗的开头部分。接下来是成王所作以儆戒为主要内容的一组九篇诗作，其中第一篇即今本《周颂》的《敬之》，据此可知这些诗肯定是《周颂》的一部分。周公之颂与成王所作其他八篇今本都已失传。九篇诗简文称为"九絉"，读为"九卒"或"九遂"，义同文献中的"九成"，孔颖达疏《书·益稷》"箫韶九成"云："郑云：'成犹终也。'每曲一终，必变更奏，故《经》言九成，《传》言九奏，《周礼》谓之九变，其实一也。"

《芮良夫毖》篇简文语意连贯，文辞古奥，先述周厉王时的情势，次载芮良夫作毖的内容。芮良夫针对时弊所作的训诫之辞，涉及君王应敬畏天常、体恤民意、德刑兼施、勿用奸佞，以及君臣莫贪利享乐、应

---

① 李学勤：《清华大学藏战国竹简（壹）》，上海：中西书局，2010年，第149页。

谨奉慎守等方面的治国之道。芮良夫谏厉王、戒百官之事多见于典籍，如《逸周书·芮良夫》《国语·周语上》《史记·周本纪》等，据传为芮良夫所作的《诗·大雅·桑柔》篇亦可对照参阅。全篇多用韵，基本上都是句尾韵。①

二、周人图商的历史

传说中后稷是周人的祖先，是尧舜时期的农官，同时在神话中他也是农业之神。据说后稷"能播殖百谷蔬，以衣食民人"。他的母亲姜嫄，本是有邰氏女。传说姜嫄在野外践巨人足迹，有孕生子，以为不祥，遂先后把孩子弃于街巷、树林及冰上，但均被救起。由此姜嫄认为是神迹，开始精心抚养他，并为他起名"弃"。这些神话传说看似虚无缥缈，但其中却有真实历史的影子。传说中姜嫄有孕生子，但不知其父，这似乎暗示着原始社会中母系氏族社会只知其母、不知其父的社会习俗。而践迹生子或许与原始社会母系氏族社会的"圣迹崇拜"有关，三次抛弃自己的孩子的做法或许是一种原始社会的考验仪式，经过三弃才能证明婴儿获得了神的生存许可，方能合法生存。

在周人的历史叙述中，后稷之子不窋为夏朝的农官，但在夏朝内乱之时，不窋失去农官的官职，周族也被迫迁到西北游牧民族之间。其后不窋之孙公刘率周人迁至豳（今陕西省彬州市），重新垦荒种植，立志恢复后稷之业。这些叙述包含有较多的传说成分，但可以看出周族是一个古老的中原族群，与姜姓氏族关系密切，经常结为姻亲关系。同时周族的祖先擅长农业种植。周族在夏朝内乱时期，从中原开始西迁，并最终在陕甘地区稳定下来。

此后周族的历史也就有迹可循了。商王武乙，也就是商纣王的曾祖父。在他统治时期，周族在太王古公亶父的率领下从豳地迁徙至岐下，

---

① 李学勤：《清华大学藏战国竹简（叁）》，上海：中西书局，2012年，第132、144页。

结束了持续300多年的居豳时代，在此期间周族的军事武装力量得以强化，为自己寻求到更好的生存空间，以谋求更大的发展。在周人的叙述中，也就是从这时起周人逐渐有了取商而代之的野心，因此《诗·鲁颂·閟宫》说道："后稷之孙，实维大王，居岐之阳，实始翦商。"

太王古公亶父的儿子季历在位期间，周人实力进一步增强。势力逐渐进入商王朝统治者的视野中。为稳固商王朝的西疆，商王武乙对季历进行了赏赐，试图将周人纳入商王朝的统治体系。《竹书纪年》载："武乙即位，居殷。三十四年，周王季历来朝，武乙赐地三十里，玉十瑴，马八匹。"① 此后周人在季历的率领下对周边的戎狄部族进行大规模的征伐。随着一系列军事活动取得胜利，周人的势力范围逐渐扩大至山西境内，威胁到了地处河南的商王畿，商王武乙对周人实力增长感到不安，亲自前往西疆探查周人的虚实，史称"猎于河渭之间"，但结果是武乙被暴雷"震死"。②

武乙死后，继任商王是文丁。在文丁四年，季历征伐余吾之戎取得了胜利，文丁赏赐给季历"牧师"的称号。在当时的认知中，统治者就像是牧羊人，人民就像是被驱使和保护着的羊群一样，因此统治者被称为"牧"，而"师"则一般与军事活动有关，对将帅称为"某师"，在传统的文献中"牧师"解释为诸侯之长。由此可见，此时的季历已经是商王朝位高权重的异姓重臣。周人一次又一次的胜利，加深了商王朝的忌惮和仇视，这也导致了周人与商王朝统治者之间第一次冲突的爆发。《吕氏春秋·首时》载："王季历困而死，文王苦之。"而古本《竹书纪年》直接表述为"文丁杀季历"。商王朝统治者所实施的这一"斩首行动"，直接导致商周关系的恶化，从此周人东进伐商的战略被周文

---

① 方诗铭，王修龄：《古本竹书纪年辑证》修订本，上海：上海古籍出版社，2005年，第34页。

② [汉]司马迁撰，[宋]裴骃集解，[唐]司马贞索隐，[唐]张守节正义：《史记（点校本二十四史修订本）》，北京：中华书局，2013年，第104页。

王提上了日程。

季历被杀之后，文王继位，初期为缓和商周之间的紧张关系，文王甚至娶商莘君之女以示亲附。而商王或许是出于王朝西部边疆的安全考虑，抑或是商的统治者自知在杀季历这件事情上做得不妥当，遂册封周文王为"周方伯"，这一事件记录在周原甲骨中，这一称呼也就是文献中常提到的"西伯"。文王在位期间首先做的是四处求贤，最终得到了姜太公的辅佐，这使他的灭商大计更稳健地向前推进。其次，文王进行了"受命改元"的政治活动，古人认为文王的贤德得到了上天的认可，成为天意许可取商代之的新统治者。由此，文王获得了取代商朝统治者的政治合法性，为征伐商王朝铺平了道路。接着就有了文王"五伐"的军事活动，即二年伐犬戎，三年伐密须，四年伐黎，五年伐邘，六年伐崇。在此之后基本形成了文王"三分天下有其二"的局面。在这五次军事征伐中较为重要的是"四年伐黎"和"六年伐崇"。"黎"国是位于黄河北岸的亲殷势力，对黎国的征伐摧毁了伐纣时其在商王畿地区成为后援力量的可能性。文献中的"黎"，古书又作"耆""饥""䳭"等。《说文》认为其地在上党东北，《后汉书·郡国志》谓上党郡壶关有黎亭，为"故黎国"。近年周代黎侯墓地的发现，证明西伯所伐黎国当在今山西长治南面壶关境内。[1]清华简《耆夜》中说："武王八年，征伐邰（耆），大戡之"，由此引发了文王还是武王伐黎的争论，学者杜勇认为"清华简《耆夜》并不是真实记述古史的古文献，而是战国时期楚地士人虚拟的一篇诗教之文，所言武王伐黎不足凭信"[2]。"崇"国就是《封神演义》里"崇侯虎"所在的邦国，大致位于今河南省登封市。据说伐崇之战非常激烈，崇国人借助嵩山的有利地形，据城对抗，周人持续攻城，两次才得以成功。伐崇之战胜利之后，基本扫除了陕西和山西境内的亲殷势力，完成了东进克商的战略步骤，至此商王畿彻底暴露在周朝军队

---

[1] 杜勇：《西周兴亡史研究》，北京：科学出版社，2024年，第97页。
[2] 杜勇：《西周兴亡史研究》，北京：科学出版社，2024年，第97页。

的打击范围之内。

周文王的东进战略是非常成功的，在短短七年时间内，周人的政治势力迅速扩展为以关中平原为核心，包括陕西大部、山西中南部、河南黄河以南在内的广大地区。

文王死后，其子周武王姬发继位。他以岳父姜尚为师、弟周公旦为辅，迁都于镐京，继续完成周人图商的大业。姬发即位第二年，观兵于盟津（今河南孟津），相传诸侯"不期而会"者有八百之多，但他认为时机尚不成熟，于是下令还师。

两年后形势急剧变化。纣王集团奢侈腐化更甚，造酒池、肉林，"为长夜之饮"，大小官吏及不少平民也沉湎于酒。奴隶逃亡，百姓怨望。而且在纣王的残暴统治下，殷商统治集团从内部彻底分崩离析。武王终于等到了这一千载难逢的灭商好时机，遂下定决心，大会诸侯，发动伐纣之役，最终取得胜利，建立了西周王朝。

三、周代的酒会和饭局

清华简《耆夜》载："武王八年，征伐耆，大戡之。还，乃饮至于文太室。毕公高为客，召公保奭为夹，周公叔旦为主，辛公䜌甲为位。作策逸为东堂之客，吕尚父命为司正，监饮酒。"[①]《耆夜》记载的是周武王伐黎胜利之后，周的统治者们欢聚一堂，庆祝伐黎取得胜利。在宴会过程中少不了饮酒作乐，但周代的饮酒是有礼仪约束的活动。

首先，庆祝的地点一般在宗庙中，一方面使得庆祝活动庄严肃穆，另一方面在此可以告慰祖先，并与祖先共同分享喜悦。西周时期的青铜器上就记载有专门针对祖先的裸礼，这是一种人一手拿着酒器，另一只手拿着香茅草，让酒液顺着香茅草流淌下来的礼仪。酒液顺着香茅草流下，就象征着祖先已经饮用了美酒。

其次，参与宴会庆祝的众人要按照各自的位次坐好，并确保自己在

---

① 李学勤：《清华大学藏战国竹简（壹）》，上海：中西书局，2010年，第150页。

落座过程中向主人再三谦让,在得到主人三次回礼之后方可正式落座。这一点对古人来讲非常重要,如果出现礼仪的缺失,就会被人批评为"非礼""不知礼",这样的批评对于先秦时期的君子是非常严厉的。

再次,饮酒会上还需要有一位"司正",行使"监饮酒"的职能。他的作用一方面在于保证宴会符合礼仪,另一方面保证众人在饮酒时尽兴。

最后,除了饮酒,还要有"君子的游戏"——赋诗。《耆夜》中就有"王举爵酬毕公,作歌一终曰《乐乐旨酒》","王举爵酬周公,作歌一终曰《輶乘》","周公举爵酬毕公,作歌一终曰《赑赑》","周公或举爵酬王,作祝诵一终曰《明明上帝》","[周]公作歌一终曰《蟋蟀》"。①在这次宴会上,这些诗篇以"歌"的形式被吟唱,在赋诗的过程中,周武王分别向毕公和周公表达了伐黎胜利之后的喜悦之情,同时也表达了对二公在战役中突出贡献的赞扬。最后周公赋诗《蟋蟀》,将宴会中喜悦的众人拉回到现实中,告诫君子们不要耽于享乐,还要励精图治。当然在《左传》中我们可以看到更为真实的宴会场景,古代的君子们在宴会中饮酒作乐,赋诗明志;流落他国的公子们表达着自己的政治抱负;出使的使者昭示着自己的使命。形形色色的君子们通过饮酒赋诗委婉地诉说了自己内心的想法,而对方也要以赋诗的形式回应,这就是先秦时期君子们的酒会和饭局。

四、周厉王的"弭谤"与西周的灭亡

周厉王统治时期是西周王朝走向衰落直至灭亡的转折点,此前西周王朝承平已久,但积蓄的问题和矛盾日益凸显,并在厉王时期暴露出来。西周自建国以来,将统治的地域按方位划分为"东土""西土""南土""北土",并分派诸侯建立诸侯国,形成了分封制体系下层层分封、周王为天下共主的统治格局。

---

① 李学勤:《清华大学藏战国竹简(壹)》,上海:中西书局,2010年,第150页。

西周中期以后，疆域逐渐固定下来，分封的诸侯国也开始做大做强，早期军事征服带来的土地与人口红利逐渐消失，周朝的贵族们无法通过战争满足其奢侈的生活，只能转向压迫人民，因此周王朝内部暗流涌动。当然，更为严峻的是南土疆域出现的问题，鄂侯的反叛与淮夷的时叛时服让西周的统治者疲于应付。周厉王便在这矛盾重重的时局下继位了，继位初期他就发动了对南土的鄂侯与淮夷的战争，周王朝投入了全部的兵力，并联合晋侯的军队全力围剿鄂侯，禹鼎上就记载了这场战争的经过，周厉王下令"扑伐鄂侯驭方，勿遗寿幼"①，足见这场战争的血腥。最终周王朝战胜了鄂侯驭方的军队，并对淮夷进行了镇压，暂时获得了稳定。其后厉王又发动了针对西土猃狁的反击战争，据多友鼎铭记载，厉王命令武公指挥战争，武公命多友为将军率领军队进行阻击，最后战争取得了胜利，阻止了猃狁的进一步入侵。但这次战争并未对猃狁造成重创，猃狁依旧是威胁西周王畿安全的因素。

在经历过两次战争之后，周王朝的财政捉襟见肘，国人对厉王的统治也颇有抱怨。清华简《芮良夫毖》就是在如此情境下创作的，但从结果来看，芮良夫的劝诫并未成功，相反厉王派卫巫"弭谤"。"弭谤"一词始见于《国语·周语上》："厉王虐，国人谤王，召公告王曰：'民不堪命矣。'王怒，得卫巫，使监谤者，以告则杀之。国人莫敢言，道路以目。王喜，告召公曰：'吾能弭谤矣，乃不敢言。'"②关于这件事《史记·周本纪》也有记载："三十四年，王益严，国人莫敢言，道路以目。厉王喜，告召公曰：'吾能弭谤矣，乃不敢言。'"③所谓的"弭谤"就是消弭国人对统治者的批评言论，让国人不敢批评，只能在相遇时用

---

① 吴镇烽：《商周青铜器铭文暨图像集成》，上海：上海古籍出版社，2012年，第387页。
② [三国吴]韦昭注，徐元诰集解，王树民、沈长云点校：《国语集解》，北京：中华书局，2019年，第10页。
③ [汉]司马迁撰，[宋]裴骃集解，[唐]司马贞索隐，[唐]张守节正义：《史记（点校本二十四史修订本）》，北京：中华书局，2016年，第180页。

眼神来表达对时局的不满。周厉王试图以"掩耳盗铃"的方式来消弭国人对他的不满。

最终厉王自食恶果,镐京爆发了"国人暴动"。共和元年(前841年),因不满周厉王的暴政,镐京的国人集结起来,手持棍棒、农具,围攻王宫,要杀死周厉王。最终,周厉王带领亲信逃离镐京,沿渭水河岸一直逃到彘(今山西省临汾市霍州市),并于共和十四年(前828年)病死于该地。

"国人暴动"之后,周王朝经历了十四年的"共和行政"阶段,此时周王的权力由共伯和行使,直至厉王病死于彘,次年其子继位,即周宣王。宣王时期经历了短暂的和平,称为"宣王中兴"。前782年,周宣王去世,姬宫湦继位,是为周幽王。幽王继位之后,西周王朝的统治已经是日薄西山,加之他宠信褒姒,造成了极大的政治混乱。周幽王贪婪腐败,任用虢石父为卿士,执掌政事,为其敛财,引起百姓强烈不满。周幽王三年(前779年),周幽王废黜王后申后和太子姬宜臼,立宠妃褒姒为王后、褒姒所生之子姬伯服为太子,并试图加害姬宜臼,致使申后的父亲申侯大为愤怒,遂联合犬戎进攻镐京。前771年,犬戎攻破镐京,杀死周幽王,自此西周灭亡。

《孔子诗论》与《诗经》的"六义"与"正变"

文物简介

《孔子诗论》现存有竹简 29 支，完简长 55.5 厘米，现存 1006 字，有 60 首诗名。该篇原无书题，"孔子诗论"为整理者根据内容所加。全书内容是孔门弟子就孔子授《诗》的内容进行追记的文字，其中有一些孔子对诗歌的论述不见于传世文献。

今本《诗经》内容有《国风》《小雅》《大雅》和《颂》，而《孔子诗论》与传世本的顺序正好相反，称为《讼（颂）》《大夏（雅）》《小夏（雅）》和《邦风》。《孔子诗论》序中的论次与今本《诗经》中的《诗大序》正相反，文中所征引的很多诗句用字与今本《诗经》差异较大。总体来讲，竹简本的《孔子诗论》并没有今本《毛诗·小序》中的"美""刺"内容，基本上是依靠着诗旨来进行解说的。

图 3-3　上博简《孔子诗论》

简牍释文

……行此者丌（其）又（有）不王（乎）？孔=子曰："《诗》亡慝（隐）志，乐亡（隐）情，文（文）亡慝（隐）言。"

《孔子诗论》简【1】

简牍译文

如果能依此而行事，岂有能不称王天下的呢？孔子说："《诗》没有隐而不发的心志，乐没有隐而不发的情感，文没有隐而不发的意念。"

《孔子诗论》简【1】

阅牍延伸

《诗经》的"六义"与"正变"

我们经常说《诗经》有"六义"，指的是"风""雅""颂""赋""比""兴"，其中的"风""雅""颂"指的是诗歌的题材类别，我们在上文已经详细叙述过了。这里就专门讲一下"赋""比""兴"。

笼统讲，这三者都是《诗经》中诗歌所采用的艺术表现手法。《诗经》就是通过这些手法，达到了孔子所说的"没有隐而不发的心志"的效果。

"赋"是铺叙直陈的意思，是一种直接陈述事物和作者心中感怀的手法，类似于修辞学中的直叙法。其特点在于直抒胸臆，其意义指向性最为明显。正如郑玄在《周礼·春官宗伯》注解中说道："赋之言铺，直铺陈今之政教善恶。"[1]"比"就是比喻的意思，是一种假借其他事物来比拟心中所思所想的手法，类似于修辞学中的譬喻法和象征法，其特点在于比喻，虽然是假借它物，但其所咏之物并不难理解。朱熹在他所著的《诗集传》中说："比者，以彼物比此物也。"[2]"兴"则是兼有暗喻和发端的双重作用，是一种触景生情式的手法，相当于联想法，其特点是受到外在事物的触动，进而触发了内心的感受，其象征和想象

---

[1] [汉]郑玄注，[唐]贾公彦疏，赵伯雄整理：《周礼正义》，北京：北京大学出版社，1999年，第440页。

[2] [宋]朱熹集撰，赵长征点校：《诗集传·诗卷第一》，北京：中华书局，2018年，第6页。

不易捉摸且思维跳跃，因此会让读诗者感觉到言辞指向不明晰，诗旨隐晦难懂。刘勰《文心雕龙·比兴》曰："兴之托喻，婉而成章，称名也小，取类也大。"①《诗集传》说得更加明白晓畅："兴者，先言他物，以引起所咏之辞也。"②《诗经》中的这三种艺术表现手法，先秦秦汉的学者就已经有了比较明确的认识，如《论语·阳货》篇："子曰：小子何莫学夫诗？诗可以兴，可以观，可以群，可以怨。迩之事父，远之事君，多识于鸟兽草木之名。"③总体来讲，"赋"多见于《颂》和《大雅》，"比"和"兴"在《小雅》《国风》的民间诗歌中较为常见。

此外，值得一提的是，《诗经》研究中所谓的"正变"问题，简单讲也就是说《国风》和《雅》有正体和变体的区别。这二者的区别主要在于古人认为《诗经》中的文辞是具有教育意义的。"正"就是指诗歌作者感受到了圣王教化的感召，社会清明，因此诗人心性纯真，感情真挚充沛，诗歌内容具有浓浓的教化意味，这样的作品就是所谓的"正"。"变"则与之相对，是指王道衰微之际，人心不古，社会风气也已然变坏，此时诗人所作的诗歌情感激愤，不乏讽刺意味，主要内容是感叹人伦的破坏，不满于政治的苛暴，这就是所谓的"变"。当然从现代人眼光来看，《诗经》中的诗歌无所谓正变，都是当时真实社会情况的反映，但需要特别强调的是古人研究《诗经》并不仅仅在于欣赏，他们认为《诗经》是充满教化意味的"经"，因此从这个角度来看，我们也可以理解古人何以为《国风》和《雅》区分正变了。

---

① [梁]刘勰著，范文澜注：《文心雕龙注》，北京：人民文学出版社，1962年，第601页。

② [宋]朱熹集撰，赵长征点校：《诗集传·诗卷第一》，北京：中华书局，2018年，第2页。

③ 杨伯峻：《论语译注》，北京：中华书局，1980年，第185页。

阜阳汉简《诗经》与《诗经》在春秋时期的流传

文物简介

该简于1977年由安徽省文物工作队等单位在安徽阜阳双古堆1号墓发掘出土。据墓葬形制和随葬器物分析,墓主可能是西汉第二代汝阴侯夏侯灶。竹简原在椁室东边箱漆笥内。因墓葬早期被盗,椁板塌毁,竹简被挤压成块状,受到严重破坏,出土时竹简皆已残断。竹简形制、编联均无法辨别。出土的竹简经过清理,仅存长短不一的简片170余枚。简本与今本《毛诗》对勘,可知有《国风》与《小雅》。《国风》中有《周南》《召南》《邶》《鄘》《卫》《王》《郑》《齐》《魏》《唐》《秦》《陈》《曹》《豳》等残简,只有《桧风》没有发现。其中《小雅》则仅存《鹿鸣之什》中四首诗的残句。从残存诗篇文字来看,和今本《毛诗》有许多不同。李学勤先生认为,这些残诗"肯定不属于齐、鲁、韩三家诗","它不属于传统上习知的经学系统"。竹简现藏阜阳博物馆。

诗经 1-6　　诗经 1-11
图 3-4　阜阳汉简《诗经》

简牍释文

南山之阳何斯韦斯莫敢　　　　　　　　　阜阳汉简《诗经》1-11

印其离在南山之下何斯韦　　　　　　　　阜阳汉简《诗经》1-6

阅牍延伸

《诗经》在春秋时期的流传

　　《左传》和《国语》这两部文献中有大量的引《诗》记录，这就不得不谈到春秋时期，特别是春秋中期以后社会上层的公卿士大夫言谈过程中"引诗证事"和"赋诗言志"的风气。这种风气遍及中原大、小诸侯国乃至边远之地，诸侯国君、王侯子女、大量的公卿士大夫等人在言谈过程中都要引诗或赋诗。在这种风气的影响之下，彼时的外交辞令中都需要夹杂着《诗》的内容，听不懂《诗》的弦外之音，或者不会恰如其分地引用都会被时人嘲笑，甚至所谋之事都会功败垂成。《论语·季氏》中就记载孔子的儿子孔鲤曾经告诉过别人孔子是如何教他读诗的："尝独立，鲤趋而过庭。曰：'学《诗》乎？'对曰：'未也。''不学《诗》，无以言。'鲤退而学《诗》。"[①]由此可见，孔子认为《诗》的学习可以让人掌握应答之辞。

　　在这种风气的影响下，"诗三百"在战国之前就已流传开来。春秋末期孔子在教学过程中大力强调《诗》的政治意义和教化作用，并且对三百篇作了整理以教授弟子，如从《论语》和上博简的《孔子诗论》中约略可见《诗经》在儒家学派中的重要地位。关于孔子对《诗经》的整理，最重要的一个公案就是孔子删诗问题。在先秦文献中并不见孔子删诗的记载，最早提出孔子删诗的是司马迁。《史记·孔子世家》："古者诗三千余篇，及至孔子，去其重，取可施于礼义，上采契、后稷，中述殷、

[①] 杨伯峻：《论语译注》，北京：中华书局，1980年，第249页。

周之盛,至幽、厉之缺,始于衽席……三百五篇,孔子皆弦歌之,以求合韶、武、雅、颂之音。"[1]东汉时期的班固在《汉书·艺文志》中也说道:"古有采诗之官,王者所以观风俗,知得失,自考正也。孔子纯取周诗,上采殷,下取鲁,凡三百五篇。遭秦而全者,以其诵讽,不独在竹帛故也。"[2]上述两种说法基本上代表了汉代经学家关于孔子删诗的认识,但这两种说法实际上差异不大,可以说《汉书》的说法是承袭自《史记》并对其进行了一定的补充,由此可知记载删诗说最早最基本的文献就是《史记》了。此后东汉时期的郑玄作《毛诗传笺》,采信此说,三国时吴人陆玑在《毛诗草木鸟兽虫鱼疏》中说:"孔子删诗授卜商。"东汉以后的这些说法都是以《史记》为基本材料而加以引申的,实际上并没有确实的证据。当然郑玄所作的《毛诗传笺》在唐代编纂五经正义时,成为《毛诗正义》所依据的版本,并在后世成为"十三经注疏"的官方定本,因此孔子删诗的说法流传较广,影响较大。

但是这一说法实际上是经不起推敲的,首先记载删诗说最早的文献为《史记》,先秦文献完全没有提及这一说法;其次,孔子自言"诗三百",则孔子时所能见到的《诗经》文本已经是三百多篇的稳定形态;再次,《左传》和《国语》等文献中"引《诗》"和"赋《诗》"篇目绝大多数见于今传本,仅有少数篇目失传,倘若真有三千多篇诗歌,"引《诗》"和"赋《诗》"的篇目不至于如此局限;最后,从近来战国时期的出土文献,如上博简《孔子诗论》、安徽大学藏战国竹简《诗经》来看,溢出今传本的篇目非常之少。因此我们可以确定地说,《史记》中孔子删诗的说法是不可靠的,《诗经》中的篇目亡佚非常少。

---

[1] [汉]司马迁撰,[宋]裴骃集解,[唐]司马贞索隐,[唐]张守节正义:《史记(点校本二十四史修订本)》,北京:中华书局,2013年,第2345页。

[2] 陈国庆:《汉书艺文志注释汇编》,北京:中华书局,1983年,第40页。

海昏侯简《诗经》与《诗经》在儒家后学中的流传

文物简介

海昏侯墓《诗经》简现存 1200 余支，三道编，每简容字在 20 至 25 字，竹简残断较多。简文的内容可分为篇目与诗文。篇目分栏书写，每简一般分有四栏。简文有"诗三百五扁（篇）"，另有"颂卌扁（篇）""大雅卅一扁（篇）""风百六十扁（篇）"的题记文字，据此推算《小雅》应为 74 篇，这与今传本《毛诗》的篇数相同。简本总章数为 1076 章，这与今本的 1142 章存在着较大的差异。

《雅》《颂》的分组与今本十篇一组的做法是一致的，只不过不称之为"什"而称"某某十篇"，如"鸿十扁（篇）""清庙十扁（篇）"等。《国风》的分组则称"卫十扁（篇）""秦十扁（篇）""陈十扁（篇）"等。但非常遗憾的是《诗》的正文残损过于严重，目前保存最为完整的是目录简。在目录简中《周颂》与《商颂》《鲁颂》三组保存较为完整，下面的简牍释文部分就是三《颂》的目录简以及总目录简。

简本诗篇的形式是正文附带训诂。篇题后有类似《诗·小序》的解释文字。正文随文训诂，每章末尾以小黑圆点标记章序、句数，如"曰止曰时，

图 3-5 海昏侯墓竹简《诗经》

筑室于兹。兹，此也。·其三，六句。"每篇末尾汇总章数后，以小黑圆点标记总句数和归纳诗旨之文字，如"《匪风》三章，章四句·凡十二句。刺正（政）"。简文用字与今本《毛诗》或有不同，简本的"维叶崔崔。黄鸟于飞"与今本的《周南·葛覃》"维叶萋萋。黄鸟于飞"近似，其中的崔、萋二字为音近通假关系。

海昏侯墓竹简《诗经》的发现，提供了现今所见字数最多的西汉时期的《诗经》文本，更有可能是汉代立于学官的《鲁诗》，这为研究汉代《诗经》学提供了宝贵的文献资料。[①] 该简现藏江西省南昌市海昏侯博物馆。

简牍释文

■青庙十扁（篇）　■臣工十扁（篇）　■文（闵）予小子十一扁（篇）　■周容（颂）三十一扁（篇）

●于翏（穆）清庙八　●差（嗟）＝臣工十五　●文（闵）予小子十一　●于皇时周七

●维天之命八　●于（噫）熹（嘻）成王　●方（访）予柁（？落）之十二

●维清□□五　●□□于蝥（飞）八　●敬＝之＝十二

●列（烈）文辟公十三　●丰年多黍七　●予期（其）噎（懲）而八

●天作高山七　●有＝鼓（瞽）＝十三　●□□□咋……

●浩（昊）天有成命七　●于与悉（漆）雎（沮）六　●即（曩）＝良巳（耜）廿三

●我将我响（享）七　●有来雍（雝）十六　●丝衣其杯（紑）九

●时休（迈）其邦十五　●载来见辟王十四　●于乐（铄）王□

●执强（竞）武王十四　●有＝客＝十二　●□万邦……

[①] 朱凤瀚：《海昏简牍初论》，北京：北京大学出版社，2020年，第79-119页。

●思文后则（稷）八　●于皇武王七　●文王……

●莹（駉）=牡马八　角弓其解八　●天命玄鸟廿二　囗皮（彼）景山囗

有骓有囗八　囗皮（彼）蜚（飞）囗八　囗囗囗囗囗

有单（驒）有骆八　●宓（閟）宫有洫（？侐）廿一　玄王桓发（拨）

有骃有騢八　至于文武廿一　帝命不囗囗

●有=宓（駜）=九　春秋匪解廿一　受小球大球七

缺一简

宓（駜）皮（彼）乘駽九　泰山严=八小　武王载阀（斾）九

●思乐囗水八　保有囗囗　昔在中叶六

薄采其枭（藻）八　天赐公屯（纯）古（嘏）十小　●捷皮（彼）殷武七

薄采其茆八　都（徂）来之松十小　维女囗囗

翏（穆）=鲁侯八　■鲁容（颂）四扁（篇）　天命多辟五

明=鲁侯八　●阿（猗）耶（与）缎（那）与廿二　天命降监六

济=多士八　●差（嗟）=列（烈）祖廿二　商邑翼=六　■商颂五扁（篇）

■《诗》三百五扁（篇）　　凡千七十六章　　七千二百四十言

阅牍延伸

《诗经》在儒家后学中的流传

孔子之后，孔门弟子及孟子、荀子等儒家学派的传人继续大量引《诗》和论《诗》。《孟子》一书中引用《诗经》之处，据梁玉绳说："七篇中言《书》凡二十九，援《诗》凡三十五。"梁氏统计的是 35 次，其中有四处是连引两篇诗句，所以实际上《孟子》引《诗经》有 39 处之多，孟子本人引《诗》共 30 次，其中引《大雅》20 次，引《小雅》4

次，引《国风》3次，引《鲁颂》2次，引《周颂》1次。孟子引《诗》的数量是《论语》中孔子引《诗》的十倍，足见孟子对《诗》的重视。《诗经学史》对孟子引《诗》的特点作了较为完善的归纳和总结，主要有以下五点：引《诗》多于论《诗》；说理成分渐浓；《诗》乐似已分离；逐渐转向应用；颇多借题发挥。[①]

荀子是战国末期儒家经典的重要传承人，战国至秦汉时期儒家经典的传承基本都经过了荀子之手，几部经典的汉代传承人也或多或少都与荀子有联系。荀子本人对《诗》的研究颇为深入，他注重诗与乐的关系，认为《诗》都是可以合乐的，这一点也符合早期诗歌流传的特点。当然荀子引《诗》论《诗》也受到战国中晚期学风的影响，在具体征引并解说时，仍有不少说义的部分存在曲解或断章取义的情况，这一点在《孔子诗论》中亦有所表现。

《荀子》书中引《诗》82次，其中转述孔子所引者5次、荀子弟子所引者1次，荀子本人引《诗》76次，可见荀子对《诗》的重视以及自身深厚的《诗》学修养。荀子引《诗》、论《诗》的特点在于注重诗和乐的配合，并认为这二者对人的心性的修养具有显著教化作用。另外，荀子认为《诗》《书》《礼》《乐》都是圣人之道的体现，并将是否"隆礼义而敦《诗》《书》"作为区分"俗儒"和"雅儒"的方式。

[①] 洪湛侯：《诗经学史》，北京：中华书局，2002年，第89-91页。

肩水金关汉简《诗经》与秦汉时期《诗经》的流传

文物简介

　　肩水金关汉简中与《诗经》相关的简文有 2 枚，均为汉代木简，1973 年发掘于额济纳河流域的肩水金关遗址。

　　73EJT31:102B　　　73EJT31:102A　　　73EJT31:141
图 3-6　肩水金关汉简《诗经》残简

简号为73EJT31：102的木简，正反面书写，该简书写不留天头和地脚，满简书写，木简上的文字较为规整，呈现出成熟的汉隶书风，简文中有12个重文符号，共有45字，简背文字为该简册的原始编号"八十二"。

简号为73EJT31：141的木简，书写不留天头和地脚，满简书写，木简上的文字较为规整，呈现出成熟的汉隶书风，书写较为工整，简文末尾"·百廿七字☐"应当是册书原本的字数统计，这一枚简也是这一册书的最后一枚简。

二简现均藏甘肃简牍博物馆。

简牍释文

《诗》曰："题积（脊）令，载鸴（飞）载鸣。我日斯迈，而月斯延（征）。蚤兴夜未（寐），毋天玺（尔）所生。""蚤兴夜未，毋天玺（尔）所生"者，唯唯病乎？其勉之勉之……　　　　73EJT31：102A

八十二。　　　　　　　　　　　　　　　　　　73EJT31：102B

《行苇》则兄弟具尼（昵）矣。故曰："先之以博爱，而民莫遗其亲。"·百廿七字☐　　　　　　　　　　　　　　　　　　73EJT31：141

简牍译文

《诗经》说道："看那小小的鹡鸰鸟啊，一边飞一边鸣叫着。天天我奔波，月月你出行。要早起晚睡忙不停，这样才能不辱没父母的名声。""要早起晚睡忙不停，这样才能不辱没父母的名声，"这一句诗所讲的不就是我的担忧吗？要勉力啊再勉力。　　　　73EJT31：102A

八十二。　　　　　　　　　　　　　　　　　　73EJT31：102B

《行苇》这首诗的诗旨就是在讲兄弟之间要亲密无间。说："所以要率先带头广泛地实行仁爱，从而影响民众不要遗漏了对自己的亲人的爱。"·一百七十字。　　　　　　　　　　　　73EJT31：141

阅读延伸

一、肩水金关汉简中的《诗经》

73EJT31：102A简文"《诗》曰"所引的是《毛诗·小雅·节南山之什·小宛》的第四章"题彼脊令，载飞载鸣。我日斯迈，而月斯征。夙兴夜寐，毋忝尔所生"。简本与今传本之间差异很小，基本相同。

二者的差异有两处，第一在于首句的"题彼脊令"，简文作"题积令"。《毛诗鸟兽虫鱼疏》载："脊令，《御览》《诗义疏》'鹡鸰，水鸟，一名渠梁'，以下引同。大如鹦雀，长脚，长尾，尖喙。背上青灰色，腹下白，颈下黑如连钱。故杜阳人谓之连钱。《诗·常棣》疏《尔雅·释鸟》疏。"①由此可见，"脊令"是一种水鸟。它有很多异称，比如鹡鸰、渠梁、鹊鸰等，简文中的"积令"实际上是鸟名的另一种音近写法。古人认为这种鸟拥有着兄弟相互友爱、急难相顾的情感，因此一般用来比喻兄弟之情。今传本比简本多了一个"彼"字，从《潜夫论·赞学》引《诗》"题彼鹤鸰，戴飞载鸣。我日斯遇，而月斯征。夙典夜寐，无忝尔所生"、《中论·贵验》引《诗》"相彼脊令，载飞载鸣。我日斯迈，而月斯征"②等文献来看，简本这里应该是在抄写过程中漏抄了"彼"字。从文义来看"题彼脊令"一句意为"看那鹡鸰鸟啊"，实际上是属于以鸟起兴的手法，因此这里需要一个指向性的代词，从文义亦可证简文的漏抄。

第二处是今传本作"毋忝尔所生"，简文作"毋天玺所生"。简文中的"_玺"字的确是"玺（玺）"字。从先秦秦汉引该诗的文献来看，如《大戴礼记·曾子立孝》"夙兴夜寐，无忝尔所生"，《韩诗外传》

---

① 北京大学《儒藏》编纂与研究中心：《〈儒藏精华编〉26——毛诗草木鸟兽虫鱼疏、毛诗草木鸟兽虫鱼疏广要、诗地理考、诗古微》，北京：北京大学出版社，2016年。

② 何志华等：《先秦两汉典籍引〈诗经〉资料汇编》，香港：香港中文大学出版社，2004年，第155页。

"我日斯迈，而月斯征。夙兴夜寐，无忝尔所生"，《孝经·士章》："夙兴夜寐，无忝尔所生"[1]，可见这一句在先秦至秦汉的文献中是没有异文存在的，各文献中该字均作"爾（尔）"。况且从文义来讲，这一句意思是说你要早起晚睡忙不停，不要辱没了你父母的名声。从文献对读和文义两方面考虑，我们认为简文本的"璽（玺）"属于误字，有可能是书手在抄写过程中一时疏忽在"爾（尔）"字下误加了"玉"旁，便成了简文中的模样。

简文中的"'蚤兴夜未，毋天玺所生'者，唯唯病乎？其勉之勉之"一句重复了第四章的最后一句，并就此有着简短的议论。由此结合简背编号来分析其文本性质，有可能是汉代人解释《诗经》的文本。

简73EJT31：141释文："行苇则兄弟具尼矣故曰先之以博爱而民莫遗其亲·百廿七字☐。"[2] 简文可断句为：《行苇》则兄弟具尼（昵）矣。故曰："先之以博爱，而民莫遗其亲。"·百廿七字☐。简文最后的"·百廿七字☐"当是该文本完结时统计的总字数为127字。简文中的"尼"通假为"昵"，义为亲昵。简文中的《行苇》指的是今传本《毛诗·大雅·生民之什·行苇》一篇，诗曰：

敦彼行苇，牛羊勿践履。方苞方体，维叶泥泥。戚戚兄弟，莫远具尔。或肆之筵，或授之几。肆筵设席，授几有缉御。或献或酢，洗爵奠斝。醓醢以荐，或燔或炙。嘉殽脾臄，或歌或咢。敦弓既坚，四鍭既钧。舍矢既均，序宾以贤。敦弓既句，既挟四鍭。四鍭如树，序宾以不侮。曾孙维主，酒醴维醹。酌以大斗，以祈黄耇。黄耇台背，以引以翼。寿考维祺，以介景福。

《毛传》论及这首诗的诗旨曰："《行苇》，忠厚也。周家忠厚，

---

[1] 何志华等：《先秦两汉典籍引〈诗经〉资料汇编》，香港：香港中文大学出版社，2004年，第155页。

[2] 甘肃简牍博物馆等：《肩水金关汉简（叁）》，上海：中西书局，2013年，第227页。

仁及草木，故能内睦九族，外尊事黄耇，养老乞言，以成其福禄焉。"①《毛传》对该诗诗旨的论述是恰当的。这首诗主要描写了周代贵族与族人一起宴会和比射的场景，突出反映了诗人兄友弟爱、族人之间互相亲近的和睦关系。所以简文才会说"《行苇》则兄弟具尼（昵）矣"。

简文"故曰"之后的引文为今传本《孝经·三才章》："是故先之以博爱，而民莫遗其亲。陈之于德义，而民兴行。先之以敬让，而民不争。导之以礼乐，而民和睦。示之以好恶，而民知禁。《诗》云：'赫赫师尹，民具尔瞻。'"②从文义来看，简文此处是引《诗》来说明"故曰"的内容有儒家经典的依据。但从《孝经》和简文的对比发现，有两处是值得注意的。一是简文仅称为"故曰"，并没有出现《孝经》二字；二是简文所引的是《行苇》，而《孝经》所引的是《诗经·小雅·节南山》。从第一点可以看出，在简文书写的年代《孝经》的内容虽广为流传，但是它作为儒家典籍的重要性是比较低的。从第二点可以看出《孝经》中的引文是针对《三才章》整章章义来讲的，其落脚点在于统治者通过种种手段来教化民众，简文文义则比较单纯，仅就亲情而论。

二、《诗经》在秦汉时期的流传

进入秦朝之后，由于秦始皇实行焚书政策，民间所藏的《诗》损毁严重。但由于诗属于韵文，习《诗》的学者们基本都可以全本背诵，因此，《诗》虽然在焚书的重点名单里，但得以全本流传至西汉初年。《汉书·艺文志》载："汉兴，鲁申公为《诗》训故，而齐辕固、燕韩生皆为之传。或取《春秋》，采杂说，咸非其本义。与不得已，鲁最为近之。三家皆列于学官。又有毛公之学，自谓子夏所传，而河间献王好之，未得立。"汉初的申公"独以《诗经》为训诂"，传《鲁诗》，"弟子自

---

① [汉]毛亨传，[汉]郑玄笺，[隋]陆德明音义，孔祥军点校：《毛诗传笺》，北京：中华书局，2018年，第386-388页。

② [唐]李隆基注，[宋]邢昺疏：《孝经注疏》，北京：北京大学出版社，1999年，第19-21页。

远方至受业者千余人"。西汉时期传《诗》者共有四家,总体来讲他们的差异主要在于从口传文本转变为书写文本之后产生的用字差异,很多的用字都是通假字关系。其中三家今文《诗》的传承人有齐之辕固生、鲁之申培公、燕之韩婴,三家皆立为学官。三家中的齐《诗》与韩《诗》取《春秋》或杂说解释《诗》义,离原本的《诗》义较远。今文《诗》学中仅有鲁《诗》谨守诗义训诂,较为平实,更能让人明确地理解诗义。古文《诗》学源自河间献王从民间所得的古文本,但并未被立为学官,其传承人是赵国之毛亨(大毛公)、毛苌(小毛公),现存的《诗经》文本为古文本的《毛诗》。

第四章 《仪礼》《周礼》《礼记》

《仪礼》《周礼》《礼记》这三部经典都是关于"礼"的文献，三部经典合称为"三礼"。其中《仪礼》在汉代称为《礼经》，是"礼"类文献的核心，是讲解礼仪规程的操作指南。《周礼》来源非常复杂，学者们一般认为这部经典是战国时期成书的一部政典，其内容主要是中央到地方的职官设置，类似于国家行政架构的详细说明。《礼记》的成书也相对复杂，但可以确定的是，《礼记》是关于先秦至秦汉时期"礼"类文献的阐释性文本，主要目的是深入讲解"礼"的内涵和外延。

　　在目前的出土文献中，《仪礼》和《礼记》均有成篇成卷的发现。战国时期是《礼记》形成的时期，此时所发现的《礼记》均为单篇流传，例如郭店简与上博简的《缁衣》篇，上博简中还有一部分篇章与今传本的《礼记》和《大戴礼记》密切相关。马王堆帛书中与"礼"有关的是《丧服图》，"丧服"是"丧礼"中根据亲人服丧期间服饰的差异来表现亲属的亲疏远近关系，这在"五礼"——"吉礼""凶礼""宾礼""嘉礼""军礼"中属于"凶礼"的内容。《丧服》也是今传本《仪礼》中的一篇，但马王堆帛书的《丧服图》为我们带来了一个家族内完整的丧服图示，这为研究西汉早期丧服制度提供了一个实例。

　　最值得一提的是武威汉简的《仪礼》，武威汉墓当属新莽时期，其中共存竹简469枚，可分为甲、乙、丙三个部分。这批竹简书写工整且篇数较多，对于研究西汉时期《仪礼》的流传具有非常重要的价值。

　　海昏侯墓出土的"礼"类文献大多数可以与今传本的《礼记》和《大戴礼记》相对应，此外还存有十几枚记载行礼仪式的文献，被整理者命名为"礼仪简"，虽与传世文献并不能对应，但可以从中探寻西汉中期行礼仪式的过程，尤为珍贵。此种"礼仪简"在悬泉汉简中亦有少量的发现。

战国竹简中的"礼"类文献与礼的由来

文物简介

郭店简本《缁衣》共分23章，每章章尾有墨钉，篇尾计章数"二十又三"，原无篇题，其内容与传世本《礼记·缁衣》基本一致，整理者以此命名。该简现藏湖北荆州博物馆。

上博简的《缁衣》共有24支竹简。其中完简有8支，长约54.3厘米，宽约0.7厘米，完简最多抄写57字。其余16支简都不同程度断缺。完简有三道编线的痕迹，简上端距第一契口9厘米，第一契口至第二契口18.1厘米，第二契口至第三契口18.1厘米，第三契口至下端9厘米。上、下端修成梯形状，不留白。原无篇题，据内容可定为《缁衣》。该简现藏上海博物馆。

上博简《天子建州》分甲、乙两本。甲本完整，有13支简，其中第9支简首略有残缺，缺1~2个字，可据乙本补足。完简长46厘米，每简一般有32个字，全篇407字。乙本现存11支简，全篇也应为13支简，完简长43.5厘米。甲、乙二本竹简简端均平整，全篇最后一部分缺失，根据甲本推算当缺42个字左右。原无书题，"天子建州"是整理者依古书惯例摘首句文字所定。章末有"L"形钩识号，表示本章结束。乙本的书法前紧密后疏朗，不同于甲本，且不如甲本工整，二者显为不同的书手所抄写。该简现藏上海博物馆。

上博简《武王践阼》现存15支简，三道编绳，契口浅斜，位于竹简右侧。完简长41.6~43.7厘米，各简自上契口以上皆残，中契口至顶端距离为18.1~20.3厘米，中契口与下契口的间距为20.4~21.3厘米，下契口至尾端为2.5～2.7厘米。各简字数为28～38字，总字数为491字，其中有8个重文。文字皆书写于竹黄一面，全篇字迹工整，字距稍宽。篇末有墨钩符号，以示本文结束。原无篇题，"武王践阼"是整理者依据内容所定。该简现藏上海博物馆。

上博简《内豊（礼）》现存竹简10支，其中完简有4支，由2支断简缀合的整简有3支，全长均为44.2厘米，仅存上半段的简有1支，仅存下半段的简有1支，上、下存而中段缺失的简有1支。整篇三道编绳，第一道编线距离简首1.2～1.4厘米，第一、二道编线之间及二、三道编线之间距离均为21厘米，第三道编线至简末0.8～1.1厘米。本篇竹简上、下平头，文字书写于第一与第三道编线之间。全篇多见句读符号，篇题"内豊（礼）"书于第一简背。另有附简1支。[1]该简现藏上海博物馆。

简牍释文

夫子曰：好美女（如）好兹（缁）衣，亚（恶）亚（恶）女（如）亚（恶）巷白（伯），则民咸力而巠（型）不屯（顿）。《寺（诗）》……

郭店楚简《缁衣》简【1】

〔夫〕子曰：好美女（如）好缁衣，亚（恶）亚（恶）女（如）亚（恶）巷白（伯），则民咸扐（服）而型不顿。《诗》员（云）："仪型文王，万邦作孚。"子曰：又（有）国者章好章恶，以眡（示）民……

上博简《缁衣》简【1】

〔凡〕天子建之以州，邦君建之以都，大夫建之以里，士建之以室。凡天子七殜（世），邦君五……　　上博简《天子建州》甲本简【1】

---

[1] 骈宇骞：《简帛文献纲要》，北京：中华书局，2015年，第215-218页。

凡天子建之以州，邦君建之以都，大夫建之以里，士建之以室。凡天子七殊（世），邦君五殊（世），大夫三殊（世），士二殊（世）。

上博简《天子建州》乙本简【1】

[武]王问于帀（师）上（尚）父曰："不知黄帝、颛顼、尧、舜之道在虖（乎）？意微丧不可得而睹虖（乎）？"帀（师）上（尚）父曰："才丹箸（书）。王女（如）谷（欲）观之，盍斋乎？将以箸见。"武王斋三日，耑（端）备（服）冕，逾，堂（当）微（楣）南面而立。帀（师）上（尚）父……

上博简《武王践阼》简【1】【2】

君子之立孝，爱是甬（用），豊（禮——礼）是贵。古（故）为人君者，言人之君不能使亓（其）臣者，不与言人之臣之不能事。

上博简《内豊（礼）》简【1】

简牍译文

孔子说：如果能像《缁衣》那首诗所写的那样来爱具有美德的人，像《巷伯》那首诗所讲的那样来憎恶坏人，人民自然都会服从你的领导，你也就不用陈示刑罚来吓阻人民了。《诗经》说："以文王为效法的榜样，天下人都会信服于你。"

上博简《缁衣》简【1】

天子拥有天下，可分置"九州"；诸侯拥有邦国，可分置"都邑"，大夫拥有封地，可分置"里"；士则没有封地，则其可置为个人所拥有的"室"（即个人土地、房屋）。天子可以设置七庙，诸侯可以设置五庙，大夫可以设置三庙，士人则只能设置两个庙。

上博简《天子建州》乙本简【1】

周武王登上王位的第三天,他召集士大夫问道:"有没有言简意赅而又能切实施行,并且可以传承后代万世子孙的常道?"士大夫们说道:"并没有听说过这样的常道。"其后,周武王召见太师尚父问了这个问题。周武王说道:"黄帝、颛顼这些古帝王的道还存留在世间吗?是不是已经不可得见了呢?"太师尚父说道:"在丹书中有记载,王要想得见其道,就要进行斋戒。斋戒完就可以见到记载古帝王道的书了。"周武王斋戒三天,着端服,戴着冕,越过堂微,面向南面站立。太师尚父……

上博简《武王践阼》简【1】【2】

君子建立孝道,要用衷心的诚恳,重视行为的规范。因此做人国君的,应谈论人君不能领导臣子的情况,不去谈论臣子无法为国君谋事的情况……

上博简《内豊(礼)》简【1】

阅读延伸

一、郭店简《缁衣》与上博简"礼"类文献简介

郭店简本《缁衣》中没有传世本的第一和十六两章,简本第一章为传世本的第二章,章序的排列比传世本更为合理,为研究先秦到汉代《缁衣》文本的变迁提供了宝贵的资料。

上博简《缁衣》全篇书写在竹黄一面,为同一书手书写。章首起于"子曰",章末施墨丁。重文符为短横,合文符为一或二道短横。全篇有23章,计有978字,其中重文10字,合文8字。本篇与郭店楚简《缁衣》内容基本相同,有些字写法不一样。简本中没有今传本的第一、第十六、第十八这三章。

第四章 《仪礼》《周礼》《礼记》

图 4-1 郭店简《缁衣》

图 4-2　上博简《缁衣》

　　《天子建州》甲、乙两本内容所记主要与礼制有关，其中有些内容可以在今本大、小戴《礼记》中见到相似记载，尤其是第一章与《大戴礼记·礼三本》的关系尤为密切，《礼三本》源自荀子《论礼》，对研究荀子思想及其学术的流传也有一定的帮助。从内容和篇章结构分析，其属"礼家杂记"，这为学者们研究先秦时期的礼学提供了宝贵的样本。当然从本篇内容亦可知，"杂乱而无伦次"是《礼记》本身早已存在的特点。

　　"武王践阼"，孔颖达《曲礼下》疏云："践，履也。阼，主人阶也。履主阶行事，故云践阼也。"本篇的背景是周武王伐商，败商纣于牧野，还归于丰，践天子之位后三日，就召士大夫问何种行为可施万世，而为

146

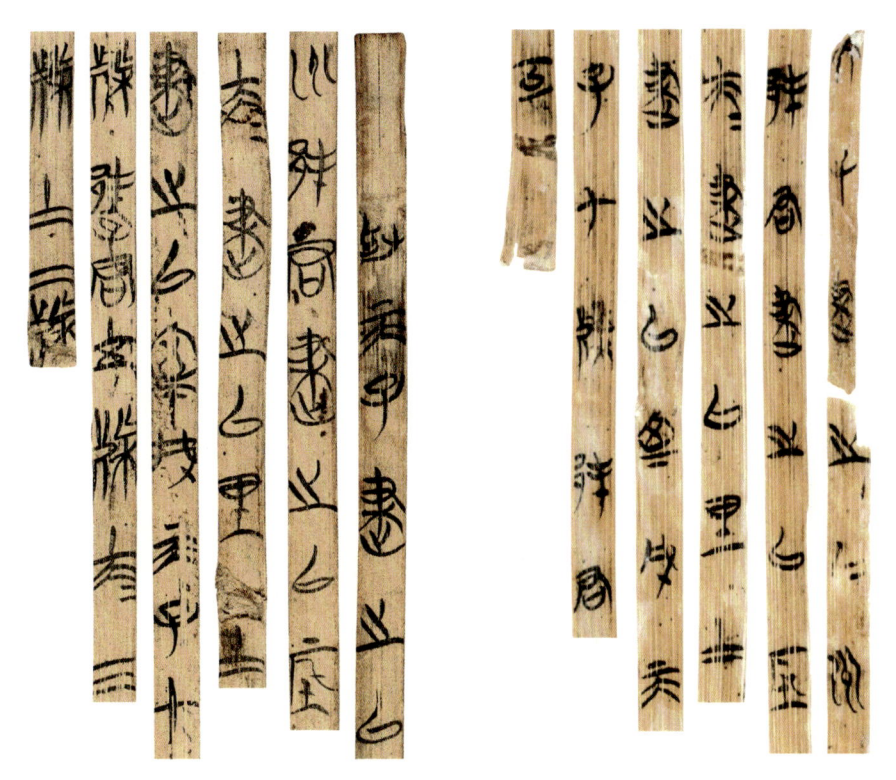

图4-3　上博简《天子建州》甲、乙本

子孙常守之道？诸大夫皆未闻，然后武王又召师尚父问之（以上内容简本皆缺失）。本篇以问答形式，记述了师尚父告武王以丹书、武王铸铭器以自戒之事，内容与《大戴礼记·武王践阼》篇相合。本篇是迄今为止发现最早的《武王践阼》版本，为古代"礼"文献的研究提供了实物依据，同时也为研究《武王践阼》补充了新的材料，还可以纠正传世本的一些舛误，因此弥足珍贵。

"内豊（礼）"一词在现存文献中未曾出现过，但其内容与今本《大戴礼记·曾子立孝》及《礼记·内则》有着密切的关系。《礼记·内则》篇题郑玄注"以其记男女居室事父母舅姑之法"，"内礼"与《内则》在内容上有关联性。

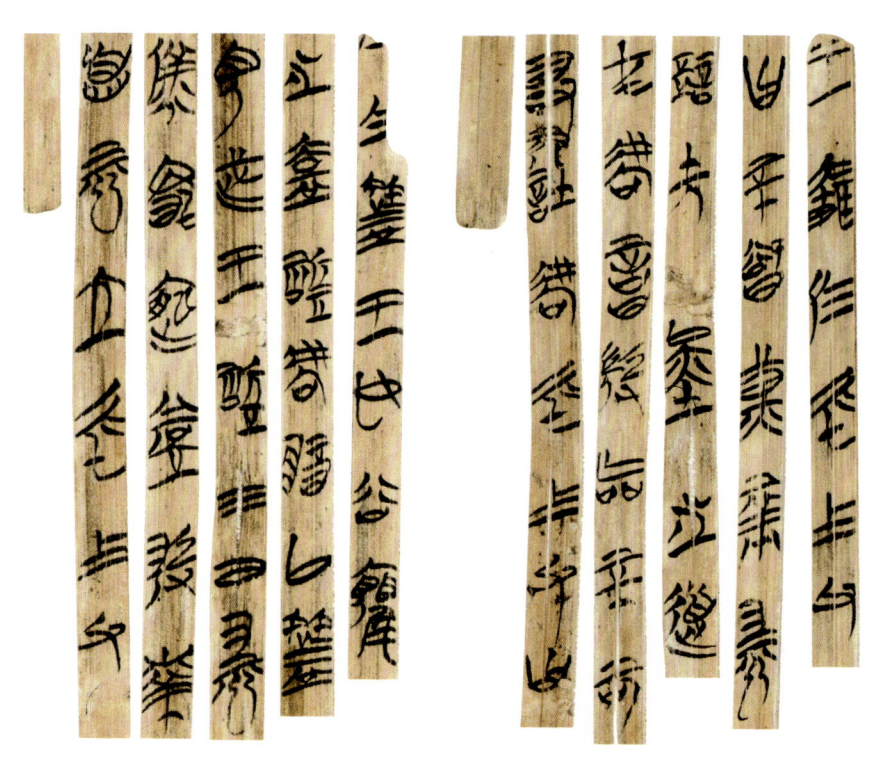

图 4-4　上博简《武王践阼》简 1、简 2

  有学者发现《内礼》与《昔者君老》二者无论在字体还是竹简形制上都存在着很大的一致性。我国台湾学者林素清认为二者应属于一篇，全篇包括"内容接近今本《大戴礼记·曾子立孝》与《大戴礼记·曾子事父母》的大段文字，以及五段以"君子曰"为首的关于君子事亲、对待晚辈和朋友的文字，另有一段以上的以"君子曰"为首的文字，内容为太子应有仪礼"。学者梁静重新调整了竹简顺序，将《内礼》和《昔者君老》的 14 支简序重新整理为：简 1、2、3、4、5、6、7、8、昔 3、9、10、昔 1、【昔 2 季康子 16】、昔 4，并认为该篇的内容大致可以分为八章。① 《内豊（礼）》与《大戴礼记·曾子立孝》《大戴礼记·曾子事父母》关系密

---

① 骈宇骞：《简帛文献纲要》，北京：中华书局，2015 年，第 217 页。

切。如《内豊（礼）》简1"君子之立孝，爱是用，礼是贵"，《曾子立孝》作"其忠之用，礼之贵"。《内豊（礼）》简1~5的"故为人父者，言人之父之不能畜子者，不与言人之子之不孝者；故为人子者，言人之子之不孝者，不与言人之父之不能畜子者。故为人兄者，言人之兄之不能慈弟者，不与言人之弟之不能承兄者；故为人弟者，言人之弟之不能承兄者，不与言人之兄之不能慈弟者"这一段见于《曾子立孝》而文词略有异，主要区别在于《曾子立孝》略去了"故为人君者""故为人父者""故为人兄者"等内容。《内豊（礼）》简6"君子事父母，亡私乐，亡私忧。父母所乐乐之，父母所忧忧之。善则从之，不善则止之；止之而不可，隐而任之，如从己起。君子曰：孝子，父母有疾，冠不力，行不颂（容），不卒立，不庶语"这一段的内容见于《大戴礼记·曾子事父母》。其中，竹简"君子事父母"一段，《曾子事父母》作"孝子无私乐，父母所忧忧之，父母所乐乐之"；竹简本主张对父母要"善则从之，不善则止之"，《曾子事父母》说"父母之行若中道，则从；若不中道，则谏；谏而不用，行之如由己"。[①]二者内容从思想上基本一致。从上述引文我们也可以看出这三篇文献并非简单的文字一一对应关系，主要还是思想内容和观念上的一致性。

《内豊（礼）》全篇讲述的是君臣、父子、兄弟之间的相互关系，由对父兄的孝悌出发，引申到君臣之义。这一点与儒家提倡的"其为人也孝悌而好犯上者，鲜矣"的社会理论是一致的。

二、礼的由来

中国素有"礼仪之邦"的美誉，先秦时期的文明，尤其是周代文明，实际上是建立在一整套礼乐制度之上的文明。古人认为礼是由圣人创制，并将人的基本道德品质贯穿其中，因此礼乐就是文明的象征。礼的适用

---

① 俞绍宏：《上海博物馆藏楚简校注》，北京：中国社会科学出版社，2016年，第229-236页。

性非常广泛，可以涵盖到社会的方方面面，古人归纳的"五礼"包括"吉礼""凶礼""宾礼""嘉礼""军礼"五个方面，上至王、诸侯、卿大夫，下至普通的民众都有其适用的一套礼制规范。

从本质上来讲，礼是一种制度性的存在，其目的是规范和约束人的行为。礼的起源非常之早，可以追溯到文明起源时期，最初的礼是由一系列约定俗成的习惯构成的。目前，学界对早期礼制的考察主要依据考古材料所见的物化表现，通常表现在墓葬、祭祀遗址、礼仪性建筑、礼器等方面。我们观察到新石器时代有着不同的葬式，比如屈肢葬、仰身直肢葬、俯身葬、二次葬等形式，这些不同的葬式或表明不同族群的习惯，也就是不同族群之间的"礼"。

祭祀遗址和礼仪性建筑比较好理解，比如说三星堆的祭祀坑、陶寺遗址的天文台等，都是那一时期大型礼仪工程的遗留物。从祭祀坑中丰富的物品来看，中华早期先民们就特别钟情于祖先崇拜，高度重视族群之中亲缘关系的联系，这一点也反映在后代的礼仪文献中所反复强调的"亲亲"之义上。陶寺遗址中的天文台被发现后，经学者推算以陶寺遗址 E2 缝隙为冬至观测点、E12 缝隙为夏至观测点，以半日出为准，冬至日出位置位于狭缝中央，夏至偏南，约差半分，正表明了公元前 2100 年时候的天象。作为目前世界上最早的天文台，它在礼仪文化上的意义在于表明此时生活在中华大地上的先民们已认识到了基本天象对人事的影响，并发展出了以礼仪的仪式为媒介沟通天人的精神内核。古人认为"器以藏礼"，礼器实际上是从日常生活用器中脱离出来的一部分特殊用具，礼器的使用在三代有着严格的规定，不同的礼器不仅拥有不同的名称，同时承担着礼仪过程中的不同用途。礼器实际上是礼仪最明显的表现形式，夏商周时期的礼器适用范围非常广泛，材质也是多种多样，主要有陶器、玉器、青铜器等，其中后两类在行礼过程中具有着更加突出的地位。

礼最初与巫术脱离不了关系，正如李泽厚在《由巫到礼 释礼归仁》一书中所论述的那样，早期的诸多仪式都是由具有特殊能力的巫主持的。

他将由此发展而来的一整套繁杂的仪文礼节的形式规范称之为"巫术礼仪",其主观目的在于"沟通天人,和合祖先,降福氏族;其客观效果则是凝聚氏族,保持秩序,巩固群体,维系生存"。当然,"巫术礼仪"仅仅是礼仪早期的发展模式,在人类理性不断发展之后,对自然界的认知更加明晰,人类自身的道德感建立,从而进入了礼的理性化阶段。礼的重点从沟通天人关系逐渐偏重于调解和规范人与人之间的关系,这也就是儒家所讲的"明贵贱,知尊卑"。"礼"从诞生开始到如今伴随着中华文明走过了五千年的岁月,在这期间"礼"非但没有消亡,还在不同的历史时期承担着不同的社会功能,维系着中华文明延绵至今。①

这里要谈到中国古代社会的一大特点在于礼法不分,中国古代并没有像西方社会那样严格意义上的法律,但这并不妨碍古代社会人与人之间秩序的建立。中国古代社会生活中一部分应属于法律的规范内容被礼占据,由此可见古代的"礼"在某种程度上实际上拥有着法律的地位。这也能解释古人为何事事需要依照礼来执行,"越礼"的行为会被人认为是严重的错误,受到广泛的谴责。

---

① 李泽厚:《由巫到礼 释礼归仁》,北京:人民文学出版社,2022年。

马王堆帛书《丧服图》与礼书的编纂

文物简介

该篇出土于马王堆三号墓，编号为东57-6(10)。本图原高48.4厘米，宽26.2厘米。原无篇题，篇题为整理者根据内容所加，或称之为《丧制图》。

帛书释文

三年丧，属服 【1】

廿五月而毕， 【2】

行其年者父。斩衰，十三月而毕， 【3】

祖父=伯父=、昆=弟=（昆弟、昆弟）之子=（子、子）、孙。

【4】

姑=姊=妹=、女子=（子子）皆斋（齐）衰，九月而毕。

【5】

箸（书）大功者，皆七月=；小功=、缌皆如箸（书）。

【6】

大功□月　　小功□月

庶孙

图 4-5　马王堆帛书《丧服图》

> 阅读延伸

一、马王堆帛书《丧服图》的内容

该图原幅呈长方形，从折印痕迹来看，其原来是先上下对折，再左右对折为四层。折叠后边缘部分略有破损，上半幅因在内侧，破损较少，下半幅破损较多，尤其以中央偏下的部分破损较为严重。图的主体为淡墨勾廓，内部填红色伞盖形，下有六行六列方块形，每行、列方块数量不等，

153

呈阶梯状排列；又以线条在方块之间连接。方块均以墨线勾廓，并用浓墨、淡墨或朱砂填实其中，可因此分为三类。研究认为，此图象征在伞盖庇佑下的一个家族世代成员间的等级亲疏远近，以连线的方式表示直系亲缘关系。

  图中还有6行56个字的有关丧服制度的记载。据陈松长先生介绍，这56个字主要记述了汉初丧服的有关规定，其中提到了三年之丧、期年、九月、七月等服期，但没有言及二月或事短之期者，这与汉文帝遗诏短丧的规定不太吻合，与传统的丧服记载亦有区别。因此，他认为"这种图形或许是献侯家族的一个表示亲疏关系的族系示意图"，"是献侯家族自己奉行的丧服制度的一种图文式的记载"。[1]

二、礼书的编纂

  "礼"文献最初形成于何时，于史无征。文献中记载的西周初年周公制礼作乐、编纂"礼"文献的说法，并没有可靠证据可以证明，但是我们可以说在商代或西周早期有一些"礼"的文献已经形成是没有问题的。孔子曰："周监于二代，郁郁乎文哉！吾从周。"可见周代礼乐文化的繁盛。传统文献一贯倾向于周代的礼乐文献是继承和发扬夏商二代典章制度而来的，西周时期的青铜器中的册命类铭文较为集中地反映了礼的实行，包括册命文本的形成、册命礼仪的行礼过程、青铜器与铭文的铸造、青铜器被放置在自家宗庙的礼仪过程。我们相信在西周时期最初的"礼"文献已经形成。这时期的"礼"文献应该是由王朝各级史官所书写和掌握的，他们熟悉礼仪仪式的流程，探索仪式背后的意义，这就使得礼不仅仅是制度和流程，而被赋予了诸多的文化内涵，从而产生了仪式文本和最初的解释文本。上述两种文本在后代的发展中演化成了"礼"文献的两大脉络，第一种是单纯的仪式性的文本，如《仪礼》中所记载的诸多繁杂仪式的操作流程；第二种是对"礼"内涵和外延的解释性文本，具有较强的哲理性，

---

[1] 陈松长：《帛书史话》，北京：中国大百科出版社，2012年，第38页。

如《礼记》。

我们现在所看到的"三礼"中的《仪礼》，可以说是"礼"文献最初的模样。从春秋时代开始，由于西周东迁，王朝实力大为削弱，各诸侯国逐渐崛起。原本属于王官所掌握的知识逐渐失守，拥有知识的王官们奔散到了诸侯国中，造成了学术下移的局面。这一时期知识的流传范围更加广阔，在对知识的理性思辨下，出现了一批重要的思想家，他们不仅传承着古往的知识，同时也对知识进行了修正和扬弃。这一时期也是"礼"文献大量产生的时期，此时的思想家们有意识地将文献进行归纳，并将其编纂成"礼书"。《论语》和《礼记》中记载了相当多孔子及其弟子论礼的语录，说明在春秋后期礼书已经有了较为完整的文本，孔子及孔门弟子们也对礼书进行过一定的整理编纂。

三、古代的丧服制度

丧服制度就是居丧期间亲属所穿衣服的制度，根据生者与死者的亲疏关系的不同，丧服有等级与服丧时间段的差异。丧服可以分为五个等级，也叫作五服，具体名称是斩衰、齐衰、大功、小功、缌麻。《仪礼·丧服》篇中详细记述了丧服的主要内容[①]，下面分别加以叙述。

斩衰的"衰"在文献中也写作"縗"，是五服中最重的一种。丧服的上衣叫作衰，下衣叫作裳。衰是用最粗的生麻布裁剪而成，而且衣服的衣旁和下边都是不能缝边的，就像刀砍过一样，因此被称为"斩衰"。斩衰是子为父、父为长子、妻妾为夫、未嫁的女子为父而服，此外诸侯为天子、臣为君也是需要服斩衰的。服斩衰者还需要梳叫作"髽衰"的丧髻，斩衰的服丧期最长，需要三年。

齐衰仅次于斩衰，衣服材质为熟麻布，而且衣服需要缝边，看上去就会比较整齐，这也就是齐衰得名的来源。齐衰的适用范围比较广泛，大致可分为四类：第一，齐衰三年是父卒为母、母为长子所服的丧服；第二，

[①] 杨天宇：《仪礼译注》，上海：上海古籍出版社，2004年，第297-342页。

齐衰一年,服丧者在丧礼仪式期间还需要执杖,这叫作"杖期",这是父在为母、夫为妻子所服的丧服;第三,齐衰一年,但是服丧者不用执杖,这叫作"不杖期",对象是男子为伯伯、叔叔的父母、为自己兄弟、嫁出去的女子为自己父母和公婆、孙子和孙女为祖父母所服;第四、齐衰三月,这是为曾祖父母所服的丧服。

大功又次于齐衰,是用熟麻布制作,工艺要比齐衰精致一些,大功的服丧期限为九个月。大功是男子为出嫁的姐妹和姑母、为堂兄弟和未嫁的堂姐妹,女子为丈夫的祖父母、伯叔父母、为自己的兄弟所服。

小功的丧服制作又要比大功更精细,服丧期限为五个月。小功是男子为伯祖父母、叔祖父母、堂伯与堂伯母、堂叔与堂叔母、再从兄弟、堂姐妹、外祖父母,女子为丈夫的姑母、姐妹、娣妇姒妇所服的丧服。

缌麻是丧服中最轻的一等,丧服制作又要比小功精细,服丧期限为三个月。缌麻是男子为家族内的曾祖父、曾祖母、祖父母、父母、兄弟,以及外孙、外甥、女婿、妻子的父母、舅父等所服的丧服。

以上就是文献中记载的丧服制度。从该制度的规定中我们也可以看出,丧服制度是按照人血统的亲疏远近这一大原则来安排的,尤其注重区分嫡庶。此外,古人还重视宗族关系,在丧服制度中为家族内的亲属设置了专门的丧服。

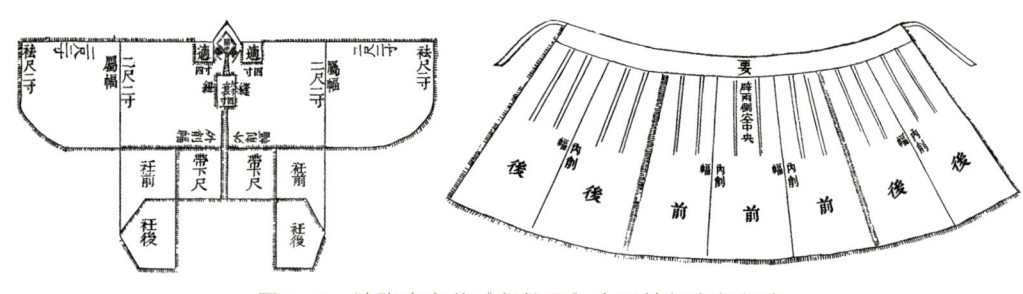

图 4-6 清张惠言著《仪礼图》中所绘斩衰与斩裳

武威汉简《仪礼》与今传本《仪礼》

文物简介

　　1957至1959年间，甘肃省博物馆于甘肃省武威新华乡磨嘴子清理发掘出37座汉墓。其中1959年发掘的6号墓为小型单室双棺墓，出土文物有陶器、木器、漆器、竹木简等，时代当属新莽时期。出土竹木简凡600余枚，完整者385枚，残简225枚，大多为木简，只有少量竹简。木简有长、短两种，皆以松木制成。长简长54～58厘米、宽0.8～1厘米，设四道编绳。短简长20～22厘米、宽1.5厘米。武威汉简《仪礼》共存竹简469枚，可分为甲、乙、丙三个部分。甲本《仪礼》共有398枚木简，墨书，隶体，简背皆书顺序号。

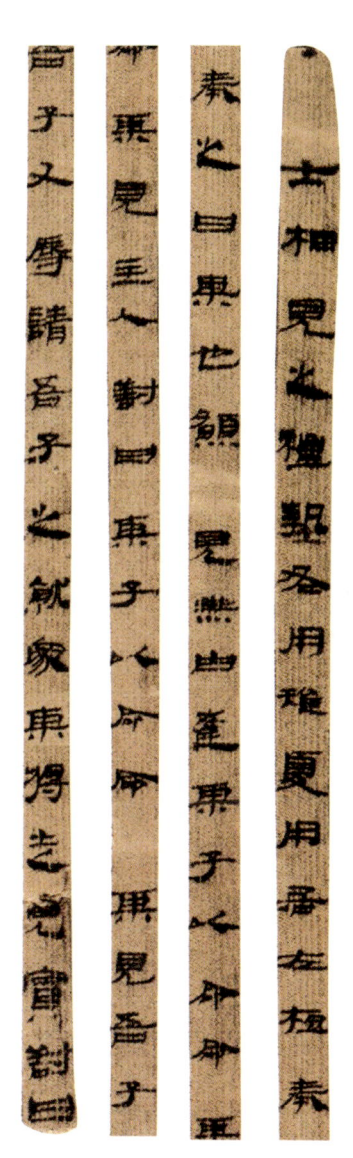

（a）

(b)

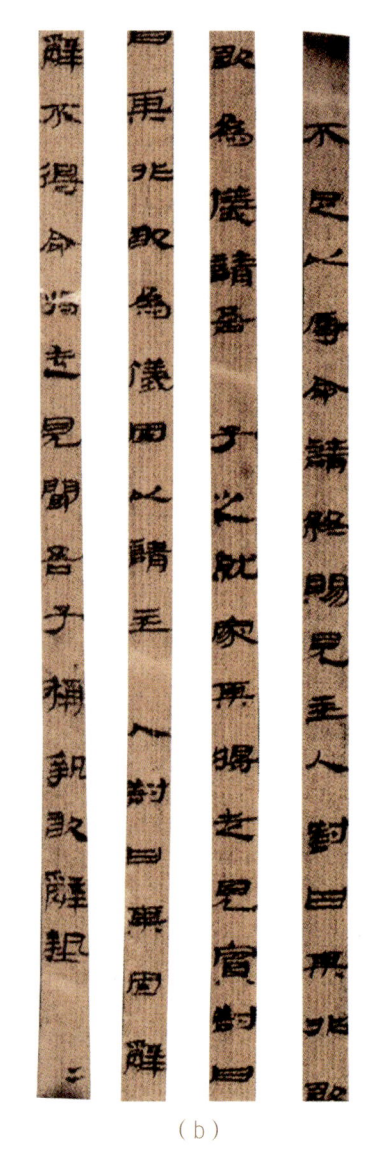

图 4-7 武威汉简甲本《士相见之礼》

简牍释文

·士相见之礼。挚，冬月雉，夏月腒。左桓奉之，曰："某也愿见，无由达。某子以命命某见。"主人对曰："某子以命命某见，吾子又辱。

请吾子之就家，某将走见。"宾对曰……

武威汉简《士相见之礼》简【1】

不足以辱命，请终赐见。"主人对曰："某非敢为仪，请吾子之就家，某将走见。"宾对曰："某非敢为仪，固以请。"主人对曰："某固辞不得命，将走见。闻吾子称执，敢辞挚。"

武威汉简《士相见之礼》简【2】

简牍译文

士相见之礼。士见士时所拿的挚，冬天用雉，夏天用干雉，挚的拿法是使雉头朝左，用双手捧着。到了要访见的士家大门外，通过摈者传言说："某早就希望拜见您，只是没有人介绍，现在有某子传达您的命令，命某来见您。"主人回答说："某子传达您的命令，命某前往见您，现在您反而屈驾前来。还是请您先回家，某将急速前往见您。"宾回答说……

武威汉简《士相见之礼》简【1】

"您这样说，某实在不敢当。请您一定赐见。"主人回答说："某不是表面说说，是诚心要去见您。还是请您回家，某将急速往见。"宾回答说："某也不是表面说说，是诚心来见您，还是请您赐见。"主人回答说："某一再推辞，得不到您的允许，某将立即出去见您。但听说您还拿得有挚，某不敢当此重礼。"

武威汉简《士相见之礼》简【2】

简牍延伸

一、武威汉简《仪礼》甲、乙、丙本的内容

甲本包括《士相见之礼》第三、《服传》第八、《特牲》第十、《少牢》第十一、《有司》第十二、《燕礼》第十三、《泰射》第十四，共计7篇，

共存22 971字。

甲本《士相见之礼》第三,存16支简,完整无缺。简1背文"士相见之礼"为篇题,简2背文"第三"为篇次。简本比今本少两句,其他文句大致相同,正文凡939字,残14字,篇末记字数"凡千二十字"。

甲本《服传》第八,存57支简,完整册书当有60支简,现缺第5、9、34三支简。简2的竹青面书篇题"服传"二字,简1背书篇次"第八"。简本与今本相比,传文大致相同,经、记删削较多,正文存3141字,残缺195字。

甲本《特牲》第十,存49支简,完整册书当有53支简,今缺第18、20、21、22四支简。简2的竹青面书写有篇题"特牲",简1的竹青面书有"第一"为篇次。简40以下未署序号,而且简的宽窄不匀,木质与简40以上不同,自成一编,故整理者认为它是后补的。简本与今本相比,经、记稍有出入,简41以上错字较多,正文今存3118字,残缺253字,篇末记字数"凡三下四百四十字"。

甲本《少牢》第十一,存45支简,完整册书当为47支简,今缺第24、46简。简2的竹青面书写有篇题"少牢",简1的竹青面书写有"第十一"为篇次。第41简以下,字迹与前文有异,又另编序号"一"至"六"。简文每行字数多达70字,正文今存2801字,残缺167字,篇末记字数"凡二千九百五十四字"。

甲本《有司》第十二,存74支简,完整册书当为79支简,今缺第46、51、63、67、78简。简2竹青面书写有篇题"有司"二字,简1竹青面书写有篇次"第十二"。最后六支简的序号写在正面下端。简本此篇文字与今本相近,多与唐石经合,可补正今本的不足。全篇今存4362字,残缺170字,篇末记字数"凡四千八百字"。

甲本《燕礼》第十三,存51支简,完整册书当为53简。今缺第11、13两支简。篇题和篇次"燕礼第一三"书写于简1的竹青面。此篇内容与今本相近,属今文经,其中亦有与《泰射》相重者。简文中所引的《周南》《召南》篇名与《毛诗》相异，当属《齐诗》。全篇今存经文有2158字，"记"有305字，凡2463字，残缺704字，脱文20字，篇末记字数"凡三千六十六字"、又"记三百三文"。

甲本《泰射》第十四，存106支简，完整册书当为114支简，今缺第7、18、32、43、47、67、79、91简。简2的竹青面书写有篇题"泰射"二字，简1竹青面的"第一四"为篇次。简文大体完整，仅简1~3有残缺。此篇内容最长，与今本相异甚多，字词文句多有差别，同篇用字前后不一，如"大"作"泰"，又作"太"。全篇今存6145字，残缺641字，脱一简62字，篇末记字数"凡六千八百五十八字"。

乙本存木简37枚，较甲本木简短而窄。其内容仅为今传本《仪礼》中的《服传第八》一篇，篇题写在篇道第一、二简简背。出土时木简多已折成若干段，每简容字较多，多者达123字。简2竹青面书写有篇题"服传"二字，简1竹青面书写的"第八"为篇次。此本与甲本同源，凡二本相异之处，则乙本往往近于今本。全篇今存3348字，比甲本多，篇末未记字数。

丙本现存木简34支，出土时残断严重。其内容为传本《仪礼》中的《丧服》一篇，简背无文字书写，简首"丧服"二字为篇题。篇末计字尾题为"凡千四百七十二"字，但实际现存字数为1285字。此本与今本大致相同，分章与甲、乙本同，于每章前一简不足行而止，皆有空白。全篇存一千五百三十九字，其中经文一千一百七十三字、记文三百六十二字，篇末记字数"凡千四百七十（字）"。

关于武威汉简《仪礼》的文本性质及学派归属，学者们有不同的看法。简本整理者认为，它与郑玄《仪礼》注的校记相比较来看，简文内容及用字多合于今文本，当是属于今文本系统，但其中也夹杂了一些古文本的用字习惯，推测简本是属于庆氏（庆普）本。沈文倬先生认为，西汉晚期传《礼》学者只有后氏一家，大、小戴和庆氏都是出于后氏之传，他们的经本其实是一样的，都是属于今文本系统，而简本当是以今文读古文，因而是糅合今古的另一传本，沈文倬先生称之为"古文或本"，他认为今传本是来源于这个版本的。[1]

二、从生到死的生命礼仪——《仪礼》

《仪礼》最初名称为《士礼》。《汉书·艺文志》中有"《礼古经》五十六卷,《经》十七篇"的记载,其中十七篇的《经》就是指今传本的《仪礼》。在《汉书·艺文志》的记载中,《仪礼》就是《礼经》的一部分。按照今传本内容来看,完整的《礼经》应该还有"王礼""诸侯礼""大夫礼"等内容,但自汉初就只有完整的《士礼》流传下来。其他诸礼篇亡佚的原因,或许如同《汉书·艺文志》所述的"及周之衰,诸侯将逾法度,恶其害己,皆灭去其籍,自孔子时而不具,至秦大坏"。

《仪礼》这一叫法最早见于晋代人文字中,为了避免与小戴《礼记》相混淆而改,遂行于后世。《士礼》这一名称的由来,应该是因本书最初汇编的都是供士人所习用的礼仪,今传本中就有"士冠""士昏""士相见""士丧""既夕""士虞""特牲馈食"诸礼。但是今传本《仪礼》中尚有一些诸侯所用之礼,如"燕""聘""大射""公食大夫""觐"等;诸侯之卿大夫、乡大夫所用之礼,如"少牢馈食""乡饮酒""乡射"等;通用之礼,如"丧服"等。这些内容应该是残存的其他类的"礼"文献,是属于《仪礼》文本最终形成过程中后加的内容。

传世文献中对《仪礼》的撰者众说纷纭,莫衷一是,或以为出自周公,或以为出自孔子,或以为成于战国之后等。现代学者们将考古资料与传世文献相结合,考察《仪礼》的形成年代,颇有成果。如陈公柔先生的《士丧礼、既夕礼中所载的丧葬制度》一文认为《仪礼》所述的制度大体实行于春秋末年到战国之初。[2]沈文倬先生的《略论礼典的实行和〈仪礼〉书本的撰作》一文则进一步将《仪礼》各篇撰作时代的上限定于鲁哀公、

---

[1] 骈宇骞:《简帛文献纲要》,北京:中华书局,2015年,第216页。

[2] 陈公柔:《士丧礼既夕礼中所载的丧葬制度》,中国社会科学院考古研究所:《考古学报》,1956年第4期。

悼公之间，下限定于鲁共公十年前后，并认为是"由孔子的弟子、后学陆续撰作"。①由此，我们可以说《仪礼》文本形成于孔子时期，孔子及孔门弟子对其进行过整理和编纂工作，并在孔门内部讲习传授。

　　汉代所流传的《仪礼》有今文与古文两种版本。前文中所讲到的"《经》十七篇"就是指今文本，《史记·儒林列传》载："诸学者多言《礼》，而鲁高堂生最本。""于今独有《士礼》高堂生能言之。"这一版本实际上是自战国时期传承下来在汉代用隶书书写的文本。这一版本的篇目与今本相同，应当就是今传本的祖本。古文本就是刘歆在《移让太常博士书》中提到的："鲁恭王……得古文于坏壁之中，《逸礼》有三十九。"《汉书·艺文志》所说"《礼古经》五十六卷"，指的是包括《逸礼》的39篇再加上与今文经相同的17篇。这39篇《逸礼》在王莽时期一度被立于官学，但最终因今文经学家的反对而被罢黜，因此流传不广。虽然，东汉时期的郑玄在注解"三礼"时也有摘引，但毕竟完整的文本早在魏晋之际就已经散亡，其篇章内容也就难以详述。

　　今传本的《仪礼》17篇内容如下：

　　《士冠礼》第一，本篇详述举行"冠礼"的主要仪式规定。

　　《士昏礼》第二，记古代士阶层男子的娶妻成婚之礼，详述举行婚礼的主要仪式规定。

　　《士相见礼》第三，记古代士阶层男子彼此初次交往之礼，以及士与大夫、大夫与大夫、士与君相见之礼，详述了士人执贽求见、相见的经过和对方回拜等主要仪式规定。

　　《乡饮酒礼》第四，该礼是古代乡大夫定期举行的以敬老尊贤为主题的饮酒集会之礼，详述了参加人员、仪式过程以及乐工奏唱等。

　　《乡射礼》第五，该礼是古代乡大夫与士、弟子等人定期举行的练习射箭之礼，详细叙述了"三番射"仪式的过程。

---

① 沈文倬：《略论礼典的实行和〈仪礼〉书本的撰作》，中华书局编辑部：《文史》，1982年第3辑。

《燕礼》第六，"燕"义为"宴飨"，该礼是古代国君与卿大夫聚会宴饮之礼，详述了宴飨典礼的准备和进行过程。

《大射》第七，是古代国君主持的群臣较射之礼，详述了大射仪式的准备和进行过程。

《聘礼》第八，记古代国君派遣使臣出访别国以通友好之礼，详述了出发前的准备工作和出访的过程，还有在对方国君举行的答谢仪式中使臣的行礼流程等。

《公食大夫礼》第九，是古代国君款待别国使臣以通友好之礼，详述了礼宾的准备工作和接待过程。

《觐礼》第十，即朝觐之礼，是古代诸侯国君秋季朝见天子的礼仪，详述了国君朝见过程中的仪式规定。

《丧服》第十一，是死者亲属所穿的丧服等次和不同服丧期应守的礼仪，根据与死者关系的亲疏远近，对于不同亲属的丧服和服期做了各自不同的规定。

《士丧礼》第十二和《既夕礼》第十三实际上是上下篇。详述了士人父母去世之后应守的礼仪，从"始死"开始，经过"小敛""大殓""成服"到"入葬"的全部礼节仪式。

《士虞礼》第十四，"虞"通"娱"，即娱神之意，是古代士人埋葬父母之后回家举行的祭祀礼，本篇分述了"首虞""再虞""三虞"等祭祀活动的礼仪规定。

《特牲馈食礼》第十五，是古代诸侯的士在春夏秋冬时节在宗庙祭祀祖先的礼，由于士用一豚祭祀，因此叫作"特牲馈食"。本篇详述了祭祀的全部过程和礼仪规定。

《少牢馈食礼》第十六和《有司彻》第十七也是上下篇。该礼是古代诸侯的卿大夫在春夏秋冬四个时节在宗庙进行祭祀祖先的礼，由于卿大夫祭祀时用一羊一豕作为祭品，因此称为"少牢馈食"。本篇详述了祭祀的全部过程和礼仪规定。[①]

三、人生礼仪——《仪礼》举隅

在前面的两节内容中，我们对出土和传世文献的《仪礼》有了一定的了解。但严肃的文字内容总会让人略感疲惫，在这一节内容里让我们更深入地走进《仪礼》这本书。假如你手头有一本《仪礼》，在简单翻一翻的过程中，就会发现这本书通篇讲述着不同的行礼过程中，每个人的站位、行为等，就像一场"木头人"的游戏，在进入下一个环节之前，谁都不许动。假如做了一些"小动作"，那么很遗憾，在场的人都会为你送上"非礼""逾礼"的标签。

兴许你会觉得这样真没意思，但这确实是古人的日常。《仪礼》讲述了一个人从生到死的生命历程中会遇到的重要事件，比如成年、结婚、生育、交际、死亡等。在你经历这些人生大事的时候，《仪礼》会时刻告诉你如何保持有仪式感的生活。

比如你现在已经十五岁了，即将成年，这时候《仪礼》开篇的《士冠礼》便派上用场了。主持仪式的是你所尊敬的长者，整个仪式充满着长者对冠者的教诲和期许。在仪式开始之前大家穿着得体的衣服，尤其是主人需要穿着"玄冠朝服，缁带素韠"的正装，面朝西站立在宗庙门口的东面，以最佳的精神状态迎接你们的到来。此时还有"有司""筮人""宗人""赞者"来确保仪式的正常举行。"有司"就是官方代表，以"法律"的形式确认你的成年人身份；"筮人"就是专门挑选"黄道吉日"的人，他不光要保证仪式获得上天的认可，也要保证当天是个好天气；"宗人"则是你宗族专门掌管族谱的人，他会谨慎地记录你在家族中的位置，让你在家族内定的权利与义务得到保障；"赞者"负责仪式过程中的细节，类似于今日宴会中的迎宾或礼仪。

当你进门之后，就要与主人行礼，互相答拜，这样的答拜会随着你

[①] 叶纯芳：《中国经学史大纲》，北京：北京大学出版社，2016年，第60页。

从门口到堂屋进行很多次。此时,仪式的高潮部分也要到来了,主人会先为你整理仪容仪表,然后致祝词,接着赞者会为你梳头、插簪,并贴心地为你递上象征成年人的"冠(帽子)",当这些程序结束之后,你就可以品尝到人生第一口酒,当然还有干肉和肉酱。仪式的最后你还需要向家中的亲友们答拜,并告诉他们你已经成年了,并向主人道谢,这样你仪式感满满的冠礼就结束了。

当你到了二十岁,就该结婚了。娶妻的过程要经过"纳采""问名""纳吉""纳征""请期""亲迎"等六个主要仪节,故称为六礼。其中前五个仪节,是由男方派使者到女方家里进行,最后在亲迎时,男子才亲自前往。古人认为婚礼应该在阴阳相交的黄昏时候举行,因此古人都是写作"昏礼"。当男女双方达成婚礼意向之后,"纳采"就需要男方使者拿着"雁"作为礼品去女方家里,"雁"作为礼品,具有夫妻双方共患难、夫唱妇随、携手渡过难关的寓意。"问名"的环节主要是为了用男女双方的姓名占卜吉凶,这与后世婚礼前"看八字"相似。婚礼仪式到"纳吉"这一步基本就定下来了,这个时候男方家里还需要送一只"雁"。"纳征"又称为"纳币",这个环节就是男方使者到女方家里下聘礼,女方家里接受聘礼之后,婚礼的事情就正式确定了。"请期"的环节依然是男方使者拿着"雁"去女方家里,敲定结婚的日子。在"亲迎"之前,男方家还要准备好婚礼的一切陈设,结婚当天新郎要戴着"爵弁",穿着"纁裳缁袘",乘着"墨车"去往女方家中迎娶新娘。

此后,你就要开始经营事业了,这时你会接触到不同社会阶层的人,在交往过程中你需要时刻牢记《仪礼》的教导。假如你是一个士人,在遇到另外一个士人之后,就要严格遵循《士相见之礼》的规定。当你想要晋升时,就需要参加乡大夫主持的乡饮酒礼。如果你表现优秀又知礼,从众人中脱颖而出,就能成为被推荐给诸侯的最贤能的人。接着你只需要在乡射活动中表现优秀,就可以跨越阶层,正式成为贵族。乡射指每年春秋时节乡下属的各州聚集民众练习射箭的技艺,这也是古代贵族需要具备的"礼""乐""射""御""书""数"的"六艺"之一。其核心活动是"三番射",第一番射侧重于射的练习,最终产生"上射"和"下射"各一名,第二与第三番射侧重于比赛,均需决出胜负。但在乡射过程中,你的动作和举止都要与音乐相配合,并且要守礼,不能因为分胜负而争执得面红耳赤,这样会被直接淘汰出局。

在"大射仪"过后,由于你箭法高超,被诸侯选定为外交官。你四十多岁时,事业逐渐稳定下来,精通礼仪的你成为诸侯钦定的外交和礼仪官员。古代的天子与诸侯、诸侯与诸侯之间,由于长期没有举行盟会,无缘相见。你所住的国家在选定外交使团的正使时,决定派你以卿大夫的身份随行前往绛都聘问霸主晋国国君。在你的从政生涯中,主持"聘礼"仪式是你的高光时刻。你知道"聘礼"分为"大聘"和"小聘",二者虽仪节完全相同,但使者身份、礼物的多少有质的区别,像晋国这样的大国就要施行"大聘"。

"聘礼"从你临行前便开始了,你与自己的国君在朝堂上挑选外交使团人选,并分别给予任命。你还需率领使团谦逊地表达才能不足,国君则回道"卿经国之才,才堪大用",表达对你的信任和认可。此后,你需要开列礼品清单,出行前的傍晚还需要检查礼品。第二天外交使团身穿朝服面见国君,"宰"禀告国君礼品已准备完毕,史官还需要向国君读清单,并一一核检原物。第三天,你们去"祢庙"进行告庙仪式。接着副使和随行人员等在宗庙门外,当你出了庙门并将国君授予的"旐"旗插在车上时,你们便随着国君正式出发了。到了晋国边境,还需要对聘礼仪式进行一次预演,进入国境之后要打开旐旗,所有随行人员起誓,保证任何人绝不违反聘问国的礼法。入晋国国境时,需要向其"关人"报备人数、来意等。入境后,还需检查礼品数量。走到绛都的远郊时,再次检查礼品数量。走到近郊时,晋国派人来慰劳,并将你们迎接至馆舍休息。此后你需要与晋国的外交人员安排好两国国君见面会的礼仪程序,经过一系列烦琐的仪式和丰富多彩的宴会,两国达成了前所未有的友好关系。返程回国之后，国君第一时间率领你们去"祢庙"举行告庙仪式，告诉祖先们你们安全归来，并告知取得的外交成绩。

以上的举隅大致包含了《仪礼》前八篇的内容，其后最主要的就是丧礼了。从上面的勾勒中我们可以看出，《仪礼》好似一本没有感情的礼仪操作指南，指导着行礼者合乎礼仪地度过生命中的重大时刻。但细读之后又会从字里行间中感悟到《仪礼》中透露着的人性与人情。礼原本就是人多种多样情感的表达和节制，因此《仪礼》中每一个仪式细节的设计都透露着人文内涵，其背后支撑着的是礼的精神所在，意在潜移默化中培养人谦和、文雅、节制、仁爱的美德。

海昏侯简"礼"文献与今传本《周礼》

文物简介

海昏侯墓出土竹简中,大概有300支竹简的内容与今传本的《礼记》和《大戴礼记》相关,这些简均为残简,且较多残缺严重。从竹简的形制、容字、书体和内容等方面来看,简文内容大致可分为四组。这些简现藏江西省南昌市海昏侯博物馆。

简牍释文

子正而天下定,《书》曰:"一人有庆,兆……"

海昏侯简的"礼"文献简【1】

……其乐,敬其所尊,爱其所亲,事死如事生。

海昏侯简的"礼"文献简【2】

阅牍延伸

一、海昏侯墓汉简中的"礼"文献的内容

第一组竹简,四道编绳,完简约容字40,文字间距较小。其内容相当于传世本《礼记》的《曲礼上》和《曲礼下》2篇,目前可识读的文字涉及30多章。简文连抄不分章,亦无章节符号,但保存了好几处前后两章的衔接处,可以看出其"章序"与传世本《曲礼》一致。

图 4-8 海昏侯墓"礼"文献竹简　　　图 4-9 海昏侯墓行礼仪式竹简

170

第二组竹简共有三道编绳，完简约容字26，文字间距较大。其内容与今传本《礼记》相合的有《祭义》《丧服四制》等篇，其中与今传本《大戴礼记》相合的有《曾子疾病》《曾子事父母》等篇，但竹简用字与今传本有较大差异。

　　第三组竹简形制、容字和书体与《论语》简完全相同，共有三道编绳，完简约容字24，文字间距较大。每章另起一简抄写，但不见分章符号。其内容与今传本《礼记》的《中庸》篇相合者较多，文字内容涉及传世本《中庸》的十余章，文句大多与传世本相同。另外有一部分简文内容与今传本的《礼记·祭义》和《大戴礼记·曾子大孝》的"公明仪问曾子论孝"一段相合。另外，还有较少尚不明文献归属的竹简，其内容不见于今传本的大、小戴《礼记》和《论语》，目前尚无法确定属于何种文献。

　　第四组简的文字内容与今传本的《大戴礼记》和贾谊《新书》的《保傅》篇有关。竹简残损较为严重。从现存的竹简推测其形制有三道编绳，根据书体及文字风格可分为两组，第一组简容字为24～26字，简文书体较为宽矮，方正，笔画转折处有明显的方折；第二组简容字约30字，简文书体较为清秀，笔画转折处较为圆润。

　　海昏侯汉墓竹简中还存有十几枚记载行礼仪式的文献，命名为"礼仪简"。其内容主要是记载特定仪式中参与者的进退行事过程，以及主持者的号令等，如"……践登柬堂。宾者、吏大夫皆反走复位。王西向定立。宾者、吏大夫……""……反走复位。王定立陛前，南向。皆复就位。礼乐进，曰'请令相行乐器'""……史、祝赞曰：嗣王某□尽如仪"等。从形式上看，这些简与《仪礼》的一些篇目十分相似。其中数支竹简内容的主体是"王"，因此推测这类文献应该属于刘贺为昌邑王时使用的文本。汉代诸侯王实际使用的礼仪属首次发现，这部分竹简虽数量不多，残损也比较严重，但无疑是探索汉代王公行礼过程的重要文献。①

---

① 朱凤瀚：《海昏简牍初论》，北京：北京大学出版社，2020年，第137页。

二、儒家"理想国"的行政指南——《周礼》

《周礼》原名叫作《周官》。《周礼》这一名称最早见于荀悦《汉纪·成帝纪》中记载刘歆"以《周官经》六篇为《周礼》",东汉时期的郑玄注解"三礼",并著《三礼目录》一书,此后《周礼》逐渐成为该书的定名。《周礼》的来源颇为曲折隐微,《隋书·经籍志》载:"汉时有李氏得《周官》……上于河间献王,独缺《冬官》一篇,献王购以千金不得,遂取《考工记》以补其处,合成六篇,奏之。"陆德明的《经典释文·序录》说:"王莽时,刘歆为国师,始建立《周官》,为《周礼》。"由此可知,《周礼》自汉武帝时期就在民间流传,发现之初《冬官》已经残缺,取《考工记》补足了六篇。西汉末期古文经学家刘歆大力提倡古文经,并在王莽时期将《周礼》立于学官。

《周礼》的撰者及该书的真伪和成书年代,历代学者一直存在许多分歧。两汉时期的古文经学家认为《周礼》是周公为"致太平"而作。但是东汉时期的今文经学家何休则认为《周礼》是"六国阴谋之书",认为其撰作时代是战国时期。晚清至近代以来的一批今文经学家,如刘逢禄、魏源、廖平、康有为等人,认为《周礼》完全出自刘歆的炮制,是一部彻头彻尾的伪造之书,尤其以康有为的《新学伪经考》观点最为鲜明。

目前研究表明,《周礼》一书规划了完整的官制系统,整体上看起来结构十分严整,但各种职官却比较驳杂。且在其记述的政治和经济制度中虽包含有若干西周时期的职官,但实际上更多体现了战国时代六国官制的特征。全书的基本内容虽不能尽合古制,却并非向壁虚造,全无史实根据,绝非如今文经学家指斥的"六国阴谋之书"或"渎乱不验之书"。《周礼》一书应当是战国时期儒家学者们根据当时和以前的官制材料,编纂的一部理想化、系统化的政书。其成书经过多人之手,最终可能在战国晚期有过统一的整理与加工。[①]

---

① 董治安:《经部要籍概述》,南京:江苏教育出版社,2008年。

《周礼》共有六篇，按照"天地春夏秋冬"的顺序依次叙述王朝内的6个行政系统，及其下设的各种官职，各官职有主官和属官，明确划分了各级官职的职掌权限。

《天官冢宰》第一，长官为冢宰，为天子之卿，职掌"治典"，"使帅其属而掌邦治，以佐王均邦国"，主管业务为天下政务，相当于西汉时期的丞相，辅佐天子，总领百官。副官为小宰，为天子之大夫。天官冢宰下设各种治官有63种。

《地官司徒》第二，长官为大司徒，为天子之卿，职掌"教典"，"使帅其属而掌邦教，以佐王安扰邦威"，主管业务为教化民众和主管土地、赋税等。副官为小司徒，为天子之大夫。地官司徒下设各种教官有79种。

《春官宗伯》第三，长官为大宗伯，为天子之卿，职掌"礼典"，"使帅其属而掌邦礼，以佐王和邦国"，主管业务为礼仪和宗庙祭祀等事宜。副官为小宗伯，为天子之大夫。春官宗伯下设各种礼官有7种。

《夏官司马》第四，长官为大司马，为天子之卿，职掌"政典"，"使帅其属而掌邦政，以佐王平邦国"，主管业务为军事，包括统帅军队、作战指挥等。副官为小司马，为天子之大夫。夏官司马下设各种政事官有70种。

《秋官司寇》第五，长官为大司寇，为天子之卿，职掌"刑典"，"使帅其属而掌邦禁，以佐王刑邦国"，主管业务为司法，包括狱讼、刑罚等。副官为小司寇，为天子之大夫。秋官司寇下设各种刑官有66种。

《冬官司空》第六，原篇在汉初发现时就已经亡佚。郑玄《三礼目录》曰："冬闭藏万物，天子立司空，使掌邦事，亦所以富立家，使民无空也。"由于《冬官》亡佚，河间献王取先秦古籍《考工记》一书补入其中。该书叙述了"百工"，各种工匠的分工与操作规程。共计有"攻木之工七，攻金之工六，攻皮之工五，设色之工五，刮摩之工五，搏埴之工二"，共设职30种。

三、儒家"理想国"的行政指南——《周礼》举隅

《周礼》一书按照"天官冢宰""地官司徒""春官宗伯""夏官司马""秋官司寇""冬官司空"的顺序,详细地规划了从中央到地方大大小小376个官职及其具体执掌。但历史上《周礼》的政治架构并未真正实施过,这一整套的官制体系可以说是战国末年、王朝大一统的前夜,儒家学者们为心中的"理想国"而设计的行政指南。这本书中有"冢宰"这样"使率其属而掌邦治,以佐王均邦国",一人之下万人之上的"宰相","司徒"这样"使帅其属而掌邦教,以佐王安扰邦国"的"教育总部长","宗伯"这样"使帅其属而掌邦礼,以佐王和邦国"的"文化部部长",等等。①

除了这些正经八百的官职,《周礼》还有一些"有趣"的官职。"天官"十二为《兽人》:"兽人掌罟田兽,辨其名物。冬献狼,夏献麋,春秋献兽物。时田,则守罟。及弊田,令禽注于虞中。""兽人"的主要职责是掌管用网捕获野兽,并辨别野兽的名称和毛色。冬天还要向朝廷进献狼,夏天进献麋鹿,春秋时节捕获的野兽都可以进献。在贵族田猎期间,兽人还要守好捕兽的网。田猎活动结束的时候,就要把所捕获的野兽聚集到树立有虞旗的中央处。除了"兽人",还有主管打鱼的"渔人"、主管捕获有壳动物的"鳖人"、把野兽加工成干肉的"腊人",等等。看来美食文化已深深地渗透进了政治系统中,儒家学者们还是非常注重统治者的饮食健康和多样化的。

当然,人食五谷杂粮,免不了要生病,因此就有了"医师"专门为人看病,而且年终还有绩效考核,按照一年的成绩将医师们划为五等派发口粮,从零失误为"上等"到"十失四为下",古人也深谙绩效考核之道。贵族豢养的动物生病了也有"兽医"看病,"凡疗兽病,灌而行之,以节之,以动其气,观其所发而养之。凡疗兽疡,灌而耐之,以发其恶,

---

① 杨天宇:《周礼译注》,上海:上海古籍出版社,2004年,第1、128、258页。

然后药之，养之，食之"①。也就是说治疗牲畜，先灌药让它行走，但要节制它行走的快慢，以发动其脉气，通过观察脉气来判断病情，确定诊疗方案。假如牲畜生了疡疮，先灌药然后刮去脓血和腐肉，再敷药加以疗养。如果牲畜在治病过程中死亡了，要详细记录在案，年底按照牲畜死亡数量来决定兽医俸禄的增减。

《周礼》中还设置有一批女官，她们的主要职责是侍候女性贵族们。"世妇"掌管女性祭祀、招待宾客和丧事；"女御"则掌管妃嫔们依次到燕寝陪侍王的顺序；"女史"负责有关王后礼仪的事情，还要掌管治理内宫之法的副本文件，在关键时刻告诉王后应该按照哪种方式治理内宫的嫔妃们。②

"地官"二十六中"媒氏"主要负责掌管民众的婚姻大事。出生三月以上的婴儿，取名之后都要记录他们出生的年月日和姓名。男子年满三十而娶妻，女子年满二十而出嫁。凡娶再嫁女子为妻，以及接纳再嫁女子所带子女的情况，都要加以记录。在每年仲春二月，还要促成男女成婚。这个时候，如果有私奔的也不加禁止。如果无故不嫁娶的人，就要接受处罚。过了婚龄尚未成婚的男女，媒氏还要帮助他们成婚。在嫁女娶妻时候，还要监督送聘礼要用缁帛，而且总价值不超过五两。③可以说，《周礼》的"媒氏"身兼数职，不仅是民政局还是婚姻登记处，还兼职着婚介所的差事。

如果哪天王遇到了"未解之谜"，需要向神请求解答。这时候"春官宗伯"里的"大卜""卜师""龟人""菙氏""占人""筮人""占梦""视祲""大祝""小祝""司巫""男巫"等人就该登场发挥作用了。其中"视祲"从字面上难以明了其执掌，"视祲掌十辉之法，以观妖祥，辨吉凶：一曰祲，二曰象，三曰镌，四曰监，五曰暗，六曰瞢，七曰弥，八曰叙，

---

① 杨天宇：《周礼译注》，上海：上海古籍出版社，2004年，第73页。
② 杨天宇：《周礼译注》，上海：上海古籍出版社，2004年，第116-118页。
③ 杨天宇：《周礼译注》，上海：上海古籍出版社，2004年，第205页。

九曰隮，十曰想。掌安宅叙降。正岁则行事，岁终则弊其事"[1]。由此可见，"视祲"掌管的是观察十种日旁气晕之法，以观察善恶，辨别吉凶。并且还掌管安定居宅、依次占测凶祸降临的地点并进行攘除或迁移，夏历正月开始进行安定居宅的事，年终总计全年安定居宅的情况。"视祲"这个职位是需要能人异士才可以胜任的。古代占测吉凶祸福的方式有很多，除了第一章我们讲的龟卜筮占以外，还有观测特定星象的、观测风的"风角"、观测云的"云气占"，还有本文中观测日旁气晕的"视祲"。

在《周礼》中儒家学者们事无巨细地规划了他们心目中"理想国"的行政指南，但此后历史的进程并没有为儒家学者的"理想国"提供生存土壤，秦帝国建立之后以"法家"思想为建国理念，汉承秦制，逐渐建立起了"百代皆行秦政制"的以皇帝为核心的中央集权统治，儒家的政治蓝图最终只存在于书本里。

中古时期的西魏曾短暂地使用过《周礼》的六官制度，这也是该制度在中国历史上唯一一次正式实行。西魏恭帝三年（556年），西魏丞相宇文泰接受苏绰、卢辩的建议开始仿照《周礼》官制，实行带有复古色彩的六官制度。次年北周代魏，宇文泰子宇文觉（孝闵帝）即位后继续行用，直到隋文帝杨坚代周称帝。开皇元年（581年）恢复了魏晋以来发展形成的三省制度，即三省六部制的前身，六官之制正式废除。

---

[1] 杨天宇：《周礼译注》，上海：上海古籍出版社，2004年，第358页。

居延汉简《礼记》残文与今传本《礼记》

文物简介

木简一枚，简号为349.9+349.22，上下皆有残端，残长7.9厘米，宽1.1厘米，厚0.3厘米，重量为1.16克。1930—1931年中瑞西北科学考察团于额济纳河流域烽燧遗址发掘，该简出土于A33地湾遗址。简文字迹清晰，墨色如漆，书法甚佳，文字为典型的汉隶，现藏台湾"中研院"史语所。

简牍释文

［害］。强毋攘弱，众毋暴寡，老［耆］　　　　　349.9+349.22

阅牍延伸

一、居延汉简中的《礼记》

台湾"中研院"史语所藏居延汉简349.9+349.22号简文断句为"［害］，强毋攘弱，众毋暴寡，老［耆］"[①]。该句见于《汉书·景帝纪第五》："夏四月，诏曰：'雕文刻镂，伤农事者也；锦绣纂组，害女红者也。农事伤则饥之本也，女红害则寒之原也。夫饥寒并至，而能亡为非者寡矣。朕亲耕，后亲桑，以奉宗庙粢盛祭服，为天下先；不受献，减太官，省繇赋，欲天下务农蚕，素有畜积，以备灾害。强毋攘弱，众毋暴寡，老耆以寿终，幼孤得遂长。今岁或不登，民食颇寡，其咎安在？

[①] 简牍整理小组：《居延汉简（肆）》，台湾："中央研究院"历史语言研究所，2017年，第50页。

或诈伪为吏，吏以货赂为市，渔夺百姓，侵牟万民。县丞，长吏也，奸法与盗盗，甚无谓也。其令二千石修其职；不事官职耗乱者，丞相以闻，请其罪。布告天下，使明知朕意。'"①简文内容与汉景帝诏书文字全同。汉代中央政府所发出的诏书或者下达文书中习惯引用儒家经典中的文句，以此来体现汉代统治者重视文教的特点。

简文与诏书中的文句还见于《礼记·祭义》："居乡以齿，而老穷不遗；强不犯弱，众不暴寡，而弟达乎州巷矣。"②这里的"强不犯弱，众不暴寡"与简文的"强毋攘弱，众毋暴寡"所表达的意思是一样的，只不过在表述过程中将"犯"改换成了与之同义的"攘"字。当然我们也可以认为这一句在更早期仅仅是一句类似于格言警句的存在，在《礼记·祭义》的编纂过程中被收入篇章。但毫无疑问的是，简文和景帝诏书当是受到了《礼记》文本的影响，诏书所表达的中心思想也与儒家提倡的道德品质相一致。

图4-10　居延汉简 349.9+349.22号简

二、礼义精华的集萃——《礼记》

《礼记》，一称《小戴礼记》，其内容主要是战国至秦汉时期的儒家学者们解释《礼经》和论礼义的文章汇编，"礼记"就是"礼经之记"。先秦典籍中的"记"与"传"都是相对于"经"而言，相当于"经"的解释性文本，基本是对"经"内容的解释、阐发或发挥。战国时期各种释礼、

---

① [汉]班固撰，[唐]颜师古注：《汉书》北京：中华书局，1964年，第151页。
② 杨天宇：《礼记译注》，上海：上海古籍出版社，2016年，第771页。

论礼的文章层出不穷，当时就有学者对其进行了一定的汇编。

《汉书·艺文志》载："《记》百三十一篇，七十子后学所记。"这说明在西汉末期整理典籍时，阐释《礼》的零散文章共有131篇之多。在西汉时期该书主要有两个重要的汇编本，一个是戴德的选本，共有85篇，为《大戴礼记》；另一个是戴德侄儿戴圣的选本，共有49篇，为《小戴礼记》。但是这二书中的篇章选取自何书，它们各自的形成又是怎样，这些问题在经学史上一直都存在着争论。

今传本《礼记》的49篇，各篇所述内容和主旨并不统一，显然不是出自一人之手，当然也不会是同一时期的作品。但从《仲尼燕居》《孔子闲居》《曾子问》几篇内容来看，基本是孔子及其弟子之间论礼的对话，很可能出自孔子弟子或孔门后学之手。此外，如《中庸》被认为是子思所作，《缁衣》《乐记》为公孙尼子所作，《大学》为曾子及其门人所作，可见唐徐坚《初学记·经典部》"《礼记》者，本孔子门徒共撰所闻也，后通儒各有损益"的说法是很有道理的。

《礼记》的具体内容，可分为以下几个方面：

第一，关于"礼"的通论性著作，如《檀弓》《礼运》《玉藻》《大传》《学记》《经解》《哀公问》《仲尼燕居》《孔子闲居》《坊记》《中庸》《表记》《缁衣》《儒行》《大学》。

第二，论述礼仪制度的著作，如《曲礼》《王制》《礼器》《少仪》《深衣》。

第三，关于丧服制度的著作，如《曾子问》《丧服小记》《杂记》《丧大记》《奔丧》《问丧》《服问》《间传》《三年问》《丧服四制》。

第四，关于世子法的著作，如《文王世子》。

第五，关于子法的著作，如《内则》。

第六，关于祭祀礼仪的著作，如《郊特牲》《祭法》《祭义》《祭统》。

第七，关于吉礼内容的著作，如《投壶》。

第八，关于吉事的著作，如《冠义》《昏义》《乡饮酒义》《射义》

《燕义》《聘义》。

第九，关于音乐内涵的著作，如《乐记》。

第十，关于明堂阴阳的著作，如《月令》《明堂位》。

《礼记》虽然是解经的著作，成书于战国至秦汉时期。但是其书对于"礼"的内涵和外延的阐释较为具体，涉及更广，部分篇章具有较强的理论性，因此在后世的流传中影响也更为深远。

第五章 《春秋》

《春秋》及其相关的文献在先秦时期的出土文献中并没有发现,但相近题材的史学文献在清华简《系年》《越公其事》,上博简《吴命》,湖北慈利楚墓竹简《国语·吴语》均有发现。汉代前期的马王堆汉墓和阜阳汉墓中还发现有《春秋事语》,其中的内容可与《左传》《国语》中所记载的史实相对应。截至目前,战国至西汉前期也没有发现与《春秋》和"春秋三传"直接相对应的出土文献。西汉中期的海昏侯墓葬中出土了《春秋》类的简册,根据整理者现已公布的简文来看,这些简文属于"春秋三传"的内容。

　　在甘肃简牍博物馆所藏的汉简中发现有与《春秋》和《左传》直接相关的残简,虽仅存2枚,但弥足珍贵。居延新简中的《春秋》残文就是《春秋》的经文内容,而肩水金关汉简的残简则是目前仅见的能与《左传》内容直接对应的文字,这似乎说明西汉时期一直流传在民间的《左传》或多或少已为河西地区的士人所熟知。

海昏侯竹简《春秋》与今传本《春秋》

文物简介

海昏侯墓的《春秋》类简册出土时置于一个漆盒内，共有竹简205支，竹简分正、反两面书写，总共有文字的有410面。这批竹简的保存情况极差，均为残断简，简大多朽烂严重，文字模糊不清，现藏江西省南昌市海昏侯博物馆。

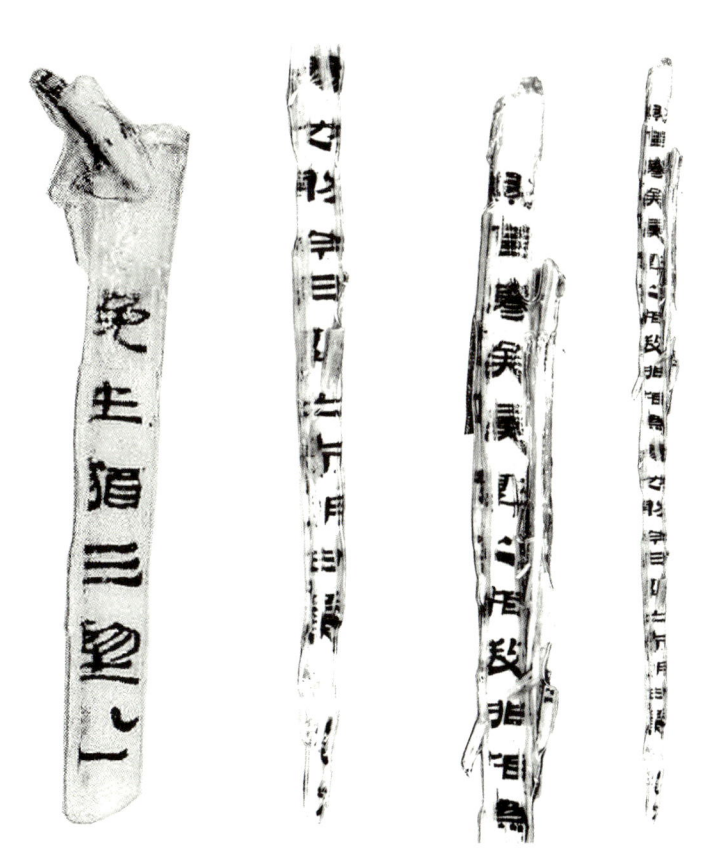

图 5-1　海昏侯竹简《春秋》

简牍释文

免牲，犹三望。

六年春王正月。夏，公会齐侯□□。

而用师危不得

取济西田。恶取之也？取诸曹。

阅牍延伸

一、海昏侯墓出土竹简《春秋》

该简正面文字保存情况稍好，有部分文字尚可辨识。反面情况甚差，可辨识的文字寥寥无几。

这批竹简尚在整理过程中。仅就部分已公布的简文来看，其中简文"免牲，犹三望。"见于今传本《春秋》三传。如《公羊传·僖公》："三十一年夏四月，四卜郊，不从，乃免牲，犹三望。"《穀梁传》卷九和《左传》卷十七中相关文字与《公羊传》相同。简文："六年春王正月。夏，公会齐侯□□。"《公羊传》卷一僖公："六年春王正月。夏，公会齐侯、宋公、陈侯。"《穀梁传》卷八与《左传》卷十三与《公羊传》相同。

部分简文内容则仅见于《公羊传》。如简文"而用师危不得"出自《公羊传·卷十二·僖公》"三十三年夏四月辛巳，君在乎殡而用师，危不得葬也……癸巳，葬晋文公"。简文"取济西田。恶取之也？取诸曹"出自《公羊传·卷一二·僖公》"三十一年春，取济西田。恶乎取之？取之曹也"[1]。

---

[1] 朱凤瀚：《海昏简牍初论》，北京：北京大学出版社，2020年，第146页。

二、"笔则笔，削则削"——《春秋》

《春秋》一名在先秦时期是各国史书的通称，如《国语·晋语七》的羊舌以"习于春秋"而教授太子；《墨子·明鬼下》记载"著在周之春秋""著在燕之春秋""著在宋之春秋"；何休《公羊解诂》曰："《不修春秋》，史记也。古者谓史记为春秋。"说明先秦春秋时期的周王朝及各诸侯国的史书都称为"春秋"，一般在前面加上国别名称加以区分。此类史书在当时数量较多，但多已亡佚。鲁国作为周公的封国，享受着周王朝的礼乐制度，因此至春秋时期鲁国的礼乐制度都保存得非常完备，鲁国史官同样也编撰有"春秋"，这就是何休所说的"不修春秋"，以"不修"区别于孔子修订的《春秋》。《孟子·离娄下》曰："王者之迹熄而《诗》亡，《诗》亡然后《春秋》作。晋之《乘》、楚之《梼杌》、鲁之《春秋》一也。其事则齐桓晋文，其文则史。孔子曰：'其义，则丘取之矣。'"①至春秋末期，相传孔子在整理鲁国史书时，在其基础上编撰了一部名为《春秋》的著作，孔子所作的《春秋》最大的特点就是文字间暗含褒贬，孟子认为孔子撰写《春秋》是由于春秋末期王道衰微，诸侯并起，人伦大坏。此时《诗》的讥刺已经无法挽救时局，因此就需要更有力的文字工具，字字蕴含褒贬，这就是孟子所认为《春秋》的创作意图。其后"春秋"一名，就逐渐成为孔子所著书的专称。②

先秦时期的史书为何称为"春秋"，古往今来的学者们多有讨论。古代学者基本观点是认为书名为《春秋》是错举四时的意思，"春秋"二字实际上包含了夏和冬，也就是记述了一整年内的重大事情，如孔颖达《春秋左传正义》曰："年有四时，不可遍举四字以为书号，故交错互举，取春秋二字以为所记之名也。春先于夏，秋先于冬，举先可以及后，

---

① [汉]赵岐注，[宋]孙奭注，廖名春等整理：《孟子注疏》，北京：北京大学出版社，2000年，第267页。

② 董治安：《经部要籍概述》，南京：江苏教育出版社，2008年。

言春足以兼夏……举春秋足句四时之义。"①就是这个意思。近代学者根据新发现的甲骨文中并没有四时的记载，认为古代表示一年的名称就是"春秋"，也就是春秋二时说。于省吾在《岁时起源初考》一文中就认为上古时一年只有春、秋两季，而无夏、冬两季，古人便以春秋总括一年。商代和西周前期，一年分为春秋两季，西周后期，才有四季。因此，古史书以"春秋"为名。

战国时期《春秋》就是儒家的重要经典之一，如荀子《劝学》曰："故《书》者，政事之纪也；《诗》者，中声之所止也；《礼》者，法之大分、类之纲纪也……《礼》之敬文也，《乐》之中和也，《诗》《书》之博也，《春秋》之微也，在天地之间者毕矣。"《庄子·天下》曰："《诗》以道志，《书》以道事，《礼》以道行，《乐》以道和，《易》以道阴阳，《春秋》以道义。"②由此可见，在战国晚期《春秋》作为经典的地位已经确立。

《春秋》的内容，按春秋鲁国十二公编年记事，起自鲁隐公元年（前722年），止于鲁哀公十四年（前481年），记载了鲁国十二公在位期间共242年的历史。书中所记的内容简单，很多只是一个条目，最长的一条记事仅四十余字，全书不过18 000多字。如鲁隐公元年的内容仅有：

春王正月。

三月，公及邾仪父盟于蔑。

夏五月，郑伯克段于鄢。

秋七月，天王使宰咺来归惠公、仲子之赗。

九月，及宋人盟于宿。

冬十有二月，祭伯来。公子益师卒。③

---

① [晋]杜预注，[唐]孔颖达正义，[隋]陆德明音义：《春秋左传正义》，北京：北京大学出版社，2000年，第3页。
② [清]王先谦：《荀子集解》，北京：中华书局，1988年，第12页。
③ [晋]杜预注，[唐]孔颖达正义，[隋]陆德明音义：《春秋左传正义》，北京：北京大学出版社，2000年，第43页。

《春秋》一书基本上如引文这样，每一年分月记事，每件事基本都是一个短句，叙述事件的主要内容。若某月无事可记便不写该月份名称，但按常理来讲正月就算无事可记也是必须书写的，若某年不书正月，则必然是有特殊的原因，故意不书写的。

孔子所修撰的《春秋》并不仅仅是一部史书，它被看作一部字字皆有褒贬，蕴含着孔子治国思想，并渴望有补于时政的著作。

《孟子》就说："孔子成《春秋》而乱臣贼子惧。"《史记·太史公自序》曰："夫《春秋》上明三王之道，下辨人事之纪，别嫌疑，明是非，定犹豫。善善、恶恶、贤贤、贱不肖，存亡国，继绝世，补敝，起废，王道之大者也……拨乱世，反之正，莫近于《春秋》。《春秋》文成数万，其指数千。万物之散聚，皆在《春秋》。《春秋》之中，弑君三十六，亡国五十二，诸侯奔走，不得保其社稷者不可胜数，察其所以，皆失其本已。"①

由于《春秋》文辞简约，春秋笔法暗含在文字之间。因此，就需要专门解释和发挥《春秋》意旨的著作，《春秋》的"传"由此诞生。《汉书艺文志·六艺略》载："及末世口说流行，故有《公羊》《穀梁》《邹》《夹》之传。四家之中，《公羊》《穀梁》立于学官，邹氏无师，夹氏未有书。"其中的《公羊传》和《穀梁传》属今文经学著作，重点在于阐发和引申经文的微言大义，这两种传文均有11卷，经文下附载有传文，其形式是采用一问一答的方式，讲述微言大义和义例，记事文字较少。《左氏传》属古文经学，总共有30卷，汉代早中期《左氏传》与《春秋经》分别单行，至西晋时期的杜预作《春秋经传集解》时，才开始把《经》文按年次分别移于《传》文之首。该书的特点是详于叙事，基本上将《春秋经》中提到的事件进行了完整的叙述，使得后人对经文记载事件的前因后果有了详

---

① [汉]司马迁撰，[宋]裴骃集解，[唐]司马贞索隐，[唐]张守节正义：《史记（点校本二十四史修订本）》，北京：中华书局，2013年，第4003页。

尽的了解，但值得注意的是，《左氏传》的纪年要比经文略长，一直延续到了鲁哀公二十七年（前468年）。另外汉代流传的《邹氏传》十一卷和《夹氏传》十一卷并没有流传下来。

居延新简中的《春秋》与《春秋》的撰著

文物简介

木简一枚，简号为 EPT52：59，1972 年至 1974 年由甘肃省文物部门在甲渠候官（破城子）遗址发掘获得，简文下部略有残缺，但不影响文字内容的释读，简文的书写不留天头地脚，为字间距较大且书写为工整的隶书。简文内容分正反面书写，书写内容相同，推测其为习字简，书写内容为《春秋经》。该简现藏甘肃简牍博物馆。

简牍释文

元年元年春王正月，公即位。所谓王……　　　　　　EPT52：59A

元年元年春，王正月　　　　　　　　　　　　　　　EPT52：59B

阅牍延伸

一、居延新简中的《春秋经》

居延新简中的《春秋》仅有 1 枚简，即 EPT52：59 号简。[1] 简文分正反面书写，字迹均是较为规整的隶书，且字距较宽，应是按照典籍册书的书写形态直接转录的。简文 A 面释文为"元年元年春王正月，公即位。所谓王……"，B 面释文为"元年元年春，王正月"。可以看出简文正反两面抄写的是同样的内容，因此推测这支简应该是习字简，只不过书写者的文化水平似乎较高，书法及文字内容均不类于抄写字书的普

---

[1] 李迎春：《居延新简集释（三）》，兰州：甘肃文化出版社，2016 年，第 121 页。

通书吏。

简文内容属于《春秋经》,《居延新简集释》做了详尽的考辨,认为:"《中国简牍集成》认为本简正面文字出自《春秋》三传,甚是。"其实,本简背面文字也与《春秋》有关。背面文字应是《春秋》"隐公元年"之经文,而正面则是传文或汉代经师对经传的解释。正面前两字"元年"提示解释的是元年之经,其后"元年春王正月公即位"是对公即位这一事实的说明,而"所谓王",则主要是对经文"王"字微言大义的阐释。从现存三传来看,背面文字可能与汉代最为流行的《春秋公羊传》有关。《春秋公羊传·隐公元年》对"王"字有专门阐释,"王者孰谓?谓文王也"。正面简文未对"元年""春"作过多阐释,与《春秋公羊传》有一定差别,可能是当时经师根据教授需要对传文的再加工。

张国艳《居延汉简"六艺略"文献的初步整理》一文认为:"该简正反两面文字为《左传·文公元年》经的摘抄,原文是:'元年春王正月,公即位。'"[①]将"元年春王正月,公即位"视为《左传·文公元年》所附经文的摘抄,虽注意到了此句与《左传·文公元年》所附经文的一致性,但实际是不合适的。首先是文后尚有"所谓王",文字、体例皆不与《左传·文公元年》所附经文相同;其次,"所谓王"显然是对"王正月"的进一步阐释,这种阐释方法、体例与《左传》显然不同,而与今文经学《春秋》学派一致;再次,既然该句要对"王"阐释,就说明其解释的对象应是《春秋经》中首次出现的"王正月"之处,故只能是对"隐公元年"经文的解释,而不可能晚到"文公元年"时才解释"王正月";最后,本探方出土简牍基本都是西汉中后期简,其时古文经学如《左传》并未流行,更不可能传播至极边远之居延地区,故简文只能出于当时正盛行之今文经学系统。我们认为《集释》的考辨是非常到位的,

---

① 张国艳:《居延汉简"六艺略"文献的初步整理》,《江南大学学报(人文社会科学版)》,2009年第1期。

EPT52：59B　　EPT52：59A　　　　EPT52：59B　　EPT52：59A

图 5-2　居延新简中的《春秋经》

这支简的内容就是《春秋》的经文及《公羊传》的内容，从简文正反面书写来看，这一点与海昏侯墓出土的《春秋》类竹简是相同的，因此可以推测西汉时期的《春秋》经文与《传》文是正反面书写的。

二、《春秋》与《公羊传》《穀梁传》的关系及流传

《春秋公羊传》也称《公羊春秋》《公羊传》。东汉戴宏序《春秋》传授曰："子夏传与公羊高，高传与其子平，平传与其子地，地传与其子敢，敢传与其子寿，至汉景帝时，寿乃共弟子齐人胡毋子都著于竹帛。"① 这说明了《公羊传》的传授、作者与成书年代。但前人对这一传授过程不无怀疑，且《四库全书总目》认为《传》中有引"子沈子曰""子司马子曰""子北宫子曰"等语，认为"盖皆传授之经师，不尽出于公羊子"。也就是说《公羊传》可能是战国至汉初，由儒家某派经师长期口耳相传，不断发展修改的产物，直至汉景帝时才由公羊氏写定文本。②

《公羊传》的内容是按鲁国十二公编年记事，每年系以时、月、日，先列《春秋》经，再述传文。《公羊传》所传的《春秋》经文止于"（鲁哀公）十有四年春，西狩获麟"，这一点与《史记》的记载是相同的，且这一时间节点被公羊学家们赋予了浓厚政治意味，认为是"仁兽不遇于时""圣人之道已穷"，将其视为一个历史时代终结的象征。《公羊传》认为《春秋》是孔子为后世制法的政治哲学著作，因此在阐释过程中尤其注重对《春秋》中微言大义的发掘。《公羊传》的解经方式大致有三类：重视大义名分、讲述《春秋》的义法、宣扬《春秋》的微言大义。

《公羊传》的传承人在汉初为胡毋子都，他被立为汉景帝博士。汉武帝时期设立今文五经博士，《春秋》经则立《公羊传》。此外，公孙弘和董仲舒均因为擅长《公羊春秋》学被提拔为侯和相。甚至在武帝时期《公羊传》成为治国乃至决断狱讼的依据，其学自然大兴于世。《汉书·艺文志》中还收有西汉时期所著的《公羊章句》《公羊杂记》《公羊董仲舒治狱》等多种公羊学著作。汉宣帝时期，《公羊传》与《穀梁传》

---

① [汉]何休解诂，[唐]徐彦疏，刁小龙整理：《春秋公羊传注疏》，上海：上海古籍出版社，2014年，第12页。

② 董治安：《经部要籍概述》，南京：江苏教育出版社，2008年。

的论争逐渐激烈。甘露三年（前51年），宣帝在石渠阁"诏诸儒讲五经同异"，这就是历史上著名的石渠议经。经此之后《穀梁传》与《公羊传》共同被立为学官。东汉光武帝时期重新设立十四博士，但此时《春秋》经的传习只取颜、严二家所传的《公羊》学。东汉末年桓、灵二帝年间，何休著《公羊墨守》《左氏膏肓》《穀梁废疾》等书，极力贬低《左传》和《穀梁传》，又著《春秋公羊解诂》独释传而不解经。何休对《公羊传》的推演和发挥既有继承自前人者，更多的是自己对《公羊传》的理解，从此之后《公羊》学更加系统化和理论化。

《春秋穀梁传》也称《穀梁春秋》或《穀梁传》。《汉书·艺文志》载："《公羊传》十一卷。班固自注：'穀梁子，鲁人。'"唐杨士勋在《春秋穀梁传序》的《疏》中称："穀梁子，名俶，字符始，鲁人，一名赤。受经于子夏，为经作传，故曰《穀梁》。传孙卿，孙卿传鲁人申公，申公传博士江翁。"①但此说法并不可信，子夏约卒于公元前440年，而荀子生于公元前335年前后，二人相距100多年，不可能是前后相承的关系。今人屈万里在《先秦文史资料考辨》一书中对此颇有考证，他认为，公、穀双声，羊、梁叠韵，或许在先秦时期有一位传《春秋》大义的公羊氏经学家，由于口耳相传，在齐国流传的依旧称"公羊"，但是在鲁国就成了"穀梁"二字。由此看来关于《穀梁传》的传授过程及其与《公羊传》的关系还有待于进一步研究和考辨。但从内容来讲，这两部著作毫无疑问都是阐释《春秋》微言大义的，二者都采取了问答的形式，层层递进式地解释微旨，多谈义理而较少记事，并注重从书法义例层面阐释《春秋》的褒贬之义。

《穀梁传》的记事起讫年代仍以《春秋》为准，以鲁国十二公的年、月、日顺序，先列经文，再述传义。东晋时期的经学家范宁在《穀梁传集解序》中就对三传异同做了精辟的归纳："左氏艳而富，其失

---

① [晋]范宁注，[唐]杨士勋注疏：《春秋穀梁传注疏》，北京：北京大学出版社，2000年，第3页。

也巫；穀梁婉而清，其失也短；公羊辩而裁，其失也俗。"由此可见，《穀梁传》对于《春秋》微言大义的阐释语言简练，但往往切中要害，能够比较清楚地指明经文的意旨，而且不像《公羊传》那样充满着谶言与神秘主义色彩。今文的"二传"虽然相似，但在经文的某些具体说解上却存在差异，如宣公十五年两传对"冬螽生"的不同解释就是一例。《穀梁传》中记事的比例很小，但其与《左传》也有差异，有时《穀梁传》的记事更符合历史事实。《穀梁传》崇尚礼治，提倡仁德，主张尊尊、亲亲、正定名分等，这些都是儒家学说的内核所在，同时书中强调夷、夏之辨，"尊天王之命"的观点符合了汉王朝大一统政权的理论需要。

西汉初年，鲁申公授瑕丘江公以《穀梁春秋》，在汉景帝时曾为博士。汉武帝时重用研习《公羊春秋》的董仲舒、公孙弘等人，此时《公羊》学的势头压倒了《穀梁》学，《穀梁》学趋于隐微。此后，由于汉宣帝喜好《穀梁春秋》，丞相韦贤等"言穀梁子本鲁学，公羊氏乃齐学也，宜兴《穀梁》"，在甘露元年（前53年）召开的石渠阁议经的会议中，议者"多从《穀梁》"，"由是《穀梁》之学大盛，庆、姓皆为博士"，此时《公羊》和《穀梁》进入了激烈斗争的时期。东汉时期，光武帝在选择《春秋》经博士时，选用《公羊》学的颜、严两家。此后《公羊》学大行于世，《穀梁传》的传习逐渐式微。[①]

三、"获麟绝笔"

《春秋》曰："（鲁哀公）十有四年春，西狩获麟。"至此，孔子辍笔《春秋》。孔子68岁时自卫国返回鲁国之后，开始着手编纂《春秋》，可以说这本书凝聚了他人生最后的心血，而"西狩获麟"这一偶然事件为何会对孔子造成这么大的内心震动，使得他不得不就此停笔，一切的一切还得从那只被捕获的神兽"麒麟"说起。

[①] 董治安：《经部要籍概述》，南京：江苏教育出版社，2008年。

《左传·哀公十四年》载："十四年春，西狩于大野，叔孙氏之车子鉏商获麟，以为不祥，以赐虞人。仲尼观之，曰，'麟也'，然后取之。"①意思是说在哀公十四年的春天，鲁国的贵族们在西境狩猎，叔孙氏的御者鉏商猎到麒麟，人们认为瑞兽被杀不吉利。孔子去观看说："这是麒麟。"然后把它带走了。《春秋公羊传·哀公十四年》则对孔子的个人感受记述得更为详细："春，西狩获麟。何以书？记异也。何异尔？非中国之兽也。然则孰狩之？薪采者也。薪采者则微者也，曷为以狩言之？大之也。曷为大之？为获麟大之也。曷为为获麟大之？麟者，仁兽也。有王者则至，无王者则不至。有以告者曰：'有麕而角者。'孔子曰：'孰为来哉？孰为来哉？'反袂拭面涕沾袍。颜渊死，子曰：'噫！天丧予。'子路死，子曰：'噫！天祝予。'西狩获麟，孔子曰：'吾道穷矣。'"②《公羊传》的意思是春天，在西境狩猎捕获了麒麟。之所以奇异，是因为它不是鲁国的兽类，而且是一个斫柴人打猎得到的。为什么用"狩猎"来说这件事情？是因为斫柴者身份低微，却猎到了麒麟。麒麟，是仁兽，有王者就来到，没有王者就不来。此时麒麟却以被人捕获的形式再至，"来非其时"，瑞兽已死，孔子不禁哀叹"吾道穷矣"。

上述两个文献在获麟经过的记述上有一定出入，不论是叔孙氏的御者鉏商捉获了麒麟，还是砍柴的人捕获了麒麟，可以确定的是孔子内心积攒了多年的阴郁情绪在这一刻集中爆发了。孔子一边自言自语一边哭泣，似乎是在责备麒麟，这个世界混乱不堪，看不到王道施行的影子，你是象征着仁爱与和平的神兽，为什么偏偏在这个时候来到这片土地上？此时此刻，孔子想起了曾经追随他多年，已经去世了的颜渊和子路。颜渊是自己最得意的学生，子路虽然做事莽撞但非常值得信赖，想起了周游列国"厄于陈蔡"时他们都在身边。再回头看着

---

① 李梦生：《左传译注》，上海：上海古籍出版社，2016年，第1612页
② 王维堤，唐书文：《春秋公羊传译注》，上海：上海古籍出版社，2007年，第562页。

这只已经死去的麒麟，孔子的内心里失望、不舍、苦闷种种负面情绪涌来。最后，孔子觉得自己坚持了一生的政治主张、自己的王道理想在这一刻终结了。从内心深处孔子感慨当时无道的社会现实，他终其一生追求的政治理想，却始终未遇明君，救世之道无法行于世，发出了"吾道穷矣"的慨叹，并且自此绝笔《春秋》。此后的岁月里孔子慨叹自己很久没有梦见过圣贤周公，看来自己已经衰老了，或许衰老的不仅仅是自己的身体，也是那坚持了一生却看不到复兴希望的王道盛世。鲁哀公十六年四月己丑，孔子去世。

四、"春秋笔法"

在中国古代文化史中"春秋笔法"是一个特定的词汇，意为将价值判断融入文字内容中，以用字的差异来表达作者本人对事件的看法。"春秋笔法"在《公羊传》和《穀梁传》中表现得最为明显。其中《公羊传》还总结出了所谓"三科九旨"的理论，在系统性上强于《穀梁传》。"三科九旨"的"三科"是指三个时段，即将历史划分为"故宋""新周""王鲁"。宋国是殷商的后裔，因此是属于前朝，故而称为"故宋"；周王朝在春秋时期依旧存在，虽然其实力已经衰落，但因为还处于这一时段内，故称为"新周"；而鲁国是周公的封国，周代的礼乐制度在鲁国依旧保存着，未来王朝复兴的希望也就在鲁国，以鲁国的历史为蓝本并融入"微言大义"的价值判断，因此也就是"王鲁"。"九旨"就是"时、月、日、王、天王、天子、讥、贬、绝"，是"春秋笔法"表现最为突出的地方。

《公羊传》认为《春秋》的"褒贬"可概括为恶恶、善善、尊尊、亲亲、贤贤、贱不肖这几个方面。

（1）恶，有大恶、小恶之分。小恶如攫取他人城邑，大恶如弑君、灭国等。例如《春秋·宣公八年》："仲遂卒于垂。"仲遂就是公子遂，《公羊传》认为此处不称公子遂，就是《春秋》的一种贬。贬斥他是因为他生前弑杀过服丧未逾年的国君。《春秋·僖公二十五年》："卫侯燬灭邢。"卫侯燬就是卫文公，古代的诸侯活着的时候是不可以称名的，称名是非礼的表现。但在这里称为"卫侯燬"，《公羊传》认为是他灭了与自己同姓的邢国。在灭国的恶行中，灭同姓国是最不能容忍的，所以《春秋》要"绝"他。就此《公羊传》还概括了一条义例："《春秋》不待贬绝而罪恶见者，不贬绝以见罪恶也；贬绝然后罪恶见者，贬绝以见罪恶也。"这句话的意思是说《春秋》里有些罪恶是不需要使用贬断的笔法就能够显露出来的，使用贬断的笔法来彰显罪恶，证明这个罪恶已经非常严重了。

（2）善，也有大善、小善之分。小善如邾娄国君在隐公元年来鲁国"与公盟"，《春秋》书其字曰"仪父"。《公羊传》认为称字是褒扬邾娄国君的小善。大善如齐桓公的存亡国、继绝世，曹公子喜时的让国等事件。齐桓公时期，北方山戎和狄族势力正在向南发展，经常袭扰燕、邢、卫等国。虽然周王室衰微，但周王仍是名义上的各国的大宗和共主，齐桓公利用这一点，提出"尊王攘夷"的口号，联合燕国打败山戎，又联合宋、曹等国制止了狄人的扰害，"存邢救卫"，为邢和卫两国筑了新的城邑，使"邢迁如归，卫国忘亡"，从而保证了这一地区的安定和经济的发展，在诸侯中树立了很高的威信。所以他后来虽然也有灭国之恶，但《春秋》为之讳，《公羊传》说这是因为"君子之恶恶也疾始，而善善也乐终"。这是说君子对恶的评价是看其初心是否是恶的，君子从一开始褒扬一个人的善，也要让这善延续下去。公子喜时有让国之贤，所以他的后人虽有叛国之恶，《春秋》也要为之讳。《公羊传》说是"君子之善善也长，恶恶也短，恶恶止其身，善善及子孙"，意思是说君子对恶的评价不会牵扯到作恶者的后代，而对善的评价是要延及其子孙的。

（3）尊尊，是针对君君、臣臣、父父、子子，特指尊王，泛指尊上。晋文公在城濮之战中战胜楚国以后，召集天下诸侯在践土会盟，后又在温地会盟诸侯，两次的会盟都是晋文公召周王至会。《春秋》两书

"公朝于王所"，《公羊传》评论说"不与致天子。"后在《春秋》"天王狩于河阳"一句后评论道"不与再致天子"。这就是尊王。尊王不仅是对周王自身，天子的军队、天子的使者，《春秋》都要尊之。如《隐公七年》"戎伐凡伯"，《公羊传》指出这里用"伐"是尊重天子的使者。

（4）亲亲，是为了巩固原本的宗法制度。公子牙预谋篡弑，被公子友处死，《春秋》却要避讳公子牙被杀的事实，写为"公子牙卒"。《公羊传》认为这是"缘季子（公子友）之心而为之讳"，公子友杀母兄是为了实现"君臣之义"，但他杀死公子牙却违反了亲亲之道。当"君臣之义"与亲亲之道相冲突时，《春秋》的处理方式就是"公子牙卒"。公子庆父两次弑君的事件，《春秋》皆不直书。这也就是《论语·子路》记孔子说的"父为子隐，子为父隐"的"亲亲之道"的典型表现。

（5）贤贤，是孔子"举贤才"思想的具体表现。《春秋》书"弑君"而"及其大夫"的共有三起，《公羊传》都解释"及"为累及，并说因弑君而连累的大夫不止这三个人，《春秋》写这三个人的名字是因为他们"贤"。孔父的"义形于色"，仇牧的"不畏强御"，荀息的"不食其言"，都是他们"贤"的体现。此外，季札、叔术有"让国"之贤，祭仲有"知权"之贤，曹羁有"三谏不从遂去之"之贤，等等。

（6）贱不肖，《春秋·桓公二年》直书"公会齐侯、陈侯、郑伯于稷，以成宋乱"。《公羊传》评论说《春秋》"内大恶（鲁国的大恶）讳"，如隐公时无骇帅师灭极，讳而书"入极"，这里不隐晦桓公的恶，是因为要点明鲁隐公的贤明和鲁桓公的昏庸。《春秋·桓公六年》"蔡人杀陈佗"，陈佗是陈国的国君，《春秋》不称他为"陈侯佗"而称"陈佗"是因为《公羊传》认为"绝也"。此外，《公羊传》中还对统治者大兴土木、不爱护人民的行为进行了讥贬，如"丹楹刻桷"，"临民之所漱浣"而筑台，以及凶年大兴土木之功等。

肩水金关汉简的《左传》与今传本《左传》

文物简介

木简一枚，简号为73EJT31：42，汉代，木质，正反面书写，1973年发掘于额济纳河流域的肩水金关遗址。该简上部残缺，正面仅剩余10字，简背文字为该简册的原始编号"☑六十八"，从现存残简来看，简文书写不留地脚，当为满简书写，木简上的文字规整遒劲，呈现出成熟的汉隶书风。该简现藏甘肃简牍博物馆。

简牍释文

☑□天子曰兆民诸侯曰万民　　　　　　　73EJT31：42A

☑六十八　　　　　　　　　　　　　　　73EJT31：42B

阅牍延伸

一、肩水金关汉简《左传》残文

肩水金关汉简的73EJT31：42号简内容是《左传》，木简仅存下半部分，A面文字为规整的隶书，书法遒劲有力，具有汉隶"八分"独特的书法艺术特色。B面文字为编号，书写较为草率。木简A面释文为"☑☑□天子曰兆民诸侯曰万民"，B面释文为"☑六十八"，[①]可见这一完整的册书在68支简以上，这也符合典籍所具有的木简数量。简文A面文字内容见于《左传·闵公元年》："卜偃曰：'毕万之后必大。万，盈数也；

[①] 甘肃简牍博物馆：《肩水金关汉简（叁）》，上海：中西书局，2013年，第215页。

73EJT31:42A　　　73EJT31:42B　　　73EJT31:42A　　　73EJT31:42B

图 5-3　肩水金关汉简《左传》残简

魏，大名也。以是始赏，天启之矣。天子曰兆民，诸侯曰万民。今名之大，以从盈数，其必有众。'"①

从上述引文来看，简文内容是卜偃针对"太子城曲沃"这件事所发的议论，卜偃的话翻译成白话文是说"毕万的后嗣必定要发达。万，是充盈完满的数字。魏，是高大的名称。用这个开始他的封赏，是天所要启发他。说到天子，我们说'兆民'；说到诸侯，我们说'万民'。现在给他一个大名，以配合盈满的数字，他必定将有众人"。

这支简的内容是目前所见出土文献中唯一仅见的《左传》残文，可见在西汉末期《左传》已经在河西地区流传了。

---

① [晋]杜预注，[唐]孔颖达正义，[隋]陆德明音义：《春秋左传正义》，北京：北京大学出版社，2000年，第348页。

二、《春秋》与《左传》的关系及流传

汉代时期《左传》的异称较多，如"左氏春秋""左氏""春秋左氏传""春秋左氏"等。一般认为最早使用《左传》这一名称的是西晋时期杜预的《春秋经传集解序》："或曰：《春秋》之作，《左传》及《穀梁》无明文。"《左传》的成书年代在战国时期，该书的作者历来都有不同的说法。司马迁、班彪、班固、刘歆、许慎都认为作者是鲁国的左丘明。左丘明见于《论语·公冶长》篇，其人约与孔子同时，并被孔子所推重。目前学界基本认为《左传》并不成于一人之手，它的成书应当经历了比较长的时期，从先秦典籍《韩非子》《礼记》《吕氏春秋》等多次引用《左传》的文字来看，可以肯定该书在战国中后期已经成书，且流传较广。

《左传》共计196 000余字，记载了春秋鲁国十二公在位期间的史事，起自鲁隐公元年（前722年），止于鲁哀公二十七年（前468年），共254年的历史，要比《春秋》的纪年多13年。《春秋》中的历史事件绝大部分都能够在《左传》中找到对应的事件，并且《左传》对历史事件的描写非常详尽，成为脉络清晰的历史故事。全书记录了254年之间的诸多历史事件，还为我们保留了一批思想史、经济史、社会史以及其他学术史的珍贵文献资料。

从记述的地域来看，晋国历史最多，约占全书四分之一；记鲁国与楚国历史其次；再次是记郑国和齐国的历史，各有15 000字左右；接着是记卫、宋、周、吴国的历史，在万字以内；最少是记秦、越、陈国的历史，为1000字到3000字。这说明，《左传》虽与《春秋》关系密切，但《左传》的视野更为开阔，除鲁国为本国得其叙述偏重，晋楚两国的史事记载最多，也符合春秋中后期晋楚争霸的政治格局。

《左传》是否解经，即它是不是《春秋》的"传"，这一点是今古文经学争论的焦点之一。《左传》来源并不明确，仅在民间传习。从内容上讲，

《春秋》的内容并未完全见载于《左传》，有所谓"无传之经"；而《左传》记事的历史下限在鲁哀公二十七年，较《春秋》的鲁哀公十四年，多出了十三年，是所谓的"无经之传"。《左传》中的记事许多内容也超出了《春秋》，同样是所谓"无经之传"。《左传》末尾又记载了鲁悼公四年韩魏智伯赵翼子之事，距孔子卒已五十三年。由此，今文经学家们一致认为《左传》为刘歆伪造。目前看来，《左传》虽然不是严格意义上的解经之作，但应该是与《春秋》存在一定联系，同时又相对独立的重要著作。

早在西汉之初，传习《左传》的学者已不乏其人。《汉书·儒林传》载："汉兴，北平侯张苍及梁太傅贾谊、京兆尹张敞、太中大夫刘公子皆修《春秋左氏传》。"贾谊还曾撰《春秋左氏传训诂》一书。但《左传》一直流行于民间，并未被官方承认。西汉哀帝时，刘歆大力推重古文经的《左传》而贬抑今文经的《公羊传》《穀梁传》，引起今文学家的强烈反对，于是今古文之争的一个焦点就是《左传》的经学性质。西汉末平帝时期，《左氏春秋》一度立于官学。东汉时，以《公羊》学派的《严氏春秋》与《颜氏春秋》为官学，《左传》的传习转向民间，如光武帝建武年间有著名学者郑兴、陈元习《春秋左氏》学，灵帝时的服虔著有《春秋左氏传解》一书等。西晋时期的杜预的《春秋经传集解序》，第一次使分《经》之年与《传》之年相符，将《左传》按照《春秋》的纪年分散在整部书中，成为今存最早的一个《左传》的全注本。

第六章 《孝经》

《孝经》在先秦时期的出土文献中没有发现，现发现最早最为完整的《孝经》是西汉海昏侯墓出土的《孝经》简，该批竹简数量较多，但残损较为严重，目前依旧处于未完全公布的状态。甘肃简牍博物馆所藏的汉简中关于《孝经》的简文是较多的，一共有4枚木简，基本都是以引文形式出现。肩水金关汉简的73EJT31∶104号简背面书有序号"百四"，说明这枚简原本属于一个较长的简册，从内容看作者是引用《孝经》来说明其观点，这足以表明《孝经》在西汉时期的河西地区已经流传开来，这与汉代统治者宣传的以孝治天下的方针是相吻合的。

海昏侯简《孝经》与今本《孝经》

文物简介

海昏侯墓出土的《孝经》简,共约660支。简册均残损严重,保存状态较差,竹简的收缩变形非常严重。竹简基本为单面书写,但一些简反面亦有文字书写。该批简现藏江西省南昌市海昏侯博物馆。

简牍释文

由于这批竹简尚未完全公布,目前仅能看到少量竹简内容。

【14-(6)-051】:"不在侧,求而杀之,未尝可得□□□□□不□"

【I-3-(3)-033】:"女非天子之民"

【I-2-(9)-024】:"舆?杀天子之民者,其罪奈何?曰□□之父母,犹弗得毁伤,而兄(况)"

【Ⅲ-25-(13)-682】:"侧,求而杀之,未尝"

【I-1-(4)-004】:"不亲,不敢"

【I-1-(7)-007】:"不审,不敢言大。故人之生也"

图 6-1 海昏侯简《孝经》

【Ⅰ-4-（7）-052】："□矣/能致其敬门□□□/□□□□□/□□/□□□/疾病焉，有"

【Ⅰ-18-（9）-264】："兰苣（芷）之室，久而弗闻□/□□□□□□/□□□□不"

【Ⅰ-18-（11）-266】："如入鱼次之室，久而弗闻□……/吏（使）民之力，不过岁三日□"

【-28-（14）-729】："□□则光大矣。高明光大，不在乎它，存于加"

【Ⅲ-29-（2）-732】："（游），则□然如入兰苣之室，久而"

【Ⅱ-30-（11）-756】："□故与小人（游），则□然如入鱼次之室，久而弗闻，则与之化矣。与君"①

阅牍延伸

《孝经》的内容

《孝经》这一名称，最早见于《史记·仲尼弟子列传》。《汉书·艺文志》载："夫孝，天之经，地之义，民之行也。举大者言，故曰《孝经》。"《孝经》被誉为"百行之宗，五教之要"。《孝经》全书只有1800多字，全书共十八章，依次为《开宗明义章》第一、《天子章》第二、《诸侯章》第三、《卿大夫章》第四、《士章》第五、《庶人章》第六、《三才章》第七、《孝治章》第八、《圣治章》第九、《纪孝行章》第十、《五刑章》第十一、《广要道章》第十二、《广至德章》第十三、《广扬名章》第十四、《谏诤章》第十五、《感应章》第十六、《事君章》第十七、《丧亲章》第十八。这十八章中最短的是第十一章，仅有37字；最长的是第九章，一共有187字。全书由孔子和曾子两人的对话构成，从"孝为德之本"出发，肯定了"孝"在修德、为政方面的重大

---

① 朱凤瀚：《海昏简牍初论》，北京：北京大学出版社，2020年，第195页。

意义，讨论了为孝与用刑、礼乐、谏诤等方面的关系，并系统地论述了天子、诸侯、卿大夫、士、庶人各阶层的人如何践行孝道。根据内容可将全书大致分为三大类：第一，统论孝的终始，如《开宗明义章》；第二，分论自天子至庶人的孝道如何实行，如《天子章》至《庶人章》；第三，孝的重要性，如《三才章》至《丧亲章》。

　　一般认为《孝经》的作者及其产生时间可追溯至春秋末期的孔子，如《汉书·艺文志》认为："《孝经》者，孔子为曾子陈孝道也。"清代汪中的《经义知新记》认为战国初年便已经有了《孝经》的传文，如此则经文的成书应当更早。梁启超在《古书真伪及其年代》中认为战国末至汉初时期方有"经"的名称，最早在墨庄时。此书名若只有"孝"一字，不成名词，汉以前《易》《诗》《书》都可独字为名，而"孝经"则不能，因此可推定《孝经》并非战国时期的著作，而是属于汉代的典籍。但从《孝经》首章的"仲尼居，曾子侍"来看，该书成书于孔子或者曾参都不太可信，这种表述方式类似于《大戴礼记》中的《曾子立事》《曾子本孝》等篇。但可以肯定的是在战国末期《孝经》已经广为流传，并被其他文献所征引，如《吕氏春秋》的《察微》《孝行》二篇都征引了《孝经》的文字。①

---

① 董治安：《经部要籍概述》，南京：江苏教育出版社，2008年，第47页。

# 甘肃汉简中的《孝经》与其在汉代的流传

文物简介

木简一枚,简号为86EDHT:17A,汉代,木质,正反面书写,1986年额济纳河流域地湾遗址第二次发掘时所获木简。该简上部及左下残缺,正面有20字,反面有23字。从现存残简来看,简文书写不留地脚,推

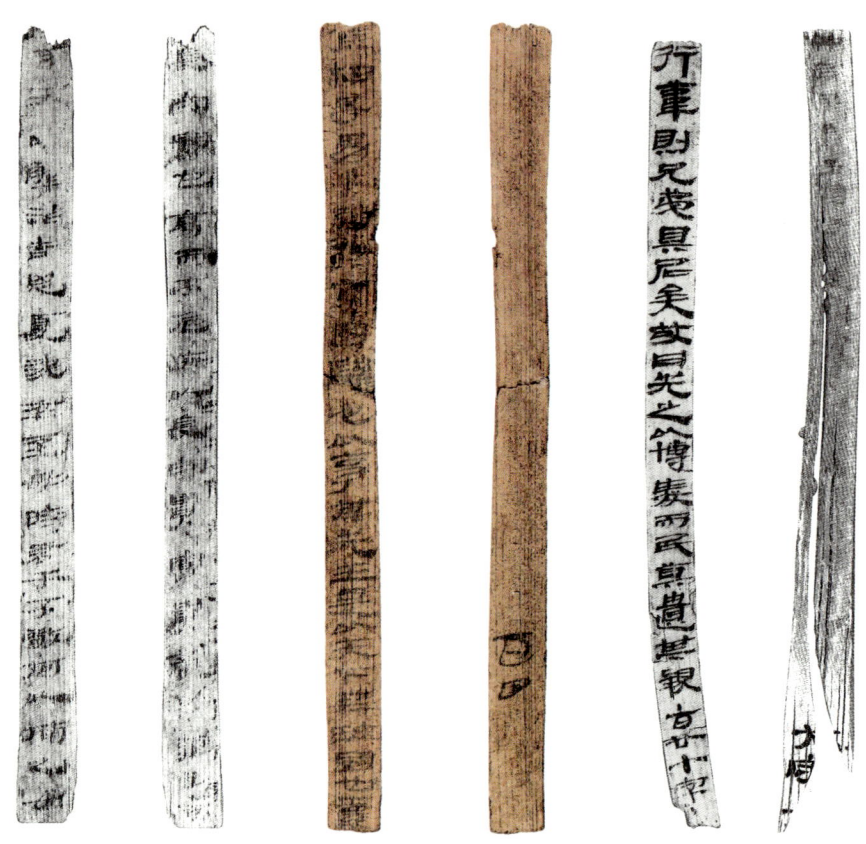

86EDHT:17B　86EDHT:17A　73EJT31:104A　73EJT31:104B　73EJT31:141　98DYC:4

图6-2　地湾汉简86EDHT:17号木简、肩水金关汉简73EJT31:104号木简、玉门关汉简98DYC:4号木简

测当为满简书写。木简上的文字较为规整但模糊不清,字体为汉代隶书。该简现藏甘肃简牍博物馆。

木简一枚,简号为73EJT31∶104,汉代,木质,正反面书写,1973年发掘于额济纳河流域的肩水金关遗址。该简上部略有残损,但文字内容保存完整,正面存26字,简背文字为该简册的原始编号"……百四"。简文书写不留天头地脚,当为满简书写,木简上的文字为规整的隶书,但书法不佳,字迹较为模糊。该简现藏甘肃简牍博物馆。

木简一枚,简号为98DYC∶4,馆藏号为14-453,汉代,木质,正反面书写,长17.5厘米,宽1厘米。1998年由敦煌市博物馆对敦煌小方盘城遗址发掘时所获。该简完整,但从中部以下劈裂,简文约有16字。简文书写不留天头地脚,满简书写,木简上绝大多数文字模糊不清,仅下部的"大守"二字墨色浓重,且与其他文字无关,推测简文有两位书手书写。该简现藏甘肃简牍博物馆。

简牍释文

地湾汉简

长守富也。高而不危,所以长守贵。富贵□□□□□

86EDHT:17A

圣王□□解祐(柞),吉凶忧或(我),卒至毋时,君子不敬,何以辅之? 毋……

86EDHT:17B[①]

肩水金关汉简

☐侯柏子男乎故得万国观心以事其先王是以天下无畔国也爵……

73EJT31∶104A

---

① 甘肃简牍博物馆:《地湾汉简》,上海:中西书局,2017年,第152页。

☑百四。 73EJT31：104B①

行苇则兄弟具尼矣故曰先之以博爱而民莫遗其亲·百廿七字☑

73EJT31：141

玉门关汉简

仲尼居曾子侍子曰先王有……大守☐

98DYC：4②

阅牍延伸

一、甘肃汉简中的《孝经》残文解读

我国西北地区出土的汉简中保存有四支《孝经》的残简，分别为地湾汉简一支、肩水金关汉简两支和玉门关汉简一支。这四支简保存较为完整，文字内容基本无残缺，文字为较为规整的隶书。

地湾汉简的木简为正反面书写，正面有20个字，可辨识的文字仅有15字，简文可断读为"长守富也。高而不危，所以长守贵。富贵☐☐☐☐☐"。该句中的"高而不危，所以长守贵"，不仅见于今传本的《孝经·诸侯章》，同时也见于《文子》中，因此学者们对其文献归属颇有争议。如朱赟斌认为："此简文字与《孝经·诸侯章》不甚契合，但与今本及敦煌抄本《文子》中的相关内容合若符节。因此，我们更倾向于此简为《文子》残章。"蔡万进也认为此简语序与《文子·道德》相近，并认为其与《吕氏春秋·先览》、今本《孝经·诸侯章》可能存在文字渊源关系。张固也则认为该句属《孝经》的内容，他认为今传本的《文子》为东汉时期的伪书，因此这支简内容不可能是《文子》内容，并根据定县八角廊所出土的竹简本《文子》内容进行比对，发现这一句

---

① 甘肃简牍博物馆：《肩水金关汉简（叁）》，上海：中西书局，2013年，第224页。
② 张德芳，石明秀：《玉门关汉简》，上海：中西书局，2019年，第198页。

与竹简本《文子》差异很大。同时，他也认为本简反面文字为《孝经》的传文。

简文背面的"圣王□□解佑吉凶忧或卒至毋时君子不敬何以辅之毋"一句，并不见于传世文献。孙占宇、李洪财等学者对其进行过考释和改字，在此基础上魏振龙将文字内容改释为"□天以解祚，吉凶忧我，卒至毋时，君子不□，何以备之？毋"，我们赞同这一改释的内容。从改释之后的简背文字内容来看，它虽不见于传世文献，但其内容与简正面文字的内涵整体相符，魏振龙认为简背文字为《孝经》传文的看法应当是可信的。

从典籍流传角度来看，一方面《孝经》篇幅较小，易于传颂，且其内容受到当时中央政府重视，在西汉时期广为流传；另一方面《孝经》的残简尚见于我国西北地区其他的遗址中，但《文子》并未在该区域内出现过，因此从文献传播角度来讲这支简更有可能属于《孝经》。

肩水金关汉简中属于《孝经》的残简有两枚，73EJT31：104号简分正反面书写，简背的"☑百四"为编号，正面释文为："☑侯柏子男乎？故得万国欢心，以事其先王，是以天下无畔国也。爵。"该句属《孝经·孝治章》："子曰：'昔者明王之以孝治天下也，不敢遗小国之臣，而况于公侯伯子男乎？故得万国之欢心，以事其先王。治国者，不敢侮于鳏寡，而况于士民乎？故得百姓之欢心，以事其先君。治家者，不敢失于臣妾，而况于妻子乎？故得人之欢心，以事其亲。夫然，故生则亲安之，祭则鬼享之，是以天下和平，灾害不生，祸乱不作。故明王之以孝治天下也如此。诗云：'有觉德行。四国顺之。'"[1]两相比照可见，简文尚有"是以天下无畔国也"一句，从文义上讲简文意思更为完整，前言曰"得万国欢心"紧接着以"是以天下无畔国也"为总结。今传本的《孝经》并没有这一句，应该是受到下文的影响，为整齐文句，故而将该句删除了。

---

① [唐]李隆基注，[宋]邢昺疏：《孝经注疏》，第27页。

73EJT31：141号简的"先之以博爱，而民莫遗其亲"一句见于《孝经·三才章》，虽有小异但基本一致。由于该简在前面讲《诗经》时已经叙述过了，这里就不再展开讨论了。

玉门关汉简中的98DYC：4号简亦属于《孝经》，简文释文为："仲尼居，曾子侍。子曰：'先王有……。'大守□。"该句见于今传本《孝经·开宗明义章》"仲尼居，曾子侍。子曰：'先王有至德要道，以顺天下，民用和睦，上下无怨。汝知之乎？'"[①]简文后文的"大守□"与上文字迹差异较大，且其内容并不属于《孝经》，应当是后加的文字。

二、《孝经》在汉代的流传

《孝经》的流传系统只能追溯至西汉时期。《隋书·经籍志》认为汉初有河间人颜贞献今文《孝经》。《汉书·艺文志》载："汉兴，长孙氏、博士江翁、少府后桮、谏大夫翼奉、安昌侯张禹传之，各自名家，经文皆同。"西汉时期中央政府倡言以忠孝治天下，汉代帝王给予《孝经》特殊的重视，西汉文帝初设《孝经》博士，宣帝曾受《孝经》于博士官，地节三年（前67年）十一月下诏曰"其令郡国举孝悌有行义闻于乡里者各一人"。东汉明帝以"功臣子孙、四姓末属别立校舍，搜选高能以受其业，自期门羽林之士，悉令通《孝经》章句，匈奴亦遣子入学"。足见汉代中央政府对《孝经》的重视。

汉代流传的《孝经》分今古文两种，今文本的来历文献记载并不明确，到汉成帝时刘向校理群书，参考其他文本，定为十八章，成为相对稳定的传本。在此基础上，东汉后期产生过一个标以"郑氏注"的本子。其后唐玄宗作《孝经注》用的就是两汉以后的今文传本。古文本的《孝经》也出现于西汉前期，其来源应该是与古文《尚书》等书同出在鲁恭王坏孔宅壁时所得的古文佚书。《汉书·艺文志》载："《孝经》古孔氏一篇。"班固自注："二十二章。"《隋书·经籍志》记载武帝时博士孔安国曾

---

① [唐]李隆基注，[宋]邢昺疏：《孝经注疏》，第2-3页。

为古文《孝经》作注，该本连同孔注，可能都亡于南朝萧梁之乱。

三、汉代"孝"的观念与实践

秦一统天下，建立中央集权的皇帝制国家，这是中国历史上前所未有的变局，被后人称为"周秦之变"。但秦朝仅十五年就灭亡了，继之而起的汉朝统治者与士大夫有鉴于秦政的失败，积极反思秦政弊端，谋求新的为政之道。汉初，陆贾提倡"利绝而道著""武让而德兴"的观念，批判秦政，力倡"治以道德为上，行以仁义为本"的道德政治理想，强调君主的德行修为及表率作用。汉惠帝时期废除"挟书律"及"妖言令"等酷法，儒家的主张逐渐被士人提倡，儒士阶层也随之走出消沉。汉文帝时期，贾谊更提出"使天下回心向道，类非俗吏之所能为"的主张，表达了汉代儒家士大夫对秦王朝时期重用文法吏的鄙弃。汉兴二十余年，贾谊更是建议"改正朔，易服色，法制度，定官名，兴礼乐"。此时汉代的士大夫以文化价值的承担者自居，坚守儒家"以天下为己任"的道统观念，试图以儒家所提倡的礼乐文化革除秦政积弊，使得汉代统治思想从"守威定功"转变为"孝治天下"。

汉代统治者提倡"以孝治天下"，这一理念贯穿了皇帝、官员，乃至普通民众。在《二十四孝》中，就有汉文帝亲尝汤药的故事，以及汉文帝时期"缇萦救父"的故事，可见汉代统治者对

图 6-3 悬泉汉简中的养老简

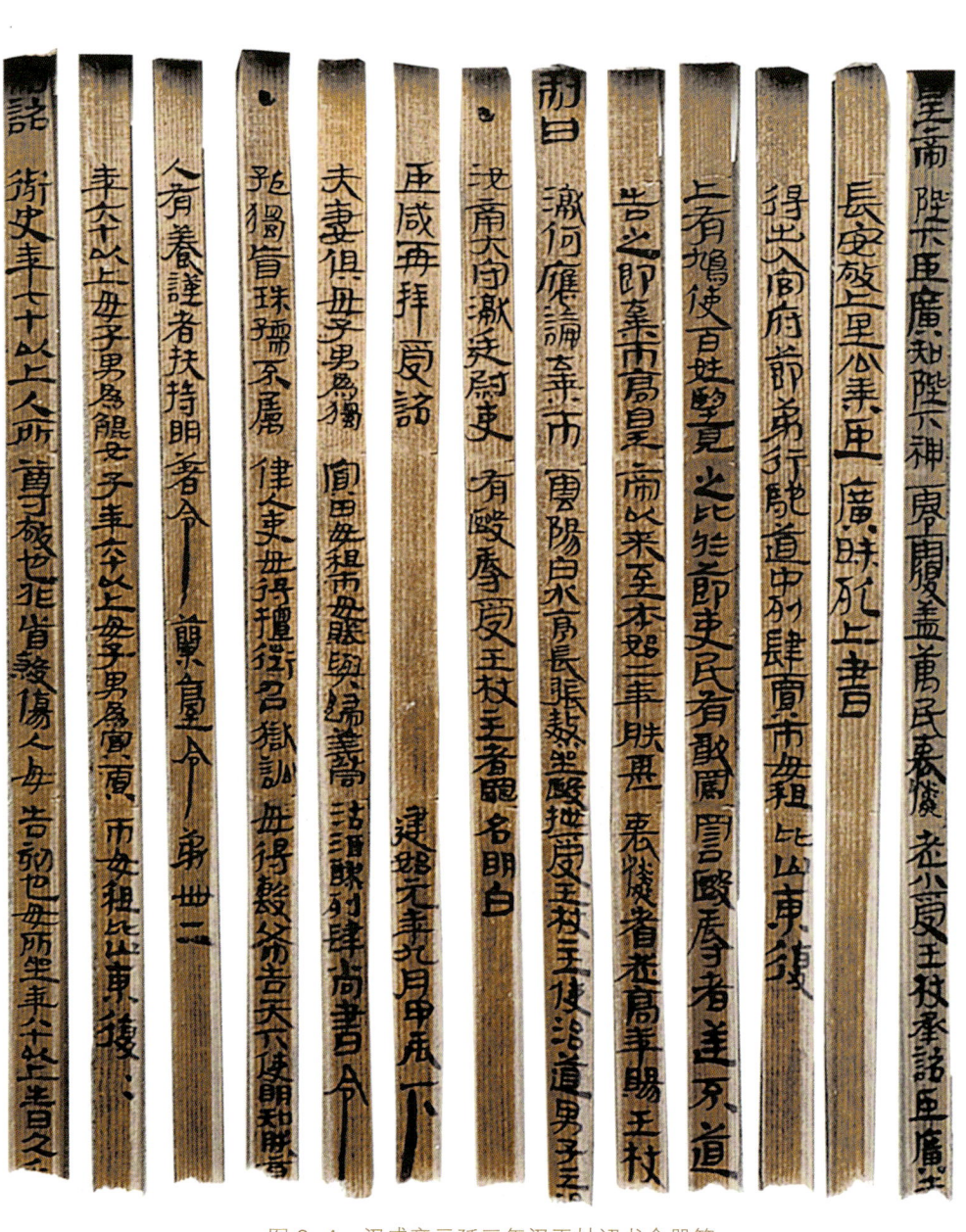

图6-4 汉成帝元延三年汉王杖诏书令册简

"孝道"的推崇。"缇萦救父"的故事讲的是汉文帝四年（前176年），有人上书告发淳于意犯罪，廷尉府按照刑法应当专车押送他前往长安。淳于意生有五个女儿，她们跟在囚车后面哭泣。淳于意生气地骂道："生孩子若不生男孩，危急时就没有人能帮忙。"这时他的小女儿缇萦因父亲的话感到悲伤，就跟着父亲向西到达长安，并且给朝廷上书说："我的父亲担任官吏，齐地的人都说他清廉公平，如今犯法应当获罪受刑。我为受刑而死的人不能复生感到悲痛，而受过刑的人不能再长出新的肢体，即使想改过自新，也没办法了。我希望舍身做官府中的仆人来赎父亲的罪过，让他能改过自新。"汉文帝知道她的上书后大为感动，并认为她所说的是有道理的，因此在这一年废除了肉刑法。

汉朝对官员的选拔也凸显着对"孝"的重视。主要有"察举"与"征辟"两种选拔方式，其中"孝廉"是察举制的主要内容之一，汉武帝时下诏"初令郡国举孝廉各一人"，此后这一制度历经两汉三国时期，直至晋代仍在沿用。

汉代为贯彻"孝治天下"的理念，在基层乡里社会还实行了"三老"政策，《汉书·百官·公卿表》："大率十里一亭，亭有长；十亭一乡，乡有三老，有秩、啬夫、游徼。三老掌教化。"[①]"三老"是汉朝地方基层的管理人员，他们不仅仅是汉代乡里年长的长者，更是负责乡里民众教化的表率，汉王朝以制度的形式保证了"孝道"理念在国家内部的贯彻和执行。

对民众而言，汉王朝的"孝治"理念也带来了一些实际的福利待遇。悬泉汉简 I90DXT0111②：20 简："民年七十以上二百廿七人，其卌六人受米，十四人复子孙。百六十七人受杖。"[②]这枚简意思是说当地七十岁以上的人有273名，其中46人接受了政府发放的米，其中14人可以帮子孙免除算赋，另外的167人接受了朝廷颁发的鸠杖。最后的这一项

---

① [汉]班固撰，[唐]颜师古注：《汉书》，北京：中华书局，1964年，第742页。
② 甘肃简牍博物馆：《悬泉汉简（壹）》，上海：中西书局，2019年，第394页。

福利待遇是指汉代的"赐王杖"制度，在武威磨嘴子汉墓出土的《王杖诏书令》中也有七十受王杖的条文："制诏御史：年七十以上，杖王杖，比六百石，入官府不趋，吏民有敢殴辱者，逆不道，弃市。"[1]授王杖制度体现了汉王朝统治者的一种尊老敬老理念，王杖是昭示高年老人崇高社会地位的象征。

  由此可见，汉代的"孝治"理念是贯穿于社会各个阶层的，汉代通过推行孝道理念，以及举孝廉制度、三老制度、养老制度，极大地巩固了自身统治，同时也对我国此后千年来的思想、政治以及文化产生了十分深远的影响。

---

[1] 田河：《武威汉简集释》，兰州：甘肃文化出版社，2020年，第559页。

第七章

《论语》

《论语》相传是孔子去世之后孔子弟子们"相与辑而论纂"的一部经典，也就是说《论语》的编纂经历了春秋末期到战国时期很长的一段时间。目前战国时期的出土文献中并没有发现今传本《论语》的篇章，但上博简中的《仲弓》《鲁邦大旱》《从政》《季康子问孔子》《弟子问》，安大简的《仲尼曰》均是与《论语》密切相关的文献。

　　今传本《论语》篇章均是在汉代的墓葬或遗址出土的。如海昏侯墓竹简、河北定县八角廊汉简《论语》与平壤贞柏洞汉简《论语》（《先进》《颜渊》二篇），以上汉简《论语》的发现基本是以篇的形式存在。

　　甘肃简牍博物馆所藏汉简中的《论语》在甘肃出土的典籍类汉简中是数量最多的，目前所见共计有6枚。其中肩水金关汉简的73EJT22∶6号简非常珍贵，其内容是失传了1800多年的《齐论语》的残句。

汉代墓葬出土《论语》简与《论语》的内容

文物简介

海昏侯墓中出土的《论语》竹简现存500多枚，大部分竹简都有不同程度的残缺，且尚未完全公布。从少数基本完整的简推测，每简容字24字，有三道编绳，简背有斜向的划痕。从各篇较为完整的首简来看，背面均有篇题，如"雍也""子路""尧""智道"等，篇题均书写在竹简背面靠近上端的位置。每篇分章抄写，每章另起一简，未见分章符号。文字为严整的隶书，字距较宽，字与字间隔一字，全篇不用重文、合文符号，也未见句读钩识。不同篇章的文字风格并不相同，应该不是出自一人之手。这批简现藏江西南昌海昏侯博物馆。

河北定县八角廊汉简《论语》，1973年出土于河北定县八角廊40号汉墓之中。现存的《论语》简共存620余枚，但残损非常严重。据初步整理大约7576字，不足今传本的二分之一。竹简文字是成熟的汉隶，具有"八分"隶的特点，推测其抄写年代不会早于武帝以前，应是昭宣时期的抄本，大约与刘贺墓出土《论语》同时或稍晚。全书原无书题和篇题。这批简现藏河北省文物研究所。

20世纪90年代初期，朝鲜平壤市乐浪地区统一街建设过程中发现的贞柏洞364号墓，出土了约120枚《论语》的竹简。该墓墓主应该是汉元帝初元四年（前45年）或在此之后不久下葬的乐浪郡属吏。其抄写的年代应在汉宣帝到汉元帝在位期间，这与海昏侯和定县简《论语》时代相近。现公布的竹简内容有《先进》篇的31枚，17章557字；《颜渊》篇的8枚，7章144字。这批简现藏朝鲜社会科学院。

简牍释文

海昏侯墓竹简《论语》

《智道》　　　　　　　　　海昏侯墓《论语》竹简【1】背面
孔子智道之易也。"易易"云者三日。子曰:"此道之美也,莫之御也。"
　　　　　　　　　　　　　海昏侯墓《论语》竹简【1】正面
子曰:"雍也,可使南面也。"　　海昏侯墓《论语》竹简【2】
子游为武城宰。子曰:"女得人焉尔乎?"
　　　　　　　　　　　　　海昏侯墓《论语》竹简【3】
子曰:"智者乐水,仁者乐山。智者动仁……"
　　　　　　　　　　　　　海昏侯墓《论语》竹简【4】

河北定县八角廊汉简《论语》

……而毋款。颜渊曰:"愿毋四伐囗,毋　　　　　　【104】
……"[愿]闻子之志。"子曰:"老者安
[之,俏友信之,少者]……　　　　　　　　　　【105】
……曰:"十室之邑,必有忠[信]……　　　　　【107】
子曰:"雍也可使南面也。"　　　　　　　　　　【108】
……冉子与之粟五秉。子曰:"赤之适齐也,乘肥马,……[不]
继富。"
　　　　　　　　　　　　　　　　　　　　　　【113】
[孔]子见南子,子路不说。夫子矢[之曰:"予所否者,天厌之!
天厌之]!"　　　　　　　　　　　　　　　　　【134】

阅牍延伸

一、海昏侯墓竹简、河北定县八角廊汉简《论语》与朝鲜平壤贞柏洞汉简《论语》

海昏侯墓竹简《论语》可释读的文字内容约为今传本的三分之一。据悉现存文字较多的有《公冶长》《雍也》《先进》《子路》《宪问》等篇，而今传本的《乡党》《微子》《子张》篇的内容则尚未发现，《颜渊》篇是否存在也还不能确定。全书尚未发现大题，"论语"这个书名是整理时根据内容拟定的。据学者陈侃理研究，此《论语》的文本与宋以后的通行本（以下称"今本"）有不少差异，用字习惯亦不相同。"如今本的'知'字在此本中皆作'智'，'政'皆作'正'，'能'皆作'耐'，'室'皆作'窒'，'氏'皆作'是'，'旧'皆作'舊'，尔'皆作'壐'或'璽'；今本中表示反问的'焉'，此本皆作'安'；今本读为'欤'的'与'，此本皆作'耶'。此外，今本的'如'，简本多作'若'；今本的'佞'，简本或作'年'。简文还讳'邦'字，一律改用'国'，如云'壹言丧国'，

图 7-1 海昏侯墓竹简《论语》

221

与今本不同"。①

最为重要的是简文保存了"智（知）道"的篇题和一些不见于今本的简文，这与传世文献中提到的齐《论语》的某些特征相符合。陈侃理认为它可能源出于西汉时期的"齐《论语》"学者王吉之手，是齐《论语》系统的一个代表性传本。

河北定县八角廊40号汉墓为中山怀王刘修的墓葬，据文献记载刘修卒于汉宣帝五凤三年（前55年），这是这批竹简抄写年代的下限。但这批竹简出土前经盗墓者焚烧，保存状况不佳，后又遭唐山大地震损毁，未能发表清晰的照片。其中保存字数最多的是《卫灵公》篇，有694字，大约为今传本的百分之七十，《学而》篇保存最少，仅存20字。竹简本的《论语》篇章分合、文句等方面与今传本都有所不

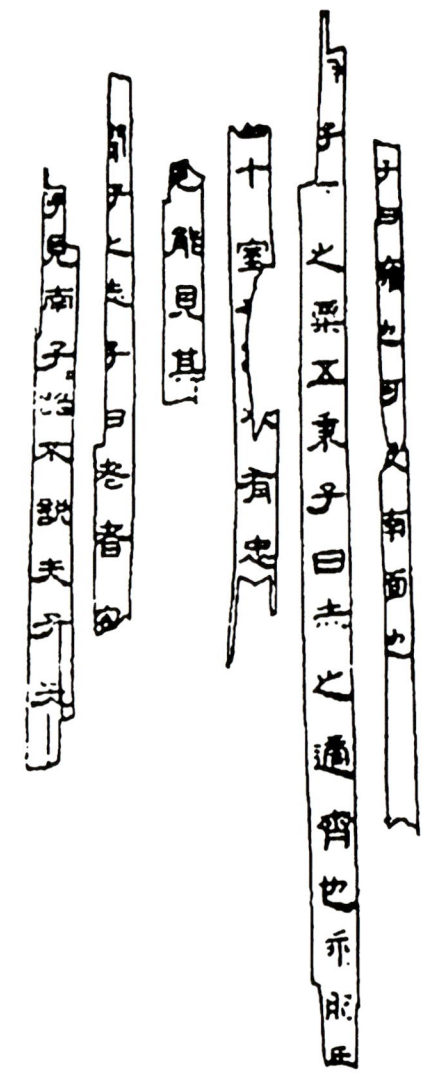

图 7-2　河北定县八角廊汉简《论语》

同。整理报告执笔者刘来成倾向于认为是鲁《论语》的传本。李学勤认为竹简本《论语》不会是鲁《论语》系统的本子，考虑到古《论语》流

---

① 朱凤瀚：《海昏简牍初论》，北京：北京大学出版社，2020年，第156页。

传不广,他怀疑定县汉简本《论语》属于齐《论语》的可能性要大一些。王素则认为:"简本《论语》是一个比《张侯论》更早的融合本,这种融合本与《张侯论》相同,也是以鲁《论语》为底本,以齐《论语》为校本。"①

陈侃理则认为竹简本并不是齐、鲁、古三种版本《论语》中的任何一种或其变型,而是上述三种《论语》特征和区分确立以前的一种古本《论语》,此外其他抄写于同一时期的《论语》也有类似的情况。总体来讲,平壤本《论语》与今传本在文义上差异不大,但在用字习惯上与今传本尚有不少差异。其中有些差异是平壤本独有的特征,比如"沂"写作"机","哂"写作"讯",用作连词的"而"以"如"字表示,等等。②

二、《论语》的内容

《论语》是一部以记载孔子及其弟子言行为主要内容的专书,今天通行的版本共二十篇,分别是《学而》《为政》《八佾》《里仁》《公冶长》《雍也》《述而》《泰伯》《子罕》《乡党》《先进》《颜渊》《子路》《宪问》《卫灵公》《季氏》《阳货》《微子》《子张》《尧曰》。每篇分若干章,章数不等。篇与篇或章与章之间在内容上并没有顺序和关联,因此《论语》一书是记载孔子和弟子言行的片段合集。但这丝毫不影响《论语》的价值内涵,《论语》直观地反映了孔子及儒家论修养、论为学、论从政、论哲学等方面的内容。书中对孔子其人生平和思想学说的叙述,为后人认识和研究孔子提供了珍贵的文献资料,可以说后代学者对孔子生平和思想的建构绝大多数源于《论语》这部书。

---

① 王素:《河北定州出土西汉简本〈论语〉性质新探》,《简帛研究》(第三辑),第459-470页。
② 朱凤瀚:《海昏简牍初论》,北京:北京大学出版社,2020年,第165页。

《论语》的内容大致可分为十类：一，讨论个人修养，如《学而》；二，讨论社会伦理，如《为政》重点讨论"孝道"，《季氏》重点讨论了"交友"；三，讨论政治哲学，如《颜渊》和《为政》两篇；四，讨论人生哲学，如《先进》重点讨论了"生死""鬼神"等内容，《卫灵公》重点讨论了"忠恕之道"；五，孔子对弟子及时人因材施教的问答，如《述而》和《阳货》二篇；六，孔子对弟子及古人、时人的评论，如《雍也》《宪问》《公冶长》三篇；七，记述了孔子的自述，如《为政》和《宪问》二篇；八，谈论了孔子自己的为政心得及为政之德，如《宪问》和《阳货》二篇；九，弟子对孔子的称赞与时人对孔子的评论，如《子罕》篇；十，孔门弟子的言论行事，如《子张》篇。[1]

---

[1]　叶纯芳：《中国经学史大纲》，北京：北京大学出版社，2016年。

肩水金关汉简《论语》与《论语》的流传

文物简介

　　木简一枚，简号为73EJT15：20，汉代，木质，单面书写，1973年发掘于额济纳河流域的肩水金关遗址。该简残损较为严重，仅保存有上半部分，存6字。简文书写不留天头地脚，满简书写，木简上的文字为规整的隶书，文字清晰。该简现藏甘肃简牍博物馆。

　　木简一枚，简号为73EJT22：6，汉代，木质，单面书写，1973年发掘于额济纳河流域的肩水金关遗址。该简下部有残损，现存21字。简文书写不留天头地脚，当为满简书写，天头处的圆点标识简文的开始，文内有一处重文符号。木简上的文字为隶书，书写较为草率，但字迹清晰。该简现藏甘肃简牍博物馆。

　　木简一枚，简号为73EJT24：802，汉代，木质，单面书写，1973年发掘于额济纳河流域的肩水金关遗址。该简上下均有残断，文字仅存7字。简文书写的文字为规整的隶书，书法严整，字迹清晰。该简现藏甘肃简牍博物馆。

　　木简一枚，简号为73EJT24：833，汉代两行简，木质，单面书写，1973年发掘于额济纳河流域的肩水金关遗址。该简上下均有残断，由于是两行简，简面较宽，留存的文字较多，现存23字。木简上的文字为隶书，书法不佳，字迹略有模糊。该简现藏甘肃简牍博物馆。

　　木简一枚，简号为73EJT31：77，汉代，木质，单面书写，1973年发掘于额济纳河流域的肩水金关遗址。该简上部残缺，下部仅存文字有9字。从简文地脚处书写文字推测，简文书写不留天头地脚，当为满简书写。

木简上的文字为规整的隶书，但书法不佳，字迹较为模糊。该简现藏甘肃简牍博物馆。

简牍释文

子曰大伯其可……   73EJT15∶20

·孔子知道之易也易=云省三日子曰此道之美也……
                                    73EJT22∶6

毋远虑必有近忧。   73EJT24∶802

曰天何言哉四时行焉万物生焉。

年之丧其已久矣君子三……   73EJT24∶833

于齐冉子为其母请粟。   73EJT31∶77

阅牍延伸

一、肩水金关汉简中的《论语》残简解读

肩水金关汉简中的《论语》残简相较于其他西北汉简是发现最多的，共计有5枚。[1]

73EJT15∶20号简残缺较为严重，木简上段以下的大部分均已残缺，简文现存7字，木简文字为规整的隶书书写。简文内容属今传本《论语·泰伯》篇的第一章，即："子曰：'泰伯，其可谓至德也已矣。三以天下让，民无得而称焉。'"[2] 简文中的"大"即传世文献中的"泰"，实际上在早期文献中"太"与"泰"通用，"太"则是"大"的分化字，因此简文作"大"保存了古义。简文内容是孔子对商末周初人物"泰伯"的

---

[1] 甘肃简牍博物馆：《肩水金关汉简（贰）》，上海：中西书局，2013年，第18、95页；甘肃简牍博物馆：《肩水金关汉简（叁）》，上海：中西书局，2013年，第27、29、221、227页。

[2] 杨伯峻：《论语译注》，北京：中华书局，2009年，第78页。

73EJT15:20　　　　　73EJT24:802　　　　　73EJT22:6

图 7-3　肩水金关汉简中的《论语》

称赞之辞。根据《史记》的记载，泰伯和仲雍分别是古公亶父的大儿子和二儿子，按照周人的继承法则，古公亶父的王位要由泰伯和仲雍顺位继承，但他们为了满足父亲想要传位给幼弟季历和季历儿子姬昌的想法，主动放弃了继位的资格。并且不远千里从关中的歧周之地迁居至蛮荒的吴地，即今江苏一带。他们高风亮节的行为，间接成就了前后绵延八百年的周天下，他们也成为开发江南的先驱人物。因此孔子称赞泰伯三让天下的行为可以说是至德的表现了。

73EJT22：6号简下端残缺，简上端有一圆点，即为章节开始的标志符号。木简上的文字较为规整，基本属于隶书，但略带有草书的笔意，简文有一重文符号，现存有 20 字。该句在海昏侯墓竹简《论语》中也有发现，简文作："孔子智（知）道之易也，'易易'云者三日。子曰：'此道之美也，莫之御也。'"将之与肩水金关汉简中的《论语》简相互比较，可知二者的内容是相同的，都是属于齐《论语》的《知道》篇的内容。肩水金关简释文的"省"字，海昏侯简作"者"，我们认为"省"字为误释，实际上仍当作"者"。另外，肩水金关简的"莫之御也"四字残缺，可据海昏侯简补足。该简的内容在《孔子家语·颜回》篇中化用了本章后半部分的内容。此外在《韩诗外传》中也有"孔子知道之易行"，足见此语在西汉时期的流传较为广泛。

73EJT24∶802 号简，上下均有残缺，据文字内容推测，木简下段残缺较多，简文字体为规整的隶书，字迹清晰，书法遒劲有力，现存有 7 字。简文内容为《论语·卫灵公》篇第十二章的内容，即"子曰：'人无远虑，必有近忧。'"[1] 简文中的"毋"与"无"古通用，简文上端缺"子曰人"三字，下端残缺的文字应该也属《论语》的内容，由此可以推测西汉时期的《论语》简篇内章与章之间是连抄在一起的，只有在分篇时才在篇的起首章前端用一圆点表示篇的开始。

73EJT24∶833 号简面较宽，为汉代的"两行"。木简上下均有残断，文字书写较为草率，书体更倾向于汉代流行的隶草。简文中的"曰：'天何言哉，四时行焉，万物生焉。'"一句出自《论语·阳货》篇的第十九章，即"子曰：'予欲无言。'子贡曰：'子如不言，则小子何述焉？'子曰：'天何言哉？四时行焉，百物生焉，天何言哉？'"[2] 的后半句中孔子回答子贡之语。简文中的"万物"在今传本中作"百物"，汉代的传世文献，如《汉书·王吉传》："天不言，四时行焉，百物生焉。"[3]《论衡·卜

---

[1] 杨伯峻：《论语译注》，北京：中华书局，2009 年，第 164 页。

[2] 杨伯峻：《论语译注》，北京：中华书局，2009 年，第 187-188 页。

[3] [汉] 班固撰，[唐] 颜师古注：《汉书》，北京：中华书局，1964 年，第 3061 页。

筮》篇引孔子曰:"天何言哉?四时行焉,百物生焉。"[1]引用该句都是作"百物",因此《论语》中这一句作"百物生焉"是正确的,但是"万物生焉"的说法在传世文献中也是有的,如《忠经·天地神明章》:"天无私,四时行。地无私,万物生。"[2]《晋书·张忠传》中作:"天不言而四时行焉,万物生焉。"[3]《太平御览》中引《论语》作"万物生焉",可以看出"万物生焉"这种误读在汉代就已经出现了,简文和《忠经》都可以说明这一点。

73EJT24:833　　　　73EJT31:77
图7-4　肩水金关汉简《论语》

---

[1] [汉]王充著,杨宝忠校笺:《论衡校笺·卜筮篇》,石家庄:河北教育出版社,1995年,第766页。
[2] 张景、张松辉:《孝经、忠经》,北京:中华书局,2022年,第147页。
[3] [唐]房玄龄等:《晋书卷九十四·列传第六十四·隐逸传·张忠》,北京:中华书局,1996年,第2451-2452页。

同时，我们也可以看出"万物生焉"这一误读的内容并没有给今传本的《论语》带来文本的变异，今传本并没有异文作"万物"者，这就说明在汉代时期《论语》文本虽存在着部分误读和文字变异现象，但由于此时《论语》文本已然定型，这些现象并未对《论语》文本造成改动。

简文中的"年之丧其已久矣，君子三"一句也出自《论语·阳货》篇，但是属今传本第二十一章的内容，即："宰我问：'三年之丧，期已久矣。君子三年不为礼，礼必坏；三年不为乐，乐必崩。旧谷既没，新谷既升，钻燧改火，期可已矣。'子曰：'食夫稻，衣夫锦，于女安乎？'曰：'安。''女安，则为之！夫君子之居丧，食旨不甘，闻乐不乐，居处不安，故不为也。今女安，则为之！'宰我出，子曰：'予之不仁也！子生三年，然后免于父母之怀，夫三年之丧，天下之通丧也。予也有三年之爱于其父母乎？'"①这一章的内容在《论语》中是较长的，简文仅是这一章开头"宰我问"的内容，可见缺失的文字内容较多。比照两行文字内容，可以推测这一支简原本应当比较长，如此才可以容纳这两章的内容，当然这里还缺少了第二十章的内容，更可见这一支两行简原本较长，文字内容较多，最起码简文原本应当容纳第十九章、第二十章及第二十一章的部分内容。

73EJT31：77号简上段残缺，简文现存9字，简文字距较宽，文字为隶书书写，其书法较为拙劣，但似乎书手是根据另外一本《论语》文本抄写而成的，在抄写过程中按照原来的文本字距进行了抄写。简文内容见于今传本《论语·雍也》篇第四章，即："子华使于齐，冉子为其母请粟。子曰：'与之釜。'请益。曰：'与之庾。'冉子与之粟五秉。子曰：'赤之适齐也，乘肥马，衣轻裘。吾闻之也：君子周急不继富。'"②

---

① 杨伯峻：《论语译注》，北京：中华书局，2009年，第55页。
② 杨伯峻：《论语译注》，北京：中华书局，2009年，第77页。

二、《论语》的流传

《论语》这部书成书于孔子弟子及再传弟子之时,大约在战国早期就已经成书并开始流传。迟至汉代,由于儒学确立了经学正统地位,《论语》在此时也得到了更加广泛的传播,被汉代学者赵岐誉为"五经之錧鎋,六艺之喉衿",足见《论语》在汉代学者心目中的重要性和神圣性。《汉书·艺文志》载:"《论语》者,孔子应答弟子、时人及弟子相与言而接闻于夫子之语也。当时弟子各有所记,夫子既卒,门人相与辑而论纂,故谓之《论语》。"[1]可见《论语》一书就是由弟子记载编纂而成。

《论语》一书由于弟子各自记载的不同,在汉代有齐《论语》、鲁《论语》、古《论语》三种版本,其中齐《论语》差异较大,在二十篇基础上多出了《问王》和《知道》两篇。关于汉代相传的几种《论语》传本的流传情况,何晏的《论语集解叙》叙之甚详,兹引述如下:

> 汉中垒校尉刘向言《鲁论语》二十篇,皆孔子弟子记诸善言也。太子太傅夏侯胜、前将军萧望之、丞相韦贤及子玄成等传之。《齐论语》二十二篇,其二十篇中,章句颇多于《鲁论》。琅邪王卿及胶东庸生、昌邑中尉王吉皆以教授。故有《鲁论》有《齐论》。鲁共王时,尝欲以孔子宅为宫,坏,得古文《论语》。《齐论》有《问王》《知道》多于《鲁论》二篇《古论》亦无此二篇。分《尧曰》下章"子张问"以为一篇,有两《子张》,凡二十一篇。篇次不与齐、鲁《论》同。安昌侯张禹,本受《鲁论》,兼讲《齐》说。善者从之,号曰《张侯论》,为世所贵。包氏、周氏章句出焉。《古论》唯博士孔安国为之训解,而世不传。至顺帝时,南郡太守马融亦为之训说。汉末,大司农郑玄就《鲁

---

[1] 陈国庆:《汉书艺文志注释汇编》,北京:中华书局,1983年,第79页。

论》篇章。考之《齐》《古》，为之注。①

汉代人对《论语》的称呼与今人不同，至两汉之际该书的称呼仍不一致，或单称《论》，如《汉书·张禹传》"诸儒为之语曰：'欲为《论》，念张文。'"；或称为《语》，如《后汉书·崔骃传》"《语》曰：不愚无位，患所以立。'"；或称之为《传》，如《史记·封禅书》"《传》曰：'三年不为礼，礼必废；三年不为乐，乐必崩。'"；或为《记》，如《后汉书·赵咨传》"《记》曰：'丧虽有礼，哀为主矣。'"，或详称为《论语说》，如《汉书·郊祀志》"《论语说》：'子不语怪力乱神。'"；或直接称之为"孔子曰"，如《汉书·宣元六王传》"孔子曰：'过而不改，是谓过矣。'"。西汉至东汉，传承《论语》的学者相沿不绝。汉文帝刘恒"欲广游学之路"，曾设立《论语》博士。汉武帝时期，开始表彰六经，不再设置《论语》博士，但是仍有博士孔安国为其书作《传》。西汉后期，"常山都尉龚奋、长信少府夏侯胜、丞相韦贤、鲁扶卿、前将军萧望之"等，都是传承《论语》的知名人物，而安昌侯张禹更是"以传《论语》授成帝"名噪一时。张侯《论》是以鲁《论语》融合齐《论语》而成，今传本的《论语》基本上就是张侯《论》的文本系统，其中部分内容参酌郑玄的古《论语》进行了改定。东汉时期为《论语》做注解、章句的学者至少不下十家之多。②

三、中国古代的宗法制度

说起宗法制度，我们会觉得好像是很遥远的存在了，那是属于封建社会的古代，是鲁迅先生笔下"吃人的礼教"，是五四运动中反对的对象。今日完整的宗法制度已不复存在了，但是像宗族、族谱等这些宗法制度的产物依然存在，并发挥着敬宗合族的作用。

---

① [魏]何晏注，[宋]邢昺注：《论语注疏》，北京：北京大学出版社，1999年，第2页。

② 董治安：《经部要籍概述》，南京：江苏教育出版社，2008年。

宗法制度是以血缘和家庭为纽带建立起来的等级制度，就是家族内部，根据血缘关系的亲疏远近来区分嫡庶亲疏的一种等级制度。目前可知商代就有宗法，但宗法制度的真正形成是在西周时期，这一时期确立了完整的宗法制度，规定了宗族内"大宗"与"小宗"的权利与义务，并确立了王位继承制度为嫡长子继承制。自此之后，宗法制度的力量一直非常强大，约束着生活在这片土地上的每一代人。

前文我们讲到《论语·泰伯》篇的第一章："子曰：'泰伯，其可谓至德也已矣。三以天下让，民无得而称焉。'"泰伯和仲雍分别是古公亶父的大儿子和二儿子，按照周人的继承法则，古公亶父的王位要由泰伯和仲雍顺位继承，但他们为了满足父亲想要传位给幼弟季历和及季历的儿子姬昌的决心，主动放弃了继位的资格。这里所说的周人的继承法则就是宗法制度之下的嫡长子继承制，该制度规定宗族内的"大宗"由嫡母，也就是父亲的正妻，所生的第一个儿子继承,其他儿子为"小宗"。这也就是泰伯在知道了父亲古公亶父的心意之后，要主动放弃继承资格，逃到遥远的吴越之地的原因。

周人的宗法还有一点与后世不同，就是周代贵族把始祖以下的同族男子逐代先后相承地分为"昭"和"穆"两辈，这种分辈的方式涉及到宗庙中神主牌位的摆放方式，即宗庙中位居中央的是始祖，其后按照左昭右穆的方式隔辈排列。比如周文王为"昭"辈排在左边，他的儿子周武王则是"穆"辈排在右边。这种方式在后代虽然没有继续沿用，但是其影响到现在依然存在。就像我们现在有些地方在给自己孩子取名的时候，假如父亲名字为两个字，那么儿子名字就要是三个字，到孙子辈时又变回两个字的名字，这种形式上的区别可以说是昭穆制度在当今生活中的余绪。

古代的宗族还有"九族"和"三族"的说法。"九族"就是指高祖、曾祖、祖、父、自己、子、孙、曾孙、玄孙，这是同姓的族。"三族"的说法有三种，一是指父、子、孙为三族；二是指父母、兄弟、妻子；

三是指父族、母族、妻族。古代一人犯罪常常牵连到亲属，我们经常在古装剧中看到皇帝发出圣旨说"诛灭九族"，包括从高祖到玄孙的直系亲属，以及旁系亲属中的兄弟、堂兄弟等，这也是古代封建社会中最为严格、最为惨无人道的刑罚。

居延汉简与悬泉汉简中的《论语》

文物简介

居延木简一枚，简号为126.30，长5.7厘米，宽0.8厘米，厚0.2厘米。该简于1930—1931年由中瑞西北科学考察团于额济纳河流域烽燧遗址所发掘，出土于A33地湾遗址。简文下部残缺，仅保留有简上端的五个字，简文字迹清晰，文字为工整的隶书，书法甚佳。现藏台湾"中研院"史语所。

悬泉竹简一枚，简号Ⅱ90DXT0111③：4，1990年出土于悬泉置遗址。该简上下均有残断，下部残缺较多，简长14.3厘米，宽1厘米，厚0.25厘米，竹子材质。该简单面书写，简文内容是《论语·宪问》篇内容。竹简文字为规整的隶书，版面舒朗，书法遒劲有力，具有着汉隶"八分"独特的书法艺术特色。现藏甘肃简牍博物馆。

简牍释文

□几成风，绍休圣绪。《传》不云乎？"十室之邑，必有忠信□"。

126.30

《传》不云乎，"爱之，能勿劳乎。"其箸以□……

Ⅱ90DXT0111③：4[①]

阅牍延伸

居延汉简与悬泉汉简中的《论语》残简解读

居延汉简的126.30号简现藏台湾"中研院"史语所，是1930年代发

---

① 甘肃简牍博物馆：《悬泉汉简（贰）》，上海：中西书局，2020年，第511页。

掘所得的居延旧简。文字书写规整,具有成熟隶书"八分"的特色。简文可断句为:□"几成风,绍休圣绪。《传》不云乎? '十室之邑,必有忠信□'。"①简文中的"十室之邑,必有忠信"一句是《论语·公冶长》篇中的"十室之邑,必有忠信如丘者焉,不如丘之好学也"②一句。简文中的《论语》称为《传》,这符合汉代人对《论语》一书的称谓方式。从简文内容的"绍休圣绪"来看,文字的书写者立意颇为高远,似乎是皇帝诏书的内容。

甘肃简牍博物馆所藏的Ⅱ 90DXT0111③:4号简是《论语·宪问》第七章:"子曰:爱之,能勿劳乎?忠焉,能勿诲乎?"③这一枚竹简的发现证明了,两千年后的我们所诵读的《论语·宪问》第七章与汉代人无异。我国典籍流传源远流长,经过两千多年岁月的磨砺,我们依旧阅读着原汁原味的先贤著作。同时,对比这两句话就会发现,竹简中除了"爱之,能勿劳乎"一句,还有"《传》不云乎""其著以□"这两句并不属于《论语》。从"《传》不云乎"我们可以知道《论语》在汉代通行的名称就是《传》,再结合"其著以□"这一句来看,这一枚竹简并不单纯是《论语》文本,更像是对《论语》的注解或者章句,是建立在《论语》文本上的阐释著作。可以推测"其著以□"后面就应该是,对儒

126.30
图 7-5 居延汉简
《论语》残简

---

① 简牍整理小组:《居延汉简(贰)》,台北:"中央研究院"历史语言研究所,2015年,第58页。
② 杨伯峻:《论语译注》,北京:中华书局,2009年,第44页。
③ 杨伯峻:《论语译注》,北京:中华书局,2009年,第147页。

家学说"爱"和"忠"的进一步阐发。在汉代人的思想世界中"忠、爱、情"等概念非常重要,每个人对这些概念的理解虽不尽相同,但是他们思想的底色必然受到儒家思想巨大的影响,这一点在甘肃简牍博物馆保藏的刻有"忠""情"二字的木质文物中亦可窥见。

Ⅱ 90DXT0111③:4
图 7-6 悬泉汉简《论语》残简

第七章 《论语》

图 7-7 馆藏刻有"忠""情"二字的汉代木质文物

第八章 《苍颉篇》与《急就篇》

《苍颉篇》又称为《苍颉》，也可以写作《苍颉篇》，是我国现存最早的一部蒙学识字教材，相传为秦朝丞相李斯所作。西汉时期，这本识字书在流传过程中为适应时代发展的需要屡经改写增补。目前发现字数较多的有阜阳汉简《苍颉篇》，水泉子汉简七言本《苍颉篇》和北京大学藏西汉竹书的《苍颉篇》。甘肃简牍博物馆所藏的《苍颉篇》均为残简，且以抄写该书前四句内容的居多，学者们推测这些简或许是当时书吏习字所用。

《急就篇》也叫《急就章》，是西汉元帝时黄门令史游所著的识字书籍，其成书时代约在公元前一世纪的下半叶。该书的残简在甘肃简牍博物馆所藏的敦煌马圈湾汉简以及居延新简中屡有发现，但内容较少，绝大多数是时人为习字书写。目前，西北地区出土的较为完整的《急就篇》是1930年出土的居延汉简，现收藏在台湾"中研院"史语所。

文字的起源与"六书"

文物简介

甘肃永昌县水泉子乡的 M9 号墓葬于 2008 年 8 月出土了一批汉代木简，其中《苍颉篇》的内容大致有 140 多枚，存字约 1000 个。木简全部为松木材质，但因长期受潮而疏松酥软，保存状况较差。据推测完整的简长度约有 19～20 厘米之间，三道编绳，没有发现篇题，简背亦没有文字，在个别简的简端发现有墨书圆点，当为章节起首的标记符号。这批简现藏甘肃省文物考古研究所。

简牍释文

〔苍颉作〕书智不愿，以教后嗣世□〔□，幼〕子承诏唯毋〔□，谨〕敬戒身即完，勉力讽诵榑出官，昼夜勿置功〔□□，苟务成〕史临大官，计会辩治推耐前，超等轶群。〔□□□，出尤别异〕白黑分，初虽劳苦后必安，卒必有〔喜□□□□□，愨愿忠信〕□事君，微密痣＜瘀＞塞天生（性）然，倪（羿）佞……

水泉子汉简七言本《苍颉篇》

阅牍延伸

一、水泉子七言本《苍颉篇》

目前出土较完整的《苍颉篇》均由墓葬出土，包括安徽阜阳汉简、水泉子汉简、北京大学藏西汉竹书，其中以水泉子汉简和北大简字数最多。安徽阜阳的双古堆汉墓的《苍颉篇》仅有 541 个字。水泉子汉简出

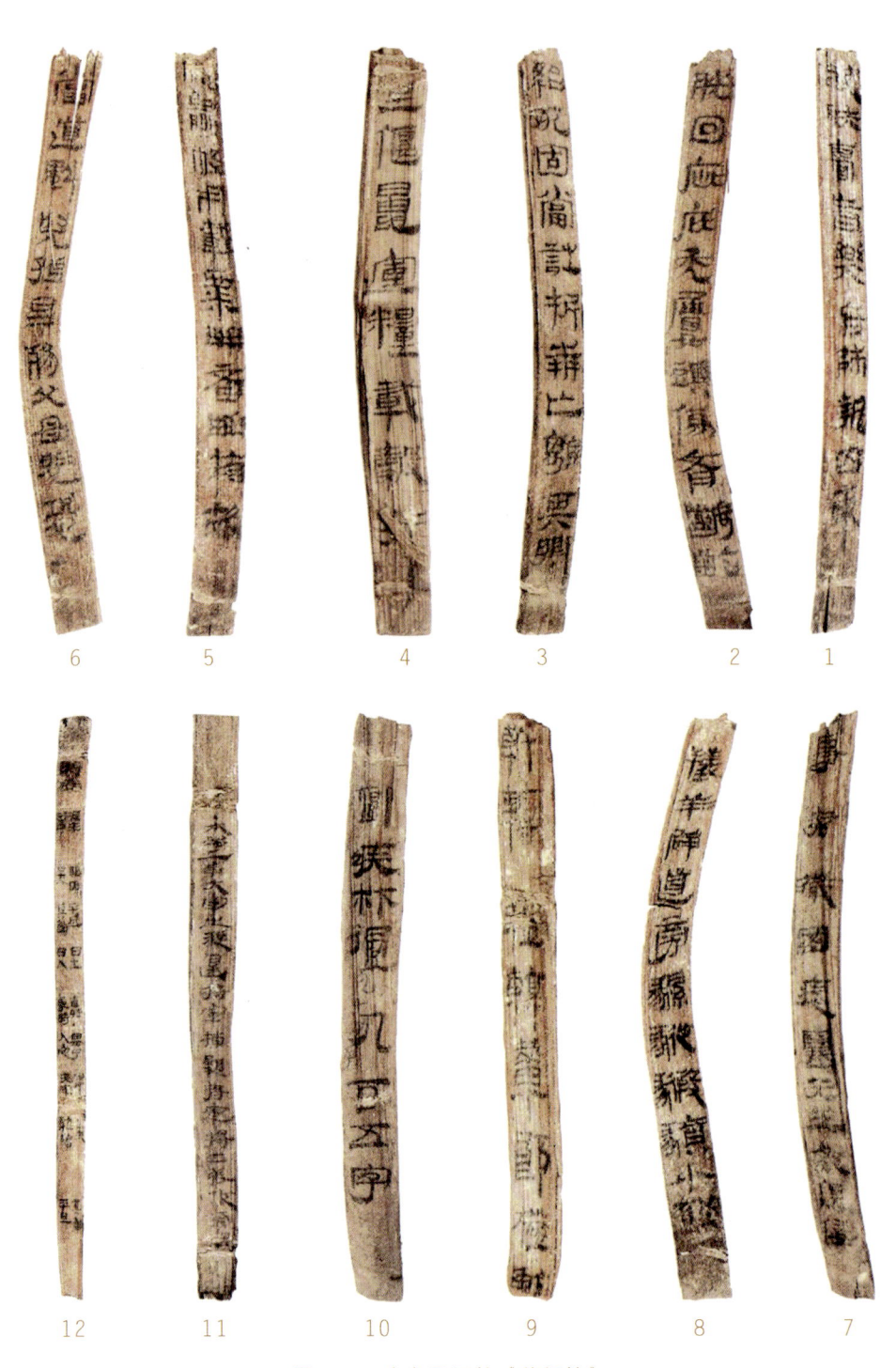

图 8-1　水泉子汉简《苍颉篇》

土于甘肃省永昌县红山窑乡水泉子村汉墓，共计 140 多枚简，存 1000 余字。北大简现存完整竹简 53 枚，残断竹简 34 枚，经缀合共计 81 枚，合计 1337 字。《急就篇》并没有完整的汉代竹简本出土，仅在我国西北地区的烽燧遗址中出土有残简，其中以居延汉简中所出最多。

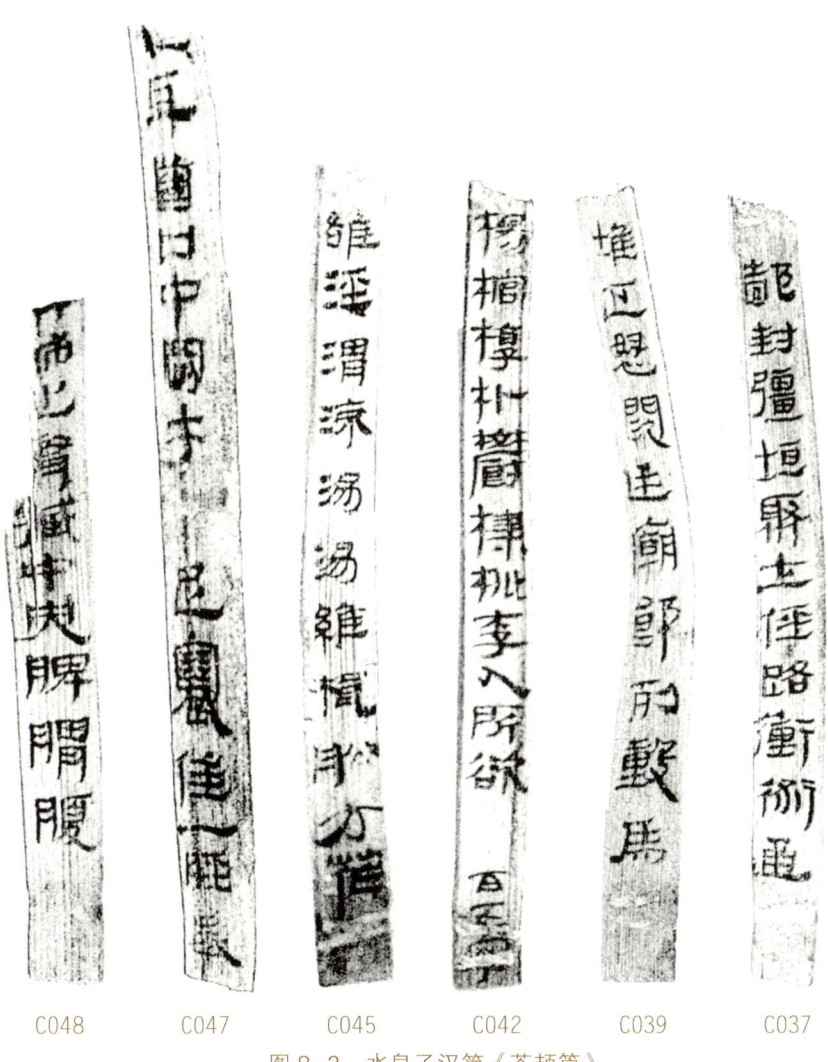

图 8-2　水泉子汉简《苍颉篇》

水泉子的木简一直未整理公布，因此张存良的《水泉子汉简〈苍颉篇〉整理与研究》一文是目前了解水泉子汉简《苍颉篇》较为详尽的文献。据文章介绍："与以往传世文献中《苍颉篇》的佚文和近世以来出土的《苍颉篇》残简相较，本批《苍颉篇》有非常明显的不同之处：过去我们所见到的《苍颉篇》都是四言成句的，本次新出木简不只是书写整齐字数多、文句大多连属，尤为独特的是，它是七言成句，这在传世载籍中是从未听闻的，在已出众多《苍颉篇》残简中也是前所未有的。这是一种全新的《苍颉篇》版本，这一重大发现必将带来《苍颉篇》研究的新突破。"张存良还认为："新出七言本《苍颉篇》在内容的编排上还是以四言旧本为纲的，原有的四言之文及其编排次序并未改变，只是承袭旧文，顺延三字，从而变四言为七言，每章仍为十五句。所增三字即是对前四字文意的一个顺势延伸，有简单训释的意思，使前四字的意义更加完整或确有所指。"但日本学者福田哲之则认为："附加的三字最多只是对应于上面四字句，基本上没有连接下面四字句的作用。也就是说，附加三字的目的，是为了辅助理解各自上边的《苍颉篇》原文，而使识字学习更加方便。"[①]至于水泉子汉简《苍颉篇》究竟对应文献中记载的《苍颉篇》的哪一个版本，学者们还存在着争议。张存良推论认为，此书可能是扬雄或杜林所作的《苍颉训纂》。胡平生则认为："七言本的作者不是当时的文坛大师，而是活跃在民间的'闾里书师'。大概是受到西汉中晚期相继成立的《凡将篇》《急就篇》《元尚篇》等七言本字书的影响，'闾里书师'把《苍颉篇》的四字句改成了七字句。"

关于分章情况的研究，目前主要的依据是章首标记符号和章末出现了九次的记数"百五字"，张存良认为："这意味着该册《苍颉篇》至少应包括九章的内容，每章'百五字'，也符合统计的1000字之数。"[②]

---

① 梁静：《出土〈苍颉篇〉研究》，北京：科学出版社，2015年。

② 张存良：《水泉子汉简〈苍颉篇〉整理与研究》，兰州：兰州大学博士学位论文，2019年。

二、文字的起源与"六书"

《汉书·艺文志》对于文字的起源与造字法则的"六书"有一段论述:"《易》曰:'上古结绳以治,后世圣人易之以书契,百官以治,万民以察,盖取诸《夬》。''夬,扬于王庭',言其宣扬于王者朝廷,其用最大也。古者八岁入小学,故《周官》保氏掌养国子,教之六书,谓象形、象事、象意、象声、转注、假借,造字之本也。"① 从这一段文字中可以看到古人对文字起源的基本看法,他们认为文字是由上古时期的圣王创造的。班固将人类信息交流手段追溯至结绳记事,结绳记事顾名思义就是早期人类为了方便记忆,用绳结来标记所需要记住的事情,一般的原则是大事结成一个大结,小事结成一个小结。班固的这一看法应当来源于《周易·系辞》,这就是说在战国时期人们广泛地认为文字产生之前经历了一个结绳记事的时代。结绳记事这一古老的记事方式无论中外都有实例可考,如中美洲的印加帝国处理行政事务时,就是使用这一方式。但是结绳只能帮助人进行回忆,或用来标记某种简单事务,它不能用来表达复杂事务,更不能成为记录语言的工具。因此,这种方式只适用于小范围人群的约定俗成,而且同样的绳结可以表示不同的事物,它仅仅是作为一个记号出现的。随着时代的发展,人群之间交流更加频繁,因此就需要更大范围的交流和记录的工具,文字就在这种情况下产生了,但古人认为文字的发明是由某一两个特定的圣人创造的,苍颉就是其中著名的人物。据传说记载,苍颉为黄帝的臣子,他的长相非常独特,拥有着"双瞳四目",《说文解字序》说他:"黄帝之史官苍颉,见鸟兽蹄迒之迹,知分理之可相别异也,初造书契。"② 这就是说他是受到了鸟兽蹄爪不同印迹的启发,从而发明了文字。

---

① 陈国庆:《汉书艺文志注释汇编》,北京:中华书局,1983年,第91-95页。
② [汉]许慎撰,[宋]徐铉校订:《说文解字》,北京:中华书局,2013年,第316-317页。

在这一段文字中班固还提到了我国传统文字学中分析字形的"六书",即象形、象事、象意、象声、转注、假借。这六个名称看起来较为陌生,我们更为熟悉的是许慎在《说文解字》中提到的六书说,即"一曰指事。指事者,视而可识,察而见意,上下是也。二曰象形,象形者,画成其物,随体诘诎,日月是也。三曰形声。形声者,以事为名,取譬相成,江河是也。四曰会意。会意者,比类合谊,以见指撝,武信是也。五曰转注。转注者,建类一首,同意相受,考老是也。六曰假借。假借者,本无其字,依声托事,令长是也"。[①]一般认为六书说中的"指事""象形""会意""形声"为造字法,"假借"和"转注"为用字法,但是历史上学者们对"转注"定义不明,且使用不便,因此"转注"在现在的文字学研究中一般不再使用了。此外,《周礼》还记载了古代八岁的孩童就要进入小学,此时保氏就要给他们教授"六书",因此古代的小学是一个特指的名词,其最初的含义是孩童初入学堂学习文字之学,后来逐渐演变为指代音韵学、训诂学、文字学的统称。汉代非常流行的《苍颉篇》和《急就篇》是属于识字的书籍,因其属于文字学的领域,在古代这一类书籍也被称为"字书"。

三、文字学中的"六书"

汉字是世界上最古老的文字之一,而且也是唯一一个沿用至今、流传有续的文字系统。目前可知最早的成熟汉字体系是殷商时期的甲骨文,距今约3500年,它使中华民族的悠久历史和灿烂文化得以延续传承,是汉字的源头,也是中华优秀传统文化的根脉。甲骨文字已基本具备了文字学的"六书",但其中象形和会意文字较多,而且文字的书写常常正反无别、左右无别,显示出甲骨文距离文字起源时期并不十分遥远。但值得一提的是甲骨文由于书写材质较为坚硬,势必导

---

① [汉]许慎撰,[宋]徐铉校订:《说文解字》,北京:中华书局,2013年,第316-317页。

致文字笔画趋于简省，甲骨文与同时期并行发展的青铜器铭文相比较来说，青铜器铭文保留了更多的象形文字特征。其后汉字的发展经历了西周金文、春秋金文，在战国时代由于各诸侯国发展壮大，演变出了不同的文字形态，大致可分为齐系文字、晋系文字、楚系文字、燕系文字、秦系文字。秦统一以后，秦始皇废除六国文字，以秦文字的小篆为唯一官方认可的文字系统，其后演变出了秦隶和汉隶。自此之后，汉字的文字系统再也没有发生过变化，可以说秦代奠定了此后的汉字是秦文字的书写系统。由于秦文字直接继承了西周文字的体系，且较少地改变西周文字的结构，因此为文字学家识别商周时期古文字提供了相当大的便利。隶书之后行用的草书、行书、楷书等仅仅是书法风格的不同，不涉及文字系统的变化。

前面我们已经讲到六书是我国传统文字学中分析字形的一个理论，包括了"指事""象形""会意""形声"造字法，"假借"和"转注"用字法。

在文字中"象形"文字应该是出现最早的一类，它的起源或可追溯至原始时期的岩画。原始的象形文字取象于客观存在的事物，目的是使所描绘的图像符号能够真实地反映出物体本身的形态特征，而且这个形象本身也代表了文字的本义。这一类文字基本包含了天文、地理、动物、植物、人体与常见器物。象形字主要包括两大类：一类是具体形象的象形字，如"日""月""山""水"等；另一类是截取部分特征形象的象形字，如"羊""牛"等。如甲骨文中的"日"写作"日"；"月"写作"⦆"；"山"写作"⛰"；"水"写作"⧼"，这些都是对具体事物进行完整描绘的象形字。甲骨文中"羊"写作"⧽"，是羊头正面形象的描绘，主要的区别性特征在于羊角向下弯曲。但甲骨文中的"羊"已经趋于简化，在商代青铜器羊尊铭文中"羊"字就比较象形，写作"⧾"。"牛"在甲骨文中写作"⧿"，是牛头正面形象的描绘，主要的区别性特征在于牛角向上弯曲，商代青铜器牛尊铭文中的"牛"

字写作"󰀀",就是对牛头的具体描绘。

早期的会意字是从独体的象意文字发展而来的,会意字字形近似于象形字,但构字方式却有所不同,象形字是看到图画就知道文字表示的含义,而会意字则是在图画中突出字义特征,阅读者注意到字形的突出特征之后,就可以意会到文字的含义。比如"终"有"终结"的含义,甲骨文的"终"写作"󰀀"像树叶凋零的样子,用树叶凋零的样子来使读者意会到终结的含义。甲骨文中的"弃"写作"󰀀",像两只手抱着一个婴儿的头抛出去的样子,由此可以意会到"抛弃"的意思。

指事字可以说是在象形字的基础上加注指示符号,从而达到表示字义的目的。指事字并不是简单的象形字的组合,而是借助在象形字的不同部位标注指示符号这一特殊的方式,来完成字义的表达。比如"立"甲骨文写作"󰀀",象形字为一个正面站立的人形,而最下面的一横才是指示符号,象征着人站立在地面上,因此就可以会意出"立"了。再比如"亦"最早用来表示"腋",也就是"腋窝"的意思。甲骨文中"亦"写作"󰀀",象形字为正面人形,两条胳膊之间的小点就是指示符号,也就间接表达了"亦"的意思"腋窝"。

上述的三种构字方法都属于最早产生的表意文字,而形声字是出现较晚的一种表音文字。形声字必须由表形与表音的两部分组成,其中形符表示字义类属的部分,声符则标识文字的读音。甲骨文中的"祝"写作"󰀀",原本的含义是向神祷告,左边的"示"是形符,表示文字类属于"示",右边像一个跪坐着张开嘴巴念念有词的人形。

假借字是限制文字不断增长的方法。假借字并不创造新的文字形体,而是借用读音相近或相同的其他的文字形体创造出新的词汇的方法。比如"北"在甲骨文中写作"󰀀",像两个人背靠背的样子,因此"北"的本义是"背"。而方位词的"北"就是借用了"北"的形体来表示,但由于久借不还,重新为背靠含义创造了一个"背"字来表示。甲骨文中"自"本义是表示"鼻子",但这个含义在甲骨文中已经非常少见了,基本都假借为"自己"含义的"自"。我们通常用肢体语言指自己时候,就会指向自己的鼻子,而鼻子也是面部器官中最为突出的一个,因此古人创造性地将表示鼻子的"自"假借为表示自己的"自"了。

第八章 《苍颉篇》与《急就篇》

北大简《苍颉篇》与《史籀篇》

文物简介

《苍颉篇》现存简 87 枚,其中完简 53 枚,残简 34 枚。缀合之后,有完简 63 枚,残简 18 枚。完简长 30.3～30.4 厘米,宽 0.9～1.0 厘米。有契口与上、中、下三道编绳,简背有划痕。保存有完整字 1317 个(其中含有标题字 15 个,重见字 7 个),残字 20 个。这批竹简,是迄今为止所见到的《苍颉篇》这部久佚古书保存字数最多的一个文本,因而也是最重要的一次发现。这一版本四字一句,字体是极为规整的汉隶,但字形间仍多保存了秦篆的结构特点,应为西汉中期传本。这批简现藏北京大学。

简牍释文

汉兼天下,海内并厕,胡无噍类,菹醢离异,戎翟给赍,百越贡织,饬端修法,变大制裁。男女蕃殖,六畜逐字。颤魷觭臝,魿臭左右,憿悍骄裾,诛罚赀耐,丹胜误乱,圄夺侵试,胡貉离绝。冢樿棺柩,巴蜀篸竹,筐篋衾筍。

阅牍延伸

一、北京大学藏西汉竹书简介

2009 年初,北京大学抢救收藏了一批流失海外的西汉竹书,总数达 3300 多支,竹简宽度为 0.5～15 厘米,长度在 10～50 厘米不等。该批竹简保存情况良好,表面呈褐色,墨迹清晰,字体为隶书,文字抄写非常工整,至少有七八种不同的风格,各具特色,堪称汉代隶书中的精品。

北大西汉竹书属古代书籍，不见簿籍、律令和公文等官府文书，不见遣策书信等私人文书。此次发现中有《老子》，经缀合、编联后尚有211支整简，残简10支。简长32厘米左右，宽约0.8厘米，三道编绳。满简书写为28~29字。全书5200多字，仅缺少一两支简，有《老子上经》和《老子下经》的篇题，分别对应今本《德经》和《道经》，这种命名方式，在《老子》古本中首次发现。竹书分为七十七章，每章另起一简书写，有圆形墨点作为分章提示符号。通过简背刻划线，可知竹书《上经》和《下经》的各章序，与传世本基本一致，比以前发现的马王堆帛书本、郭店楚简本更为完整，该本是探讨《老子》分章最原始、最齐全的资料。

此外，这批竹书中尚有以下几种文献：

《周训》，存简206支，简长约30.5厘米，宽约0.8厘米，三道编绳。自带篇题，篇末云"大凡六千"，可知其字数在6000字左右。竹书采用周昭文公训诫共太子的形式，讲述历代君主治国之道。

《赵正书》，存简52支，简长30.3厘米，宽约0.8厘米，三道编绳。自带篇题，满简书写为29字左右。"赵正"即秦始皇。竹书记载秦始皇与李斯等人的对话，以及李斯被害前的陈词，属西汉时期流传的关于秦朝的小说家言。

《儒家说丛》，存简11支，简长约30.1厘米，宽0.8厘米。竹书内容与《晏子春秋》《说苑》《孔子家语》等文献有关，是考察汉代古书成书规律的重要资料。

《阴阳家言》，存简17支，简长约29.5厘米，宽0.9厘米。无篇题，现在的篇题是整理者添加。竹书主要内容讲述天人感应，人君应当主动顺应天时。

《节》篇，存简66支，简长约30厘米，宽0.9厘米，三道编绳。篇题为"节"，以时节为中心，讲述阴阳、刑德的法则及相关禁忌；

《雨书》，现保存竹简71支，简长约32厘米，宽约0.9厘米，三道编绳。篇题为"雨书"，满简书写为36~39字。竹书按照月分章，正月章首有"雨"

字,其余章首有"●"。竹书反映了当时的人们对自然现象的认识水平,前半部分十二章,格式整齐,是该书的主体部分。

《堪舆》,存简79支,简长约29.4厘米,宽0.9厘米,三道编绳。简背有篇题"堪舆",属于数术类文献。

《荆决》,存简33支,篇题为"荆决"。"荆"与"楚"同义,竹书主要内容是楚人占筮的要诀。其占筮方法,用等三十,分为上、中、下三份,如果大于四,则以四为分;小于四,则保留,以余数为占。竹书有卦象十六种,从内容看,可以分为序说、干卦、支卦三部分。

《六博》,缀合后有39支简,简长29.8厘米,篇题为"六博"。

《妄稽》,缀合后为73支简,简长约31.9厘米,宽约0.9厘米,三道编绳。竹书记载士人周春,才貌双全,但娶妻丑恶,名曰"妄稽"。周春纳妾,并宠爱美妾,结果招致妄稽怨恨,多次对小妾进行辱骂和虐待。最终妄稽生病,临死前反思自己所犯的过错。"妄稽",表示无从核查,出于杜撰之意。竹书叙述了某家庭内部因妻妾矛盾而引发的故事,情节曲折,语言生动,文学性很强。整理者最初将它定义为目前所知时代最早、篇幅最长的古小说,而后发现它四字为句,在第二句末尾押韵,在正式出版时,则更正为"汉赋",把《妄稽》和早前出土的《神乌赋》联系起来,对于认识汉代俗赋的特征,具有重要的学术意义。

《反淫》,整简有51支,简长约30.3厘米,宽约0.9厘米,满简书写为29字左右。竹书篇题为"反淫",其内容假托"魂"与"魄"的对话,构思奇特、辞藻丰富,为内容保存完整的汉赋。[1]

---

[1] 北京大学出土文献研究所:《北京大学藏西汉竹书(壹)》,上海:上海古籍出版社,2015年。
北京大学出土文献研究所:《北京大学藏西汉竹书(贰)》,上海:上海古籍出版社,2012年。
北京大学出土文献研究所:《北京大学藏西汉竹书(叁)》,上海:上海古籍出版社,2015年。
北京大学出土文献研究所:《北京大学藏西汉竹书(肆)》,上海:上海古籍出版社,2016年。
北京大学出土文献研究所:《北京大学藏西汉竹书(伍)》,上海:上海古籍出版社,2015年。

在该批竹简中还有现存字数最多,保存最为完整的《苍颉篇》。朱凤瀚先生在《北大汉简〈苍颉篇〉概述》一文中分别对比了阜阳汉简本、居延汉简本和北大本的异同之后,认为:"北大本与居延本一样,都比阜

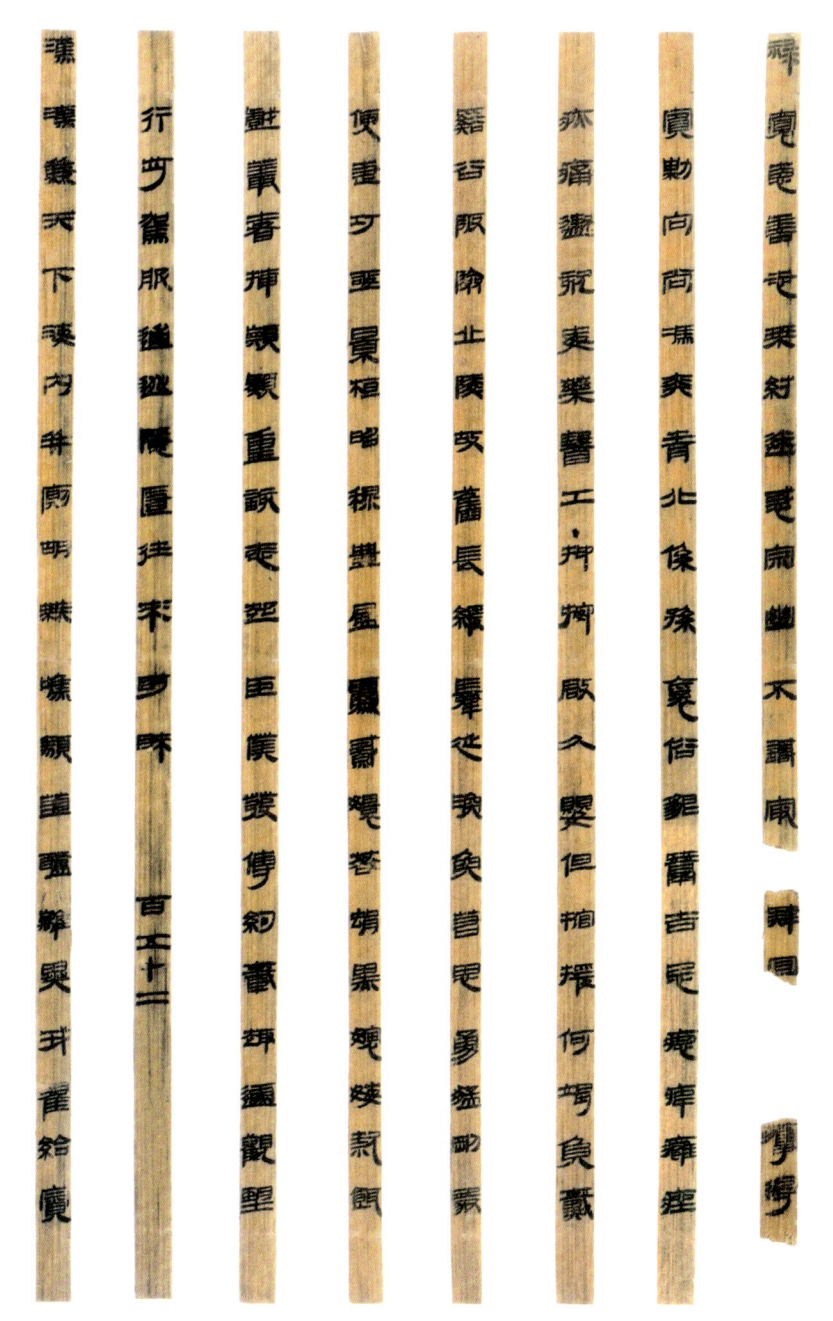

第八章 《苍颉篇》与《急就篇》

图 8-3　北京大学藏西汉竹书《苍颉篇》

阳本在'海内并厕'后多出了'胡无噍类,菹醢离罪,戎翟给賨,百越贡织'四句话,而水泉子七言本《苍颉篇》亦相应地有'□醢离异毋入刑''戎翟给賨赋敛□'两句。"由此,朱凤瀚先生认为,这四句话应是讲秦始皇统一六国后,北逐匈奴、南略五岭的业绩,应出自秦人之手,阜阳本未存,可能是西汉初整理秦本时被删掉,而北大汉简和居延汉简这两个本子保存了这四句话,更多地体现了秦本的面貌。此外,朱先生引《颜氏家训·书证篇》中的《苍颉篇》引文有"汉兼天下,海内并厕,豨黥韩覆,畔讨残灭"的文句,认为后面两句显然是西汉时期汉人根据汉高祖剿灭陈豨和韩信的史事所编的内容,可能是西汉时改造过的又一版本。另外北大本《苍颉篇》中有涉及汉武帝时期的史事,因此北大汉简本《苍颉篇》的抄写年代"不晚于汉武帝后期"。[①]

二、《史籀篇》简介

《汉书·艺文志》在《苍颉篇》和《急就篇》等字书之前还记载了一部据说为西周晚期的字书,即《史籀篇》。《史籀》十五篇,班固自注云:"周宣王太史作大篆十五篇,建武时亡六篇矣。"可见在东汉时期这部书尚有部分存世,并且成为许慎编著《说文解字》所征引的素材。班固又解释道:"《史籀篇》者,周时史官教学童书也,与孔氏壁中古文异体。"《说文解字序》亦曰:"周宣王太史籀,著大篆十五篇,与古文或异。"王国维认为"史籀"实有其人,他就是周宣王时期青铜器中出现的史官"史留",从上述内容可以推测《史籀篇》应当是以西周通行的文字写成的,后人称为"大篆",或因史籀而称"籀文"。籀文大篆自西周发展到春秋时期,文字的形体结构虽然产生了一些变化,但其基本的文字结构被秦文字继承,这在石鼓文中表现得极为明显,这些文字流传至战国时期最终演变为我们所熟悉的小篆。《史籀篇》的面貌在今日虽不可得见,但不可否认的是它是中国历史上第一部有明确记载的文字学书籍。

[①] 朱凤瀚:《北大汉简〈苍颉篇〉概述》,《文物》2011年第6期,第57-62页。

甘肃汉简中的《苍颉篇》与它的源流和内容

文物简介

Ⅱ90DXT0111①：203号简于1990年在悬泉置遗址出土，为木简一枚。该简完整，长23.7厘米，宽1.5厘米，厚0.25厘米，红柳材质。该简两面均有书写，A面为两种器物名称和数量的统计簿，B面为习字简，抄写内容是汉代流行的小学类书籍《苍颉篇》前两句。B面文字为端正的隶书，这与汉简公文书写中流行的草字形成了鲜明的对比。该简现藏甘肃简牍博物馆。

844号简于1979年在敦煌西北的汉塞烽燧马圈湾遗址出土，属汉代，木质，单面书写。该简完整，存15字。简文书写不留天头地脚，满简书写，天头处的圆点标识一章的开始，木简上的文字为规整的隶书，文字清晰。该简现藏甘肃简牍博物馆。

简牍释文

铁把弦一。
木傲张一。　　　　　　　　　　　　　　Ⅱ90DXT0111①：203A
仓颉作书，以教后嗣。幼子……　　　　　Ⅱ90DXT0111①：203B[①]
·仓颉作书，以教后嗣。幼子承诏，谨慎　　　　　　　　　844

---

① 甘肃简牍博物馆：《悬泉汉简（贰）》，上海：中西书局，2020年，第153页。

阅牍延伸

一、甘肃汉简中的《苍颉篇》

《苍颉篇》自宋代亡佚。直至清末民初，学者罗振玉和王国维据斯坦因所获汉简资料撰写《流沙坠简》，才明确指出部分汉简为汉代《苍颉篇》的残句。进入20世纪后，我国西北地区出土的大量汉简资

Ⅱ 90DXT0111 ①:203B　　Ⅱ 90DXT0111 ①:203A　　844

图 8-4　悬泉汉简与马圈湾汉简《苍颉篇》

料中，不断发现汉代《苍颉篇》的残句佚文。1972—1976年间在居延甲渠候官（破城子）发现了4枚写有《苍颉篇》文字的简，1973年在肩水金关出土的汉简中也发现有《苍颉篇》的残简。1979年在敦煌马圈湾烽燧遗址中发现了2枚写有《苍颉篇》内容的木简，1977年在玉门花海汉代烽燧遗址中发现3枚写有《苍颉篇》内容的木简，1990—1992年在敦煌悬泉置遗址也发现了《苍颉篇》的简牍数枚。其地在今玉门关遗址西北十公里，此地为丝绸之路在敦煌一段的北部要塞，共出汉简1217枚。最早的纪年简为汉宣帝本始三年（前71年），最晚的为王莽地皇二年（21年），主要记载了西汉后期到王莽时期西北边关前后一百年的历史。文书类型有诏书、律令、爰书、契券、封检、历书、占卜书、方技书、九九算表、檄、记、符、筹、私人书牍、典籍等。其内容涉及玉门关及其边塞防御、屯田屯兵、民族关系以及西汉后期至王莽时期中央王朝同西域的关系。

但上述的这些简文都比较破碎，有的也不成章句，或不能连读。主要是以书写在简背或削衣的形式保存下来，从内容来看是"苍颉作书，以教后嗣。幼子承诏，谨慎敬戒"这四句。从文字书写的角度来看，西北地区出土的《苍颉篇》为不同人在不同时期所抄写的，所抄内容仅为只言片语，可以推断这些简文多为屯戍人员习字之用。

二、《苍颉篇》的源流与内容

《苍颉篇》又称为《苍颉》，也可以写作《倉頡篇》，是我国现存最早的一部蒙学识字教材。该书成书于秦统一之前，据文献记载为秦丞相李斯所作，记录了秦汉时期规范的语言文字。从目前发现的《苍颉篇》来看，该书不仅具有识字的功能，还兼有规范文字书写的功用。《汉书·艺文志》记载曰："《苍颉》七章者，秦丞相李斯所作也；《爰历》六章者，车府令赵高所作也；《博学》七章者，太史令胡母敬所作也；文字多取《史籀篇》，而篆体复颇异,所谓秦篆者也。是时始造隶书矣,起于官狱多事,苟趋省易,施之于徒隶也。汉兴,闾里书师合《苍颉》《爰历》《博学》三篇,断六十字以为一章,凡五十五章,并为《苍颉篇》。武帝时司马相如作《凡将篇》,无复字。元帝时黄门令史游作《急就篇》,成帝时将作大匠李长作《元尚篇》,皆《苍颉》中正字也。《凡将》则颇有出矣。至元始中,征天下通小学者以百数,各令记字于庭中。扬雄取其有用者以作《训纂篇》,顺续《苍颉》,又易《苍颉》中重复之字,凡八十九章。臣复续扬雄作十三章,凡一百二章,无复字,六艺群书所载略备矣。《苍颉》多古字,俗师失其读,宣帝时征齐人能正读者,张敞从受之,传至外孙之子杜林,为作训故,并列焉。"[1]《说文解字序》也说道:"秦始皇初兼天下,丞相李斯乃奏同之,罢其不与秦文合者。斯作《苍颉篇》,中车府令赵高作《爰历篇》,太史令胡毋敬作《博学篇》,皆取史籀大篆,或颇省改,所谓小篆者也。"[2]由此看来,《苍颉篇》为秦丞相李斯所作,共计七章,该篇与《爰历篇》《博学篇》同为秦代的蒙学识字课本。汉兴以后,《苍颉篇》由扬雄、班固、贾鲂等人增补续写,其后这一增补续写本与扬雄所作的《训纂篇》、后汉郎中贾鲂所作的《滂喜篇》合称为《三苍》,奠定了早期蒙学识字课本的基础。

《苍颉篇》在流传过程中为适应时代发展的需要屡经改写增补,因此产生了多个版本,据梁静统计大概有四个版本:李斯本,共七章,分章、字数不详;闾里书师本,编辑于汉初,其内容是将秦代三部字书合编为一本,六十字为一章,共五十五章,三千三百字;扬雄训纂本,一章六十字,共八十九章,五千三百四十字;三苍本,一百二十三章,七千三百八十字。[3]秦代的《苍颉篇》应是为适应秦统治者提出的"书同文"

---

[1] 陈国庆:《汉书艺文志注释汇编》,北京:中华书局,1983年,第90-95页。

[2] [汉]许慎撰,[宋]徐铉校订:《说文解字》,第316-317页。

[3] 梁静:《出土〈苍颉篇〉研究》,北京:科学出版社,2015年。

所编写的，在编写初期就兼具识字和规范文字书写的功能。自进入汉代，尤其是经汉武帝"罢黜百家，独尊儒术"之后，《苍颉篇》收字大大超过了当时常用汉字的范围，吸纳了大量经学词汇，由此被班固评价为"六艺群书所载略备矣"。由此可见，此时的汉代小学类书籍已有为经学服务的倾向。

由于《苍颉篇》不断适应时代发展需要进行改写，因此汉代其他小学类书籍均以此为重要的参照，在东汉时期《苍颉篇》就在小学类书籍中取得了权威的地位。正因为此书如此重要，历来有很多注释之作，如晋代郭璞注《三苍》三卷、张揖《三苍训诂》二卷等。但至宋代，此篇的原文与注释尽皆失传。此后清代学者对《苍颉篇》进行了大量的辑佚工作，但始终未见原本《苍颉篇》的面貌。

居延汉简中的《急就篇》与其源流及内容

文物简介

169.1A+561.26A+169.2 号简出土于居延遗址中,1930 年中瑞西北科学考察团成员瑞典人贝格曼曾在额济纳河流域进行考古调查,在二十九处遗址中发掘出土了一万多枚汉简,前人在整理这批汉简时,将其统称为"居延汉简"。该简完整,分正反面书写,简文内容相同。文字以隶书书写,但其书法欠佳,似为书手习字之用。此外,两面文字字迹浓淡不一,字形略有差异,应当是不同人所书写的。该简现藏台湾"中研院"史语所。

简牍释文

就奇觚与众异,罗诸物名姓字。分别部居不杂厕。

169.1A+561.26A+169.2A

169.1B+561.26B　　169.1A+561.26A
+169.2B　　　　　+169.2A

图 8-5　居延汉简《急就篇》

奇觚与众异，罗诸物名姓字。分别部居不杂厕☐。

169.1B+561.26B+169.2B①

阅牍延伸

《急就篇》的源流及内容

《急就篇》也叫作《急就章》，《汉书·艺文志》载："《急就》一篇。元帝时黄门令史游作。"《急就篇》是西汉元帝时黄门令史游所著的识字书籍，其成书时代约在公元前1世纪的下半叶。全书由三、四、七言分句，并合辙押韵。该书开头的几句为"急就奇觚与众异，罗列诸物名姓字，分别部居不杂厕，用日约少诚快意，勉力务之必有喜"。这几句的内容点明了该书的名称、内容、编次和写作目的。书名即取整篇开头两个字，"急就"，意思是速成，也就是说其内容容易学习，文字内容基本为常用字，正如书中所言："用日约少诚快意，勉力务之必有喜。"该书在汉代一般称为《急就》或者《急就篇》，至隋唐时期称作《急就章》。该书在历代的传本并不一致，有三十一章、三十二章和三十四章三种版本，唐代的颜师古据该书在汉晋时期经多人手书，如皇象、钟繇、卫夫人、王羲之等，传至唐代颜师古以他们的版本为依据，备加详核，足以审定，凡三十二章，共二千零十六字，这就是今日通行的颜注本《急就章》。该书的分章与内容并没有多大关系，每章限制在六十三字之内的目的，主要是便于记诵，因此后来通行的颜注本把章次删掉了。但是每一章章内的安排有其巧妙之处，第一原则是尽量把偏旁部首相同的字放在一起，如"桐梓柀松榆椿樗"，这些字皆从木，且皆为树木的名称，"铁钹钴锥釜鍪"，字皆从金，皆为金属器具的名称。第二原则是把内容相同或相近的类目放在一起，

---

① 简牍整理小组：《居延汉简（贰）》，台北："中央研究院"历史语言研究所，2017年，第169页。

比如将很多人名、地名和衣物名称等词类按类别放置在一起，使学者通过识字掌握一些基本的知识。

关于史游原书究竟是用篆书、隶书，还是草书书写，后人虽有争论但终无确证，目前在敦煌、居延两地出土的汉代《急就篇》残简是所见最早的写本，皆以隶书书写，这些残简的时代基本与史游原本《急就篇》创作时代相近，且从出土的《苍颉篇》皆为隶书来看，可以推测其原本的《急就篇》应为隶书书写。《急就篇》在汉代流传广泛，原为启蒙习字的课本，但经历代书法家展转仿摹，逐渐成为有名的书法范本。王国维在《校松江本急就篇序》中说道："《急就篇》古字书，自《史籀》《苍颉》《凡将》三书既佚，存者以《急就》为最古，自颜注本行而魏晋以来旧本微，王氏补注出而唐宋旧本亦微。颜监所见有钟繇、皇象、卫夫人、王羲之所书，崔浩、刘芳所注；然宋代所存者仅钟、皇、索靖三本，宋末王深宁所见，则惟皇象碑本而已。"[1]皇象、钟繇皆为三国时代的草书家，他们的真迹虽已亡佚，目前所见只有元明时代的书法家赵孟頫、邓文原、宋克、俞和等人的临摹作品，所临者多为草书和正楷。[2]

---

[1] 王国维：《观堂集林》，北京：中华书局，1961年，第258-259页。
[2] 董治安：《经部要籍概述》，南京：江苏教育出版社，2008年。

参考文献

1. 传世文献

[1] ［魏］王弼注，［唐］孔颖达疏、卢光明等整理：《周易正义》，北京：北京大学出版社，2000年12月。

[2] ［汉］赵岐注，［宋］孙奭注、廖名春等整理：《孟子注疏》，北京：北京大学出版社，2000年12月。

[3] ［汉］郑玄注，［唐］贾公彦疏、赵伯雄整理：《周礼正义》，北京：北京大学出版社，1999年12月。

[4] ［晋］范宁注，［唐］杨士勋注疏：《春秋穀梁传注疏》，北京：北京大学出版社，2000年12月。

[5] ［唐］李隆基注，［宋］邢昺疏：《孝经注疏》，北京：北京大学出版社，1999年12月。

[6] ［汉］孔安国传，［唐］孔颖达正义、廖名春等审定：《尚书正义》，北京：北京大学出版社，2000年12月。

[7] ［汉］毛亨传，［汉］郑玄笺，［隋］陆德明音义，孔祥军点校：《毛诗传笺》，北京：中华书局，2018年11月。

[8] ［宋］林之奇著，陈良中点校：《尚书全解》，北京：人民出版社，2019年3月。

[9] ［汉］王充著，杨宝忠校笺：《论衡校笺·卜筮篇》，石家庄：河北教育出版社，1995年1月

[10] ［汉］司马迁撰,［宋］裴骃集解,［唐］司马贞索隐,［唐］张守节正义：《史记（点校本二十四史修订本）》,北京：中华书局,2016年2月。

[11] ［汉］班固撰,［唐］颜师古注：《汉书》,北京：中华书局,1964年11月。

[12] ［唐］房玄龄等撰：《晋书》,北京：中华书局,1996年4月。

[13] ［清］郭庆藩集解、王孝鱼点校：《庄子集释》,北京：中华书局,2018年。

[14] ［汉］许慎撰：《说文解字》,北京：中华书局,2013年7月。

[15] ［吴］韦昭注、徐元诰集解,王树民,沈长云点校：《国语集解》,北京：中华书局,2019年7月。

[16] ［汉］董仲舒：《春秋繁露·考功名》,北京：中华书局,1992年12月。

[17] 北京大学《儒藏》编纂与研究中心编：《儒藏精华编26—〈毛诗草木鸟兽虫鱼疏、毛诗草木鸟兽虫鱼疏广要、诗地理考、诗古微〉》,北京：北京大学出版社,2016年8月。

[18] 张景、张松辉译注：《孝经、忠经》,北京：中华书局,2022年12月。

[19] ［汉］许慎撰,［宋］徐铉校订：《说文解字》,北京：中华书局,2013年7月。

[20] 杨天宇：《仪礼译注》,上海：上海古籍出版社,2004年7月。

[21] ［清］张惠言著：《仪礼图》,杭州：浙江古籍出版社,2016年9月。

2. 出土文献资料集

[1] 甘肃简牍博物馆：《悬泉汉简（壹）》,上海：中西书局,2019年12月。

[2] 甘肃简牍博物馆：《悬泉汉简（贰）》,上海：中西书局,2020年12月。

[3] 甘肃简牍博物馆：《肩水金关汉简（壹）》，上海：中西书局，2011年8月。

[4] 甘肃简牍博物馆：《肩水金关汉简（贰）》，上海：中西书局，2013年2月。

[5] 甘肃简牍博物馆：《肩水金关汉简（叁）》，上海：中西书局，2013年12月。

[6] 甘肃简牍博物馆：《肩水金关汉简（肆）》，上海：中西书局，2015年11月。

[7] 甘肃简牍博物馆：《肩水金关汉简（伍）》，上海：中西书局，2016年7月。

[8] 甘肃简牍博物馆：《地湾汉简》，上海：中西书局，2017年12月。

[9] 张德芳、石明秀主：《玉门关汉简》，上海：中西书局，2019年11月。

[10] 田河：《武威汉简集释》，兰州：甘肃文化出版社，2020年8月。

[11] 张德芳：《马圈湾汉简集释》，兰州：甘肃文化出版社，2013年12月。

[12] 荆州市博物馆：《郭店楚墓竹简》，北京：文物出版社，1998年5月。

[13] 阜阳市博物馆：《阜阳双古堆汉墓》，北京：中华书局，2022年11月。

[14] 安徽大学汉字发展与应用研究中心：《安徽大学藏战国竹简（壹）》，上海：中西书局，2019年8月。

[15] 裘锡圭：《长沙马王堆汉墓简帛集成》，北京：中华书局，2014年6月。

[16] "中研院"简牍整理小组：《居延汉简（壹）》，台北："中央研究院"历史语言研究所，2014年12月。

[17] "简牍整理小组：《居延汉简（贰）》，台北："中央研究院"历史语言研究所，2015年12月。

[18] 简牍整理小组：《居延汉简（叁）》，台北："中央研究院"历史语言研究所，2016年10月。

[19] 简牍整理小组：《居延汉简（肆）》，台北："中央研究院"历史语言研究所，2017年11月。

[20] 马承源：《上海博物馆藏战国楚竹书（一）》，上海：上海古籍出版社，2001年11月。

[21] 马承源：《上海博物馆藏战国楚竹书（三）》，上海：上海古籍出版社，2003年12月。

[22] 马承源：《上海博物馆藏战国楚竹书（四）》，上海：上海古籍出版社，2005年3月。

[23] 马承源：《上海博物馆藏战国楚竹书（五）》，上海：上海古籍出版社，2005年12月。

[24] 马承源：《上海博物馆藏战国楚竹书（六）》，上海：上海古籍出版社，2007年7月。

[25] 马承源：《上海博物馆藏战国楚竹书（七）》，上海：上海古籍出版社，2008年12月。

[26] 马承源：《上海博物馆藏战国楚竹书（八）》，上海：上海古籍出版社，2011年6月。

[27] 李学勤：《清华大学藏战国竹简（壹）》，上海：中华书局，2010年12月。

[28] 李学勤：《清华大学藏战国竹简（叁）》，上海：中华书局，2012年12月。

[29] 李学勤：《清华大学藏战国竹简（肆）》，上海：中华书局，2013年12月。

[30] 李学勤：《清华大学藏战国竹简（伍）》，上海：中华书局，2015年12月。

[31] 李学勤：《清华大学藏战国竹简（捌）》，上海：中华书局，2018年12月。

[32] 北京大学出土文献研究所：《北京大学藏西汉竹书（壹）》，上海：上海古籍出版社，2015年6月。

[33] 北京大学出土文献研究所：《北京大学藏西汉竹书（贰）》，上海：上海古籍出版社，2012年12月。

[34] 北京大学出土文献研究所：《北京大学藏西汉竹书（叁）》，上海：上海古籍出版社，2015年12月。

[35] 北京大学出土文献研究所：《北京大学藏西汉竹书（肆）》，上海：上海古籍出版社，2016年4月。

[36] 北京大学出土文献研究所：《北京大学藏西汉竹书（伍）》，上海：上海古籍出版社，2015年9月。

3. 研究性著作

[1] 郭伟涛：《肩水金关汉简研究》，上海：上海古籍出版社，2019年5月。

[2] 李均明：《古代简牍》，北京：文物出版社，2003年4月。

[3] 骈宇骞：《简帛文献纲要》，北京：中华书局，2015年5月。

[4] 贾连翔：《出土数字卦文献辑释》，上海：中华书局，2020年8月。

[5] 李学勤：《马王堆汉墓文物》，长沙：湖南出版社，1992年1月。

[6] 艾兰等：《新出简帛研究》，北京：文物出版社，2004年12月。

[7] 朱凤瀚：《海昏简牍初论》，北京：北京大学出版社，2020年12月。

[8] 陈国庆：《汉书艺文志注释汇编》，北京：中华书局，1983年6月。

[9]　董治安：《经部要籍概述》，南京：江苏教育出版社，2008 年。

[10]　杨伯峻：《春秋左传注》，北京：中华书局，2017 年 1 月。

[11]　张显成：《简帛文献学通论》，北京：中华书局，2004 年 12 月。

[12]　陈松长：《马王堆帛书研究》，北京：商务印书馆，2021 年 5 月。

[13]　王锦城：《肩水金关汉简分类校注》，新北市：花木兰文化出版社，2022 年 3 月。

[14]　程俊英：《诗经译注》，上海：上海古籍出版社，2004 年 7 月。

[15]　程燕：《诗经异文辑考》，合肥：安徽大学出版社，2010 年 6 月。

[16]　俞绍宏：《上海博物馆藏楚简校注》，北京：中国社会科学出版社，2016 年 12 月。

[17]　叶纯芳：《中国经学史大纲》，北京：北京大学出版社，2016 年 8 月。

[18]　[日]横田恭三，张建平译：《中国古代简牍综览》，北京：北京联合出版公司，2017 年 1 月。

[19]　刘国忠：《古代帛书》，北京：文物出版社，2004 年 12 月。

[20]　李泽厚：《由巫到礼　释礼归仁》，北京：人民文学出版社，2022 年 4 月。

[21]　洪湛侯：《诗经学史》，北京：中华书局，2002 年 5 月。

[22]　王国维：《观堂集林》，北京：中华书局，1961 年 1 月。

[23]　郝树声，张德芳：《悬泉汉简研究》，兰州：甘肃文化出版社，2009 年 8 月。

[24]　梁静：《出土〈苍颉篇〉研究》，北京：科学出版社，2015 年 11 月。

[25]　陈松长：《帛书史话》，北京：中国大百科出版社，2012 年 3 月。

[26]　张存良：《水泉子汉简〈苍颉篇〉整理与研究》，兰州大学 2019 年博士学位论文。

[27]　朱凤瀚：《北大汉简〈苍颉篇〉概述》，《文物》2011 年第 6 期。

[28] 何志华等：《先秦两汉典籍引〈诗经〉资料汇编》，香港：中文大学出版社，2004年。

[29] 徐复观：《中国经学史的基础〈周官〉成立之时代及其思想性格》，北京：九州出版社，2014年6月。

[30] 李洪财：《汉代简牍草书整理与研究（上下）》，北京：中国社会科学出版社，2022年1月。

[21] 王化平、周燕：《万物皆有数：数字卦与先秦易筮研究》，北京：人民文学出版社，2015年6月。

[32] 李均明、刘国忠、刘光胜等：《2019—当代中国简帛学研究（1949—2019）》，北京：中国社会科学出版社，2019年12月。

附表：汉晋时期西北边塞地区出土典籍简综览

1. 居延汉简

现藏台湾"中央研究院"历史语言研究所

序号	简号	释文	文献归属
1	9.1	A 第五戏□书掩颠愿重该□起臣仆发传约载趣躈观望 B 行步驾□逋逃隐［匿］往来昀睐汉兼天下晦内并厕 C □□□类萐盉离异戎翟给賓佰越□贡［饬］端修法□ 合9.1C 行步驾服逋逃隐□往来□汉兼天下海内并厕	《苍颉篇》
2	9.2	A □□□□□□□□带□□玕□□□□□□ B 谁□狎习孹爱□□ C □□□麇豺表□	《苍颉篇》
3	39.5	A［李赞印］ 甲沟官 ［四月庚戌卒同以来］ B 曰咨二十有二人者敬女官职知□□者三考绌幽□□明＝之光也□□大地□ □官幸得制度于□为□不等	《尚书·舜典》相关
4	85.21	苍颉作书以□苍	《苍颉篇》
5	97.8	苍颉	《苍颉篇》
6	126.30	□几成风绍休圣绪传不云乎十室之邑必有忠信□	《论语·公冶长》

270

续表

序号	简号	释文	文献归属
7	169.1A+ 561.26A+ 169.2	A 就奇觚与众异罗列诸物名姓字分别部居不杂厕 B 奇觚与众异罗诸物名姓字分别部居☐	《急就篇》
8	228.9	颉作书以教后☐	《苍颉篇》
9	228.2A	幼苍苍	《苍颉篇》
10	336.14	A 铜锺鼎钘锅匼铫缸 B 苂荵黄蔢叟葬菁	《急就篇》
11	336.34A	A 绛缇緼紬丝絮	《急就篇》
12	349.9+ 349.22	［害］强毋攘弱众毋暴寡老	《礼记·祭义》
13	407.1	若予采驩兜	《尚书·尧典》
14	N115	A 急［就］ B4 急就奇	《急就篇》

2. 居延新简

现藏甘肃简牍博物馆

序号	简号	释文	文献归属
1	EPT4：16	·敬授民时日扬谷咸趋南	《尚书·尧典》
2	EPT5：14	A 急就奇觚予众异罗列诸物名姓字分别部 居不杂厕用日约少诚快意勉力务之必有憙请道其章 B 宋延年郑子方卫益寿	《急就篇》

续表

序号	简号	释文	文献归属
3	EPT6：91	A 畦埒窬疆畔贱 B 第五十八	《急就篇》第十九章
4	EPT6：90	第十九碓硙扇隤舂簸杨顷町	《急就篇》
5	EPT6：91	A 畦埒窬疆畔贱 B 第五十八	《急就篇》
6	EPT48：54	A 第六褚回池兰偉房减罢军桥窦阳原辅福宣弃奴殷满息 B 第十六	《急就篇》第六章
7	EPT48：115	少诚快意	《急就篇》
8	EPT48：154	A 崔孝襄姚得燕楚 B 政卿愿言□文坐前滄食□	《急就篇》第四章
9	EPT49：39	第八绛缇緼紬丝	《急就篇》第八章
10	EPT49：48	A 言不愈乾冬不作襡无缁裙襦川空败买后不知洗沐多汗 B 第十一	《急就篇》
11	EPT49：50	第一急就奇觚与众异罗列诸物名姓字	《急就篇》第一章
12	EPT50：1（竹简）	A 苍颉作书以教后嗣幼子承昭谨慎敬戒勉力风诵昼夜勿置苟务成史计会辨治超等轶群出尤别异 B 初虽劳苦卒必有意悫愿忠信微密惆言言赏赏	《急就篇》第一章

272

续表

序号	简号	释文	文献归属
13	EPT52：59	A 元年元年春王正月公即位所谓王 B 元年春王正月	《春秋》
14	EPF19：1	A 卫益寿史步□ B □诚快意勉 C 去者大善不之=到来大	《急就篇》
15	ESC：106	☑"无扁无党王道汤=无党无扁王道 □=□论语曰不患寡患不均圣朝至仁哀闵 □□□□振□……A 廿　　B	《尚书·洪范》

3. 马圈湾汉简

现藏甘肃简牍博物馆

序号	简号	释文	文献归属
1	387	▇不川下乾上希在六三九三九五□□	《周易》
2	388	▇离下乾上易得同人希在九三有□于东己半道朝甲正	《周易》
3	562	A 兩生若（木萼）朹繇杜屛赤𪊧皇貒▲柳喜满丹钱乔连連晋无谓义临年老 B 九	《苍颉篇》
4	844	·苍颉作书以教后嗣幼子承诏谨慎	《苍颉篇》

4. 肩水金关汉简

现藏甘肃简牍博物馆

序号	简号	释文	文献归属
1	73EJT15：20	子曰大伯其可☐	《论语·泰伯》篇的第一章
2	73EJT22：6	·孔子知道之易也易云省三日子曰此道之美也☐	《齐论语·知道》
3	73EJT24：802	☐毋远虑必有近忧☐	《论语·卫灵公》篇第十二章
4	73EJT24：833	☐曰天何言哉四时行焉万物生焉年之丧其已久矣君子三☐	《论语·阳货》篇的第十九章 《论语·阳货》篇的第二十一章
5	73EJT3：44A+T30：55	A 上而不骄者高而不危制节谨度而能分施者满而不溢易曰亢龙有悔言骄溢也亢之为言 B 七十二	《周易》 《孝经·诸侯章》
6	73EJT31：42	A ☐☐天子曰兆民诸侯曰万民 B ☐六十八	《左传·闵公元年》
7	73EJT31：77	☐于齐冉子为其母请粟☐	《论语·雍也》篇第四章
8	73EJT31：102	A 诗曰题積令载騺载鸣我日斯迈而月斯证蚤=兴=夜=未=毋=天=玺=所=生=者唯=病乎其勉=之= B 八十二	《毛诗·小雅·节南山之什·小宛》的第四章
9	73EJT31：104	A ☐侯柏子男乎故得万国欢心以事其先王是以天下无畔国也爵 B ☐百四	《孝经·孝治章》

续表

序号	简号	释文	文献归属
10	73EJT31：141	行苇则兄弟具尼矣故曰先之以博爱而民莫遗其亲・百廿七字☐	《毛诗・大雅・生民之什・行苇》《孝经・三才章》

5. 地湾汉简

现藏甘肃简牍博物馆

序号	简号	释文	文献归属
1	86EDHT：17	…… A 长守富也高而不危所以长守贵富贵☐☐☐☐☐ B 圣王☐☐解祐吉凶忧或卒至毋时君子不敬何以辅之毋	《孝经・诸侯章》

6. 玉门关汉简

现藏甘肃简牍博物馆

序号	简号	释文	文献归属
1	98DYC：4	仲尼居曾子侍子曰先王有……大守☐	《孝经・开宗明义章》

7. 悬泉汉简

现藏甘肃简牍博物馆

序号	简号	释文	文献归属
1	Ⅱ90DXT0111③：4	传不云乎爱之能勿劳乎其著以☐	《论语・宪问》
2	Ⅰ90DXT0111①：203	A 铁把弦一 木傲张一 B 仓颉作书以教后嗣。幼子	《苍颉篇》

图片来源

第一章 《周易》

图 1-1　马承源主编：《上海博物馆藏战国楚竹书（三）》，上海：上海古籍出版社，2003年12月，第19页。

图 1-2　阜阳市博物馆编：《阜阳双古堆汉墓》，北京：中华书局，2022年11月，图版第二十九。

图 1-3　斯蒂芬·伯特曼：《古代美索不达米亚社会生活》，北京：商务印书馆，2016年6月，第141页。

图 1-4　李学勤主编：《清华大学藏战国竹简（肆）》，上海：中华书局，2013年12月，第76页。

图 1-5　李学勤主编：《清华大学藏战国竹简（肆）》，上海：中华书局，2013年12月，第129页。

图 1-6　吴镇烽：《商周青铜器铭文暨图像集成》第5卷，上海：上海古籍出版社，2012年9月，第170页。

图 1-7　贾连翔：《出土数字卦文献辑释》，上海：中华书局，2020年8月，第63页。

图 1-8　贾连翔：《出土数字卦文献辑释》，上海：中华书局，2020年8月，第66页。

图 1-9　贾连翔：《出土数字卦文献辑释》，上海：中华书局，2020年8月，第103页。

图 1-10　裘锡圭主编：《长沙马王堆帛书集成》，北京：中华书局，2014年6月，第31、32页。

图 1-11　裘锡圭主编：《长沙马王堆帛书集成》，北京：中华书局，

2014年6月，第30、31页。

图1-12　裘锡圭主编：《长沙马王堆帛书集成》，北京：中华书局，2014年6月，第13、34、38页。

图1-13　韩自强：《阜阳汉简〈周易〉研究》，上海：上海古籍出版社，2004年7月，第4页。

图1-14　周易参考公众号：《王家台秦简〈归藏〉出土的易学价值》，2023年8月。

图1-15　朱凤瀚主编：《海昏简牍初论》，北京：北京大学出版社，2020年12月，第236页。

图1-16　作者自绘。

图1-17　张德芳：《马圈湾汉简集释》，兰州：甘肃文化出版社，2013年12月，第246页。

图1-18　甘肃简牍博物馆等编：《肩水金关汉简（叁）》上册，2013年12月，上海：中西书局，第215页。

第二章　《尚书》

图2-1　李学勤主编：《清华大学藏战国竹简（壹）》，上海：中华书局，2010年12月，第35页。

图2-2　李学勤主编：《清华大学藏战国竹简（壹）》，海：中华书局，2010年12月，第41页。

图2-3　李学勤主编：《清华大学藏战国竹简（壹）》，海：中华书局，2010年12月，第47页。

图2-4　李学勤主编：《清华大学藏战国竹简（壹）》，海：中华书局，2010年12月，第75页。

图2-5　李学勤主编：《清华大学藏战国竹简（伍）》，上海：中华书局，2015年4月，第39、47页；

李学勤主编：《清华大学藏战国竹简（捌）》，上海：中华书局，

2018年1月,第27页。

图2-6　李学勤主编：《清华大学藏战国竹简（壹）》，上海：中华书局，2018年1月,第87、98页；

李学勤主编：《清华大学藏战国竹简（叁）》，上海：中华书局，2018年1月,第29页。

图2-7　李学勤主编：《清华大学藏战国竹简（伍）》，上海：中华书局，2018年1月,第27页。

图2-8　"中研院"简牍整理小组编：《居延汉简（壹）》，台北："中央研究院"历史语言研究所，2014年10月,第127页。

图2-9　"中研院"简牍整理小组编：《居延汉简（肆）》，台北："中央研究院"历史语言研究所，2014年10月,第72页。

图2-10　孙占宇著：《居延新简集释》，兰州：甘肃文化出版社，2016年6月,第129页。

图2-11　张德芳：《居延新简集释》，兰州：甘肃文化出版社，2016年6月,第410页。

第三章　《诗经》

图3-1　安徽大学汉字发展与应用研究中心编：《安徽大学藏战国竹简（壹）》，上海：中西书局，2019年8月,第5页。

图3-2　李学勤主编：《清华大学藏战国竹简（壹）》，第63页。李学勤主编：《清华大学藏战国竹简（叁）》，第55、71页。

图3-3　马承源主编：《上海博物馆藏战国楚竹书（一）》，上海：上海古籍出版社，2001年11月,第13页。

图3-4　阜阳市博物馆编：《阜阳双古堆汉墓》，北京：中华书局，2022年11月,图版第三十九。

图3-5　朱凤瀚主编：《海昏简牍初论》，北京：北京大学出版社，2020年12月,第74页。

图 3-6　甘肃简牍博物馆等编:《肩水金关汉简(叁)》上册,上海:中西书局,2016年8月,第223页。

第四章　《仪礼》《周礼》《礼记》

图 4-1　荆门市博物馆编:《郭店楚墓竹简》,1998年5月,彩色图版三。

图 4-2　马承源主编:《上海博物馆藏战国楚竹书(一)》,上海:上海古籍出版社,2001年11月,第45页。

图 4-3　马承源主编:《上海博物馆藏战国楚竹书(六)》,上海:上海古籍出版社,2007年7月,第127、143页。

图 4-4　马承源主编:《上海博物馆藏战国楚竹书(七)》,上海:上海古籍出版社,2008年12月,第15页。

图 4-5　裘锡圭主编:《长沙马王堆帛书集成》,北京:中华书局,2014年6月,第73页。

图 4-6　[清]张惠言著:《仪礼图》,杭州:浙江古籍出版社,2016年9月,第330、332页。

图 4-7　张德芳、王立翔主编:《武威汉简书法(四)》,上海:上海书画出版社,2022年12月,第62、63页。

图 4-8　南昌汉代海昏侯国遗址博物馆编:《南昌汉代海昏侯国遗址博物馆》,北京:文物出版社,2022年12月,第134页。

图 4-9　朱凤瀚主编:《海昏简牍初论》,北京:北京大学出版社,2020年12月,第128页。

图 4-10　"中研院"简牍整理小组编:《居延汉简(肆)》,台北:"中央研究院"历史语言研究所,2015年12月,第50页。

第五章　《春秋》

图 5-1　朱凤瀚主编:《海昏简牍初论》,北京:北京大学出版社,2020年12月,第134、136页。

图 5-2　李迎春：《居延新简集释（三）》，兰州：甘肃文化出版社，2016 年 6 月，第 121 页。

图 5-3　甘肃简牍博物馆等编：《肩水金关汉简（叁）》上册，上海：中西书局，2016 年 8 月，第 215 页。

第六章　《孝经》

图 6-1　南昌汉代海昏侯国遗址博物馆编：《南昌汉代海昏侯国遗址博物馆》，北京：文物出版社，2022 年 12 月，第 131 页。

图 6-2　甘肃简牍博物馆等编：《地湾汉简》，上海：中西书局，2017 年 12 月，第 152 页；

甘肃简牍博物馆等编：《肩水金关汉简（叁）》上册，第 224 页；张德芳、石明秀主编：《玉门关汉简》，上海：中西书局，2019 年 11 月，第 198 页。

图 6-3　甘肃简牍博物馆等编：《悬泉汉简（壹）》，上海：中西书局，2019 年 12 月，第 394 页。

图 6-4　田河：《武威汉简集释》，兰州：甘肃文化出版社，2020 年 8 月，155—160 页。

第七章　《论语》

图 7-1　南昌汉代海昏侯国遗址博物馆编：《金色海昏：汉代海昏侯国历史与文化展》，北京：文物出版社，2020 年 9 月，第 251 页。

图 7-2　河北省文物研究所定州汉墓竹简整理小组：《定州汉墓竹简——论语》，北京：文物出版社，1997 年 7 月。

图 7-3　甘肃简牍博物馆等编：《肩水金关汉简（贰）》上册，2013 年 2 月，第 18、95 页。

图 7-4　甘肃简牍博物馆等编：《肩水金关汉简（叁）》，第 27、29、221、227 页。

图 7-5　"中研院"简牍整理小组编：《居延汉简（贰）》，台北："中央研究院"历史语言研究所，2015年12月，第58页。

图 7-6　甘肃简牍博物馆等编：《悬泉汉简（贰）》，上海：中西书局，2020年12月，第209、511页。

图 7-7　甘肃简牍博物馆公众号：《甘肃简牍里的书籍：〈论语〉》，2022年6月。

第八章　《苍颉篇》与《急就篇》

图 8-1　甘肃省文物考古研究所：《甘肃永昌水泉子汉墓发掘简报》，《文物》2009年第10期，第62页。

图 8-2　张存良：《水泉子汉简〈苍颉篇〉整理与研究》，兰州大学2015年博士论文，第63页。

图 8-3　北京大学出土文献研究所编：《北京大学藏西汉竹书（壹）》，上海：上海古籍出版社，2015年9月，第3页。

图 8-4　甘肃简牍博物馆等编：《悬泉汉简（贰）》，第153页；张德芳：《马圈湾汉简集释》，第311页。

图 8-5　"中研院"简牍整理小组编：《居延汉简（贰）》，台北："中央研究院"历史语言研究所，2015年12月，第169页。

后 记

《文以载道——简帛中的儒家经典》这本书终于要出版了。这一刻我的内心是忐忑不安的，在想文字会不会过于生硬晦涩，会不会在文中出现知识性的错误。但我也很期待它能与大家见面，期待它能为你的生活增添一点了解中国古代文献知识的乐趣。

儒家经典，自孔子时代起，便以其深邃的哲理和丰富的文化内涵成为中华民族精神宝库中的瑰宝。而简帛，作为这些经典最初或最原始的书写材料之一，为我们推开了一扇窥探古代儒家思想原貌的窗。在与这些简帛文献接触的过程中，我深刻感受到了儒家经典所蕴含的"文以载道"的精神内涵。

"文以载道"，这四个字不仅是对儒家文学传统的精炼概括，更是对儒家经典核心价值的深刻揭示。在简帛中，无论是《论语》的睿智，《孟子》的雄辩，还是《大学》《中庸》的深邃，都以一种质朴但深刻的方式，传达了儒家在道德、伦理、政治、教育等方面的独到见解。这些见解，不仅在当时具有指导意义，更在历经千年的扬弃中，成为了中华民族共同的精神财富。

在小书撰写过程中我时常想起导师孙飞燕对我说过的话，"要自己写文章，不要做文章评论家"，希望这本小书中自己的研究所得能够勉强做到这一点。我也真诚地希望这本书能够激发更多人对儒家经典和优秀传统文化的兴趣与热爱。

最后，我要感谢所有在撰写过程中给予我帮助和支持的人。感谢我的家人，他们的理解和支持是我前行的动力；感谢我的同事和朋友，他们的建议和意见使我受益匪浅；感谢那些默默奉献在简帛研究和儒家经典传承领域的学者们，他们的研究成果为我提供了宝贵的参考和启示。同时，我还要郑重地感谢李欣和李奕青二位编辑，她们字斟句酌，修正了书中大量错误，使得小书最终成形，并与读者见面。

买梦潇

2024 年 10 月 10 日